# 이펙티브 **타입스크립트**

동작 원리의 이해와 구체적인 조언 62가지

# Effective TypeScript

by Dan VanderKam

Authorized Korean translation of the English edition of Effective TypeScript
ISBN 9781492053743 © 2021 Dan VanderKam

Korean-language edition copyright © 2021 Insight Press

# 이펙티브 타입스크립트:
## 동작 원리의 이해와 구체적인 조언 62가지

**초판 1쇄 발행** 2021년 6월 22일 **4쇄 발행** 2023년 5월 5일 **지은이** 댄 밴더캄 **옮긴이** 장원호 **펴낸이** 한기성 **펴낸곳** (주)도서출판인사이트 **편집** 문선미 **제작·관리** 이유현, 박미경 **용지** 월드페이퍼 **출력·인쇄** 예림인쇄 **제본** 예림바인딩 **등록번호** 제2002-000049호 **등록일자** 2002년 2월 19일 **주소** 서울시 마포구 연남로5길 19-5 **전화** 02-322-5143 **팩스** 02-3143-5579 **이메일** insight@insightbook.co.kr **ISBN** 978-89-6626-313-4 책값은 뒤표지에 있습니다. 잘못 만들어진 책은 바꾸어 드립니다. 이 책의 정오표는 https://blog.insightbook.co.kr에서 확인하실 수 있습니다.

프로그래밍 **인사이트**

# 이펙티브
# 타입스크립트

동작 원리의 이해와
구체적인 조언 62가지

댄 밴더캄 지음 | 장원호 옮김

인사이트

# 차례

# 추천사

"《이펙티브 타입스크립트》는 우리가 타입스크립트를 사용하다 보면 생길 수 있는 가장 보편적인 질문에 대한 답과, 실용적이며 결과 지향적인 조언을 해 줍니다. 타입스크립트 경험 수준에 관계없이 이 책에서 무언가를 얻을 수 있을 겁니다."

　　— 라이언 캐버너(Ryan Cavanaugh), 마이크로소프트의 타입스크립트 엔지니어링 리더

"이 책의 예시들은 매우 실용적입니다. 타입스크립트 개발자라면 누구나 책상 위에 구비해 둬야 합니다. 타입스크립트를 이미 알고 있다고 생각하더라도, 이 책을 선택한 것을 후회하지 않을 것입니다."

　　— 야코프 페인(Yakov Fain), 자바 챔피언

"타입스크립트가 세상을 지배하고 있습니다. 이 책이 제공하는 타입스크립트에 대한 깊은 이해는 많은 개발자가 타입스크립트의 강력한 기능을 활용할 수 있도록 한줄기 빛이 되어 줄 것입니다."

　　— 제이슨 킬리언(Jason Killian), 타입스크립트 NYC의 공동 창립자 겸 전 TSLint 관리자

"이 책은 단지 타입스크립트가 할 수 있는 것만을 다루지는 않습니다. 각 언어 기능이 유용한 이유와 효율적으로 패턴을 적용할 수 있는 곳을 알려 줍니다. 이 책은 일상 업무에 실용적인 조언과 함께, 모든 것이 어떻게 동작하는지에 대한 깊은 이해를 독자에게 제공하기 위한 충분한 이론에 중점을 두고 있습니다. 저는 제 자신을 타입스크립트 전문가라고 생각하지만, 이 책에서 몇 가지 새로운 것을 배웠습니다."

　　— 제시 할렛(Jesse Hallett), Originate의 선임 소프트웨어 엔지니어

# 옮긴이의 글

자바스크립트는 프로그래밍 언어 취급도 받지 못하던 시절을 지나, 불과 십수 년 만에 어엿한 모던 프로그래밍 언어로 인정 받고 있습니다. 과거에는 브라우 저에서 가벼운 처리를 위해 도입한 단일 스레드와 비동기 모델이 단점으로 지 적되어 왔지만, 현대의 멀티코어 병렬 프로그래밍 환경에는 적합한 메커니즘 으로 인식되는 역설적인 상황이 벌어지고 있습니다. 그리고 자바스크립트 프 로그래머들이 가장 크게 고통 받는 문제인 타입 불안전성을 해결할 수 있는 타 입스크립트가 대두되면서 타입 불안전성을 비판하던 목소리까지 잠재우고 있 습니다.

타입스크립트는 성숙하고 효율적으로 변모한 자바스크립트의 완성도를 채 워줄 마지막 퍼즐이라고 생각합니다. 자바스크립트만의 독보적인 생산성에 타 입스크립트의 안전성을 더한다면, 사소한 버그에 휘말리지 않고 비즈니스 로 직 개발에 집중하여 프로젝트를 성공으로 이끌어 낼 수 있을 것입니다.

이 책을 번역하면서 가급적 미사여구를 배제하고 내용에 집중할 수 있도록 노력했습니다. 문체가 밋밋하고 단조로울 수 있지만, '이펙티브' 시리즈의 본질 을 지키는 것이 더 중요하다고 판단했기 때문입니다. 그리고 설명이 부족하거 나 용어가 어색한 경우, 이해를 돕기 위해 옮긴이 주석을 많이 삽입했습니다.

이번 번역 작업을 하며, 저 또한 타입스크립트에 대해 더 많이 배울 수 있었 습니다. 타입스크립트에 대한 새로운 지식을 알게 된 것뿐 아니라 그동안 실전 경험을 통해 쌓아왔던 저만의 '이펙티브'한 코드 패턴들이 실제로 유효하다는 것을 확인하는 계기가 되었습니다.

이 책이 부디 국내 독자분들의 효율적인 타입스크립트 사용에 보탬이 될 수 있기를 바랍니다. 다만, 이러한(기술적 노하우와 팁) 종류의 책들이 지침서가 될 수는 있지만 절대적 정답을 담았다고 생각하지는 않습니다. 독자분들께서 비판적 사고로 책을 읽으며 실제 활용해 볼 만한 곳을 발견하고, 더 나은 정답을 찾아가며 자신만의 '이펙티브 타입스크립트'를 만들어 가길 바랍니다.

보잘 것 없는 실력으로 번역 작업을 하는 동안, 많은 일이 있었기에 감사드려야 할 분들이 너무도 많습니다. 먼저, 이 책을 번역할 수 있게 기회를 주시고, 작문 실력 향상에 힌트를 주신 인사이트 한기성 대표님께 감사드립니다. 부족한 실력에도 끝까지 믿고 맡겨 주신, 그리고 사고의 틀을 깨고 나올 수 있게 도와주신 문선미 편집자님께 깊은 감사 인사를 전합니다. 인사이트와 인연을 맺을 수 있게 해 준 이재승 님에게도 감사드립니다. 내용 검토에 도움 주신 정현호 님, 이원희 님에게 감사드립니다. 타입스크립트 실력 향상에 도움 주신 성정민 님, 김정윤 님에게 감사드립니다. 타입스크립트를 회사 업무에 활용할 수 있는 기회를 열어 주신 김정환 님, 서용석 님에게 감사드립니다. 작업 시간을 배려해 준 사랑하는 아내 나라와 귀여운 세 아들 준우, 건우, 선우에게 고맙다는 말 전합니다. 존경하는 아버지, 어머니의 건강과 안녕을 기원하며 감사 인사를 마무리합니다. 지면에 싣지 못한 모든 분께 감사와 죄송하다는 말씀 드립니다.

장원호

# 서문

2016년 봄, 저는 구글 샌프란시스코에 있는 옛 동료 에반 마틴(Evan Martin)의 사무실을 방문했습니다. 그때 에반 마틴은 상당히 들떠 있었습니다. 평소 그는 C++ 빌드 도구, 리눅스 오디오 드라이버, 온라인 십자말 풀이, 이맥스(emacs) 플러그인 등, 광범위하고 예측하기 어려운 것들에 심취해 있었습니다. 주제가 항상 흥미로웠기 때문에, 저는 만날 때마다 그의 관심사를 묻곤 했습니다. 이번에 그의 관심사는 타입스크립트와 비주얼 스튜디오 코드(Visual Studio Code)였습니다.

저는 깜짝 놀랐습니다! 전에 타입스크립트에 대해 들어 본 적은 있지만, 마이크로소프트에서 만들었기에 닷넷(.NET)과 관련이 있다고 잘못 생각하고 있었습니다. 게다가 일생 동안 리눅스만 사용해온 에반 마틴이 마이크로소프트가 만든 언어에 관심을 가진다는 것이 믿기지 않았습니다.

에반 마틴은 저에게 비주얼 스튜디오 코드와 타입스크립트 플레이그라운드를 보여 주었고, 저는 이 상황을 완전히 이해할 수 있게 되었습니다. 타입스크립트로 작성한 코드는 굉장히 빨랐고, 코드 인텔리전스는 타입 시스템의 개념을 쉽게 알 수 있게 해 줬습니다. 클로저 컴파일러(Closure Compiler)로 작업하기 위해 JSDoc 주석에 타입 구문을 작성한 지 수년이 지난 지금, 타입스크립트야말로 실제로 동작하는, 타입을 가진 자바스크립트라는 느낌을 받았습니다. 그리고 마이크로소프트는 그동안 크로미움(Chromium) 위에서 동작하는 크로스 플랫폼 텍스트 편집기를 만들어 왔습니다. 그러므로 타입스크립트와 비주얼 스튜디오 코드는 배울 만한 가치가 있는 언어와 툴체인이라는 생각이 들었습니다.

저는 그 당시 사이드워크 연구소(Sidewalk Labs)에 합류하여 첫 번째 자바스크립트를 작성 중이었습니다. 코드베이스(codebase)가 꽤 작았기 때문에 에반 마틴과 함께 모든 코드를 단 며칠 만에 타입스크립트로 전환할 수 있었습니다.

　그 일을 계기로 저는 타입스크립트에 완전히 매료되고 말았습니다. 타입스크립트는 단순한 타입 시스템 그 이상입니다. 빠르고 사용하기 쉬운 전체 언어 서비스 모음을 제공합니다. 게다가 타입스크립트는 자바스크립트 개발을 더 안전하고 즐겁게 만듭니다.

## 대상독자

'이펙티브' 시리즈는 특정 주제에 대한 '두 번째 표준 책'을 지향하고 있습니다. 이전에 자바스크립트와 타입스크립트로 작업해 본 경험이 있다면 이 책이 매우 유용할 겁니다. 이 책의 목표는 독자에게 타입스크립트나 자바스크립트를 가르치는 것이 아니라, 초급자나 중급자가 전문가로 발전할 수 있게 돕는 것입니다. 이 책의 아이템들은 타입스크립트와 그 생태계가 어떻게 작동하는지 개념을 알려 주며, 피해야 할 함정들을 알게 해 주고, 타입스크립트의 기능들을 효과적으로 사용할 수 있게 안내합니다. 예를 들어, 보통의 다른 책들은 언어가 할 수 있는 다섯 가지 방법을 설명하지만, '이펙티브' 시리즈는 다섯 가지 중 어떤 방법을 사용해야 하고 왜 그래야 하는지를 알려 줍니다.

　타입스크립트는 지난 몇 년 동안 빠르게 발전했지만, 이 책의 내용이 향후 몇 년 동안 유효할 만큼 충분히 안정화되었기를 바랍니다. 이 책은 프레임워크나 빌드 도구보다는 주로 언어 자체에 중점을 둡니다. 리액트(React)나 앵귤러(Angular)를 타입스크립트로 사용하는 방법이나, 웹팩(Webpack), 바벨(Babel), 롤업(Rollup)이 동작하도록 타입스크립트를 설정하는 예제는 찾을 수 없을 겁니다. 이 책의 조언은 모든 타입스크립트 사용자를 대상으로 하고 있습니다.

## 책을 쓴 이유

제가 처음으로 구글에서 일하기 시작했을 때, 《이펙티브 C++》의 세 번째 개정판을 접했습니다. 《이펙티브 C++》는 그동안 제가 읽어 왔던 다른 프로그래밍 서적과는 달랐습니다. 《이펙티브 C++》는 초급자를 위해 내용을 쉽게 설명하거나 언어 전체를 알려 주려고 하지 않았습니다. C++의 기능들이 무엇을 하는지 알려 주기보다는 어떻게 사용해야 하는지와 사용하지 말아야 하는 게 무엇인지를 알려 줬습니다. 구체적인 예제들로부터 비롯되는 수십 개의 짧고 명확한 항목들을 통해서 말이죠.

책을 읽으면서 저의 C++ 코드가 매일매일 달라지는 게 느껴졌습니다. C++를 계속 사용해 왔지만, 언어에서 느껴지는 익숙함과 코드에서 드러나는 결정 사항에 대해 어떻게 생각해야 하는지 알게 된 것은 처음이었습니다. 나중에 읽은 《이펙티브 자바》와 《이펙티브 자바스크립트》에서도 비슷한 경험을 했습니다.

이미 다른 프로그래밍 언어로 작업하는 것에 익숙하다면, 새로운 언어를 향한 미지의 세계로 뛰어들어 보기에 적절한 시기일지도 모릅니다. 이 경험이 여러분의 사고를 자극하고 그 언어의 다른 점으로부터 배우는 효과적인 계기가 될 것입니다. 저는 이 책을 쓰면서 타입스크립트에 대해 매우 많은 것을 배웠습니다. 여러분도 이 책을 읽으면서 같은 경험을 하기를 바랍니다!

## 책의 구성

이 책은 '아이템'의 모음으로 되어 있습니다. 각 아이템은 타입스크립트의 어떤 측면에 대한 구체적 조언을 담고 있는 짧은 길이의 기술적인 에세이입니다. 각 장은 주제별로 아이템을 분류하고 있지만, 관심이 가는 아이템을 먼저 읽어도 무방합니다.

각 아이템의 제목은 내용의 핵심을 나타냅니다. 제목은 타입스크립트를 사용하면서 기억해야 할 것들입니다. 그러므로 목차를 훑어보고 기억해 두는 게 좋습니다. 예를 들어, 주석을 작성 중인데 타입 정보를 작성해서는 안 될 거 같다는 느낌이 든다면, '아이템 30 문서에 타입 정보 쓰지 않기'를 읽어야 한다는 것을 알게 될 겁니다.

아이템의 본문은, 제목에서 말하는 조언이 왜 필요한지 구체적인 예제들과 기술적인 설명을 들어 설명합니다. 이 책에서 말하는 대부분의 요점은 예제 코드를 통해서 설명됩니다. 저는 기술 서적을 읽을 때 예제를 먼저 꼼꼼히 살펴보고 설명은 가볍게 훑어보는 경향이 있습니다. 이 책을 보는 독자들도 비슷한 방식으로 기술 서적을 읽을 거라 가정하고 글을 썼습니다. 가급적 예제뿐만 아니라 문장과 설명까지 꼼꼼히 읽길 바랍니다. 그럼에도 예제만을 훑어보았을 때 핵심은 드러나도록 노력했습니다.

아이템을 읽은 후에는, 그 아이템이 타입스크립트를 더 효과적으로 사용하는 데 도움이 되는 이유를 납득할 수 있을 겁니다. 설령 읽는 사람에게 필요 없는 아이템이더라도 말이죠. 이와 관련해 《이펙티브 C++》의 저자인 스콧 마이어스(Scott Meyers)는 인상적인 예시를 남겼습니다. 그는 미사일에 사용되는 소프트웨어를 다루는 엔지니어들을 만나 리소스 누수에 관한 조언을 한 적이 있습니다. 그러나 미사일은 목표물을 공격하면서 폭발해 버리기 때문에, 엔지니어들은 그의 조언을 무시해 버렸습니다. 자신들에게 필요 없는 조언은 신경 쓰지 않았다는 것이죠. 자바스크립트로 동작하는 미사일은 존재하지 않겠지만, 제임스 웹 우주망원경(James Webb Space Telescope)에는 자바스크립트가 들어가 있습니다. 이처럼 당장은 나에게 필요 없는 아이템이라고 생각할지 모르지만 언젠가 유용하게 쓰일 때가 있을지도 모르는 일입니다!

각 아이템은 '요약'으로 끝납니다. 요약은 아이템을 정리하는 몇 가지 글머리 기호로 되어 있습니다. 요약을 훑어 보면, 아이템이 말하고자 하는 바와 더 읽어야 하는지 여부를 알 수 있습니다. 그렇다고 요약만 읽고 끝내지 말고, 가급적 본문까지 읽기 바랍니다.

## 코드 샘플의 규칙

코드 샘플들은 JSON, GraphQL, 기타 언어라는 것을 명확히 표기한 경우를 제외하고는 모두 타입스크립트입니다. 타입스크립트 코드는 대부분 편집기에서 작성하기 때문에 오류 메시지는 스크린샷으로 보여 줘야 합니다. 실제로 화면을 스크린샷 찍은 경우도 있긴 하지만 매번 그렇게 하기에는 가독성 면에서 좋지 않습니다. 이를 보완하기 위해 몇 가지 규칙을 정했습니다.

대부분의 편집기들은 오류 위치에 물결표시로 밑줄을 긋습니다. 전체 오류 메시지를 보려면, 밑줄이 그어진 곳에 마우스를 올려 놓으면 됩니다. 이 책에서는 오류가 발생한 위치 바로 아래 줄에 주석으로 물결 표시를 넣습니다.

```
let str = 'not a number';
let num: number = str;
 // ~~~ 'string' 유형은 'number' 유형에 할당될 수 없습니다.
```

명확하고 간결한 표현을 위해 가끔 오류 메시지를 생략하기도 하지만, 오류 자체를 제거하지는 않았습니다. 코드 샘플을 그대로 편집기에 복사/붙여넣기 하면, 정확히 같은 오류를 보게 될 것입니다.

오류가 발생하지 않은 상황을 강조하는 게 적절한 상황에서는 주석으로 '정상'이라고 표기합니다.

```
let str = 'not a number';
let num: number = str as any;  // 정상
```

타입스크립트가 추론하는 타입이 무엇인지 보려면 편집기에서 해당 심벌에 마우스를 올리면 됩니다. 이를 지면에 표현하기 위해, '타입이'로 시작하는 주석을 사용합니다.

```
let v = {str: 'hello', num: 42}; // 타입이 { str: string; num: number; }
```

해당 줄의 첫 번째 심벌(이 경우에는 v) 또는 함수의 호출 결과에 표시합니다.

```
'four score'.split(' ');  // 타입이 string[]
```

이는 실제 편집기상에서 보이는 타입과 정확히 일치합니다. 함수 호출의 경우 타입을 확인하기 위해 임시로 변수에 할당해야 할 수도 있습니다.

코드의 특정 줄에서 변수의 타입을 확인하기 위해 가끔은 그냥 아무 동작 없이 변수 타입만 출력하는 구문을 도입했습니다.

```
function foo(x: string|string[]) {
  if (Array.isArray(x)) {
    x;  // 타입이 string[]
  } else {
    x;  // 타입이 string
  }
}
```

'x;'는 조건문의 각 분기에서 변수의 타입을 보여 주기 위한 것입니다. 실제로는 이와 같은 구문을 넣으면 안 됩니다.

별도로 명시하지 않았거나 문맥상 명확하지 않다면, 그 코드 샘플은 --strict 플래그를 사용하여 체크하는 것을 의미합니다. 모든 샘플은 타입스크립트 3.8.2를 사용하여 확인했습니다.

## 코드 예제 사용하기

코드, 연습문제 등 이 책에서 사용하는 자료는 *https://github.com/danvk/effective-typescript*에서 다운로드할 수 있습니다.

이 책은 업무에 실직적인 도움을 줄 목적으로 쓰였기 때문에 예시 코드를 자신의 프로그램이나 문서에 재사용해도 문제가 없습니다. 가령, 예시 코드를 짜깁기해서 프로그램을 짜는 것은 허락을 받을 필요가 없습니다. 특정 질문에 관해 답변할 때 이 책을 인용하면서 예시 코드를 활용하는 것도 마찬가지입니다. 하지만 책에 수록된 예시들을 판매하거나 재배포하는 경우와 예시 코드의 상당량을 다른 문서에 활용할 때는 허락이 필요합니다.

출처(attribution) 표기는 권고하지만, 강제하지는 않습니다. 출처는 일반적으로 제목, 저자, 출판사 등을 포함하고, ISBN이 있는 경우 병기합니다. 예를 들어 《이펙티브 타입스크립트》(댄 밴더캄 지음, 장원호 옮김, 인사이트, 2021)과 같은 방식으로 표기하면 됩니다. 앞에서 언급되지 않은 용도로 코드 예시를 사용하고 싶다면 permissions@oreilly.com으로 연락을 주기 바랍니다.

## 감사의 말

이 책을 완성하기까지 많은 사람이 도움을 주셨습니다. 타입스크립트를 소개해 주고 타입스크립트에 대한 개념을 잡게 해 준 에반 마틴에게 특히 감사드립니다. O'Reilly와 연결해 주고 프로젝트를 지원해 준 다우어 오싱아(Douwe Osinga)에게도 감사드립니다. 브렛 슬랫킨(Brett Slatkin)은 책 구조에 대해 조언해 주고, 제가 '이펙티브' 책을 쓸 수 있음을 일깨워 주었습니다. 이 책의 지침이 되었던 '이펙티브한'《Effective C++》를 집필한 스콧 마이어스에게도 감사드립니다.

이 책을 리뷰해 준 릭 바타글린(Rick Battagline), 라이언 카바노프, 보리스 체르니(Boris Cherny), 야코프 페인, 제시 할렛, 제이슨 킬리언에게 감사드립니다. 수년 동안 저와 함께 타입스크립트를 공부한 사이드워크사 동료들에게 도 감사를 전합니다. 이 책을 만들 수 있게 도와주신 O'Reilly의 안젤라 루피노 (Angela Rufino), 제니퍼 폴록(Jennifer Pollock), 데보라 베이커(Deborah Baker), 닉 아담스(Nick Adams), 자스민 쿠틴(Jasmine Kwityn)에게도 감사드립니다. 타입스크립트 NYC 미트업 강연에서 많은 영감을 받았습니다. 제이슨(Jason), 오르타(Orta), 키릴(Kirill) 등 모든 발표자에게 감사드립니다.

- 아이템 3은 에반 마틴의 블로그 포스트에서 영감을 받았습니다.
- 아이템 7은 TSConf 2018에서 구조적 타이핑과 keyof 관계에 대한 앤더스 (Anders)의 강연과 2019년 4월 타입스크립트 NYC 미트업에서 있었던 제시 할렛의 강연에서 영감을 받았습니다.
- 아이템 9를 작성하는 데는 스택오버플로(Stackoverflow)에서 발견한 DeeV 와 GPicazo의 답변과 바사라트(Basarat)의 지침이 필수적이었습니다.
- 아이템 10은 《이펙티브 자바스크립트》(인사이트) 아이템 4의 조언을 바탕 으로 합니다.
- 아이템 11은 2019년 8월 타입스크립트 NYC 미트업에서 참가자들을 혼란에 빠뜨렸던 주제에서 영감을 받았습니다.
- 아이템 13은 'type vs. interface'에 대한 스택 오버플로의 질문에서 큰 도움 을 받았습니다. 여기서 제시 할렛은 확장성에 대한 형식을 제안했습니다.
- 아이템 14는 제이콥 배스킨(Jacob Baskin)에게 격려와 피드백을 받아 작성 했습니다.
- 아이템 19는 r/typescript 서브레딧(subreddit)에 올라온 몇 가지 코드 샘플 에서 영감을 받았습니다.
- 아이템 26은 제가 미디엄(Medium)에 쓴 글과 2018년 10월 타입스크립트 NYC 미트업에서 강연한 내용을 바탕으로 합니다.
- 아이템 28은 하스켈(Haskell)의 일반적인 조언을 기반으로 합니다(무효 한 상태를 표현할 수 없도록 만들기). 에어프랑스 447 이야기는 2011년도 〈Popular Mechanics〉에 실린 제프 와이즈(Jeff Wise)의 엄청난 글에서 영감 을 받았습니다.

- 아이템 29는 제가 Mapbox 타입 선언에서 마주친 문제를 기반으로 합니다. 제이슨 킬리언은 아이템의 제목을 지어 줬습니다.
- 아이템 36의 이름 짓기에 대한 조언은 《97 Things Every Programmer Should Know》(O'Reilly)에 있는 댄 노스(Dan North)의 짧은 글에서 영감을 받았습니다.
- 아이템 37은 2017년 9월 첫 번째 타입스크립트 NYC 미트업에서 제이슨 킬리언의 강연에서 영감을 받았습니다.
- 아이템 41은 타입스크립트 2.1 릴리스 노트를 기반으로 합니다. '진화하는 any'라는 용어는 타입스크립트 컴파일러 외에는 잘 쓰이지 않지만, 이러한 비정상적인 패턴에 이름을 붙이는 것이 유용하다고 생각했습니다.
- 아이템 42는 제시 할렛의 블로그 포스트에서 영감을 받았습니다.
- 아이템 43은 타입스크립트 이슈 #33128에서 타이티안 세르니코바 드라고미르(Titian Cernicova Dragomir)의 피드백으로 큰 도움을 받았습니다.
- 아이템 44는 type-coverage 도구에 요크 야오(York Yao)가 작업한 것을 기반으로 합니다. 이러한 도구가 필요하다고 느꼈는데, 이미 존재했습니다.
- 아이템 46은 제가 2017년 12월 타입스크립트 NYC 미트업에서 강연한 내용을 바탕으로 합니다.
- 아이템 50을 쓰기 위해 조건부 타입이라는 주제를 매우 쉽게 이해할 수 있게 해 준 *Artsy* 블로그의 데이비드 셸드릭(David Sheldrick)의 포스트에 큰 감사를 드립니다.
- 아이템 51은 일명 남극 스티브(southpolesteve)라 불리는 스티브 폴크너(Steve Faulkner)의 2019년 2월 미트업 강연에서 영감을 받았습니다.
- 아이템 52는 제가 미디엄에 쓴 글과, (결국 dtslint 때문에 좌절되긴 했지만) 제가 만들었던 타이핑 체커 도구에 기반합니다.
- 아이템 53은 타입스크립트의 다양한 열거형 타입에 대한 캣 부쉬(Kat Busch)의 미디엄 포스트와 《타입스크립트 프로그래밍》(인사이트)에서 영감을 받고 보충했습니다.
- 아이템 54는 저와 동료가 겪었던 실제 경험을 토대로 작성했습니다. 해결책은 타입스크립트 PR #12253에서 앤더스(Anders)가 제시했습니다.

- 아이템 55를 쓰는 데 MDN 문서가 필수적이었습니다.
- 아이템 56은 《이펙티브 자바스크립트》(인사이트)의 아이템 35를 일부 기반으로 합니다.
- 8장은 오래된 라이브러리인 dygraphs를 실제 마이그레이션했을 때의 경험을 기반으로 합니다.

이 책을 쓰기 위해 훌륭한 사이트인 r/typescript 서브레딧에서 도움을 많이 얻었습니다. 서브레딧을 통해 많은 블로그 포스트와 대화 들을 찾을 수 있었습니다. 특히 코드 샘플을 올려준 개발자들에게 감사합니다. 초급 타입스크립트 개발자들이 당면하고 있는 일반적인 문제를 이해하는 데 큰 도움이 되었습니다. 지면을 빌어 타입스크립트 주간 뉴스레터를 보내 주신 마리우스 슐츠(Marius Schulz)에게도 감사 인사를 드립니다. 뉴스레터에서 책에 쓸 훌륭한 소재를 찾을 수 있었고, 타입스크립트 소식도 따라 잡을 수 있었습니다. 그리고 여러 의견과 이슈에 대한 피드백을 제공해 주신 앤더스(Anders), 다니엘(Daniel), 라이언(Ryan) 그리고 마이크로소프트의 타입스크립트 팀 전체에게 감사드립니다. 제가 제기한 이슈는 대부분 오해에서 비롯된 것들이었지만, 버그를 고칠 수 있는 이슈를 제기했을 때 아네르스 하일스베르(Anders Hejlsberg)가 직접 고치는 것을 지켜보는 것만큼 즐거운 일은 없었습니다! 마지막으로, 저술 프로젝트 기간 물심양면으로 지원해 주고, 작업을 완료할 수 있게 휴가, 아침, 저녁, 주말 시간을 이해해 준 알렉스(Alex)에게 감사드립니다.

Alex, you're just my type.

댄 밴더캄

# 1장

# 타입스크립트 알아보기

1장에서는 타입스크립트의 큰 그림을 이해하는 데 도움이 될 내용을 다룹니다. 본격적인 내용에 앞서 타입스크립트란 무엇이고, 타입스크립트를 어떻게 여겨야 하는지, 자바스크립트와는 어떤 관계인지, 타입스크립트의 타입들은 null이 가능한지, any 타입에서는 어떨지, 덕 타이핑(duck typing)이 가능한지 등을 알아봅니다.

　타입스크립트는 사용 방식 면에서 조금은 독특한 언어입니다. 인터프리터 (파이썬이나 루비 같은)로 실행되는 것도 아니고, 저수준 언어로 컴파일(자바나 C 같은)되는 것도 아닙니다. 또 다른 고수준 언어인 자바스크립트로 컴파일되며, 실행 역시 타입스크립트가 아닌 자바스크립트로 이루어집니다. 그래서 타입스크립트와 자바스크립트의 관계는 필연적이며, 이 밀접한 관계 때문에 혼란스러운 일이 벌어지기도 합니다. 이러한 타입스크립트와 자바스크립트의 관계를 잘 이해한다면 타입스크립트 개발자로서 한 단계 성장할 수 있습니다.

　타입스크립트의 타입 시스템도 조금 독특한 특징을 가지고 있는데, 이 특징들은 자세히 알아둬야 합니다. 타입 시스템에 관해서는 뒤에서 자세히 다룰 텐데, 여기서는 몇 가지 주목할 만한 점을 미리 짚고 넘어가겠습니다.

# 아이템 1 타입스크립트와 자바스크립트의 관계 이해하기

타입스크립트를 사용 중인 분들이라면, "타입스크립트는 자바스크립트의 상위집합(superset)[1]이다" 또는 "타입스크립트는 타입이 정의된 자바스크립트의 상위집합이다"라는 말을 한 번쯤은 들어 봤을 것입니다. 이 문장들이 정확히 무슨 의미인지, 그리고 타입스크립트와 자바스크립트는 어떤 관계인지 자세히 알아볼 것입니다. 타입스크립트는 자바스크립트와 굉장히 밀접한 관계에 있기 때문에, 서로 어떻게 연관되어 있는지 제대로 이해하는 것이 중요합니다.

타입스크립트는 문법적으로도 자바스크립트의 상위집합입니다. 자바스크립트 프로그램에 문법 오류가 없다면, 유효한 타입스크립트 프로그램이라고 할 수 있습니다. 그런데 자바스크립트 프로그램에 어떤 이슈가 존재한다면 문법 오류가 아니라도 타입 체커에게 지적당할 가능성이 높습니다. 그러나 문법의 유효성과 동작의 이슈는 독립적인 문제입니다. 타입스크립트는 여전히 작성된 코드를 파싱하고 자바스크립트로 변환할 수 있습니다. (이것은 두 언어 관계에 대한 또 다른 중요한 점이며, 아이템 3에서 자세히 다룹니다.)

자바스크립트 파일이 .js(또는 .jsx) 확장자를 사용하는 반면, 타입스크립트 파일은 .ts(또는 .tsx) 확장자를 사용합니다. 그렇다고 자바스크립트와 타입스크립트가 완전히 다른 언어라는 의미는 아닙니다. 타입스크립트는 자바스크립트의 상위집합이기 때문에 .js 파일에 있는 코드는 이미 타입스크립트라고 할 수 있습니다. main.js 파일명을 main.ts로 바꾼다고 해도 달라지는 것은 없습니다.

이러한 특성은 기존에 존재하는 자바스크립트 코드를 타입스크립트로 마이그레이션하는(migration) 데 엄청난 이점이 됩니다. 기존 코드를 그대로 유지하면서 일부분에만 타입스크립트 적용이 가능하기 때문입니다. 이에 비해 자바스크립트로 만든 프로그램을 자바 같은 완전히 다른 언어로 바꾸려면 처음부터 다시 작성하는 게 빠를 겁니다. 마이그레이션은 8장에서 자세히 다룹니다.

---

1  (옮긴이) 슈퍼셋(superset)은 수학용어에서 상위집합, 초집합으로 불립니다. 자주 사용되지 않는 단어이므로 뜻이 잘 와닿지 않을 수 있습니다. '자바스크립트는 타입스크립트의 부분 집합(subset)이다'라는 뜻으로 이해하면 됩니다.

모든 자바스크립트 프로그램이 타입스크립트라는 명제는 참이지만, 그 반대는 성립하지 않습니다. 타입스크립트 프로그램이지만 자바스크립트가 아닌 프로그램이 존재합니다. 이는 타입스크립트가 타입을 명시하는 추가적인 문법을 가지기 때문입니다. (과거 논란이 있었던 몇 가지 이유로 인해 추가된 다른 문법들도 존재합니다. 이는 아이템 53에서 다룹니다.)

예를 들어, 다음 코드는 유효한 타입스크립트 프로그램입니다.

```
function greet(who: string) {
  console.log('Hello', who);
}
```

그러나 자바스크립트를 구동하는 노드(node) 같은 프로그램으로 앞의 코드를 실행하면 오류를 출력합니다.

```
function greet(who: string) {
                  ^

SyntaxError: Unexpected token :
```

: string은 타입스크립트에서 쓰이는 타입 구문입니다. 타입 구문을 사용하는 순간부터 자바스크립트는 타입스크립트 영역으로 들어 가게 됩니다(그림 1-1).

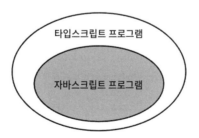

그림 1-1 모든 자바스크립트는 타입스크립트이지만, 모든 타입스크립트가 자바스크립트는 아닙니다.

타입스크립트 컴파일러는 타입스크립트뿐만 아니라 일반 자바스크립트 프로그램에도 유용합니다. 다음 자바스크립트 프로그램을 예로 들어 보겠습니다.

```
let city = 'new york city';
console.log(city.toUppercase());
```

이 코드를 실행하면 다음과 같은 오류가 발생합니다.

```
TypeError: city.toUppercase is not a function
```

앞의 코드에는 타입 구문이 없지만, 타입스크립트의 타입 체커는 문제점을 찾아 냅니다.

```
let city = 'new york city';
console.log(city.toUppercase());
                // ~~~~~~~~~~~ 'toUppercase' 속성이 'string' 형식에 없습니다.
                //             'toUpperCase'을(를) 사용하시겠습니까?
```

city 변수가 문자열이라는 것을 알려 주지 않아도 타입스크립트는 초깃값으로부터 타입을 추론합니다. 타입 추론은 타입스크립트에서 중요한 부분입니다. 어떻게 사용해야 하는지는 3장에서 살펴봅니다.

타입 시스템의 목표 중 하나는 런타임에 오류를 발생시킬 코드를 미리 찾아내는 것입니다. 타입스크립트가 '정적' 타입 시스템이라는 것은 바로 이런 특징을 말하는 것입니다. 그러나 타입 체커가 모든 오류를 찾아내지는 않습니다.

오류가 발생하지는 않지만 의도와 다르게 동작하는 코드도 있습니다. 타입스크립트는 이러한 문제 중 몇 가지를 찾아내기도 합니다. 다음 자바스크립트 프로그램을 보겠습니다.

```
const states = [
  {name: 'Alabama', capital: 'Montgomery'},
  {name: 'Alaska',  capital: 'Juneau'},
  {name: 'Arizona', capital: 'Phoenix'},
  // ...
];
for (const state of states) {
  console.log(state.capitol);
}
```

실행 결과는 다음처럼 출력됩니다.

```
undefined
undefined
undefined
```

앞의 코드는 유효한 자바스크립트(또한 타입스크립트)이며 어떠한 오류도 없이 실행됩니다. 그러나 루프 내의 state.capitol은 의도한 코드가 아닌 게 분명합니다. 이런 경우에 타입스크립트 타입 체커는 추가적인 타입 구문 없이도 오류를 찾아냅니다(또한 꽤 훌륭한 해결책을 제시합니다).

```
for (const state of states) {
  console.log(state.capitol);
                      // ~~~~~~~ 'capitol' 속성이 ... 형식에 없습니다.
                      //         'capital'을(를) 사용하시겠습니까?
}
```

타입스크립트는 타입 구문 없이도 오류를 잡을 수 있지만, 타입 구문을 추가한다면 훨씬 더 많은 오류를 찾아낼 수 있습니다. 코드의 '의도'가 무엇인지 타입 구문을 통해 타입스크립트에게 알려줄 수 있기 때문에 코드의 동작과 의도가 다른 부분을 찾을 수 있습니다. 예를 들어, 다음과 같이 capital과 capitol을 맞바꾸어 보겠습니다.

```
const states = [
  {name: 'Alabama', capitol: 'Montgomery'},
  {name: 'Alaska',  capitol: 'Juneau'},
  {name: 'Arizona', capitol: 'Phoenix'},
  // ...
];
for (const state of states) {
  console.log(state.capital);
                      // ~~~~~~~ 'capital' 속성이 ... 형식에 없습니다.
                      //         'capitol'을(를) 사용하시겠습니까?
}
```

그런데 타입스크립트가 제시한 해결책은 잘못되었습니다. 한곳에서는 capital로, 다른 한곳에서는 capitol로 다르게 타이핑했지만, 타입스크립트는 어느 쪽이 오타인지 판단하지 못합니다. 오류의 원인을 추측할 수는 있겠지만 항상 정확하지는 않습니다. 따라서 명시적으로 states를 선언하여 의도를 분명하게 하는 것이 좋습니다.

```
interface State {
  name: string;
  capital: string;
}
const states: State[] = [
  {name: 'Alabama', capitol: 'Montgomery'},
              // ~~~~~~~~~~~~~~~~~~~~~~~
  {name: 'Alaska',  capitol: 'Juneau'},
              // ~~~~~~~~~~~~~~~~~~~~
  {name: 'Arizona', capitol: 'Phoenix'},
              // ~~~~~~~~~~~~~~~~~~~~~~ 개체 리터럴은 알려진 속성만 지정할 수 있지만
              //                       'State' 형식에 'capitol'이(가) 없습니다.
              //                       'capital'을(를) 쓰려고 했습니까?
  // ...
];
for (const state of states) {
  console.log(state.capital);
}
```

이제 오류가 어디에서 발생했는지 찾을 수 있고, 제시된 해결책도 올바릅니다.
의도를 명확히 해서 타입스크립트가 잠재적 문제점을 찾을 수 있게 했습니다.
예를 들어, 타입 구문 없이 배열 안에서 딱 한 번 capitol이라고 오타를 썼다면
오류가 되지 않았을 겁니다. 그런데 타입 구문을 추가하면 오류를 찾을 수 있
습니다.

```
const states: State[] = [
  {name: 'Alabama', capital: 'Montgomery'},
  {name: 'Alaska',  capitol: 'Juneau'},
              // ~~~~~~~~~~~~~~~ 'capital'을(를) 쓰려고 했습니까?
  {name: 'Arizona', capital: 'Phoenix'},
  // ...
];
```

이 내용을 정리하면, 그림 1-1의 벤 다이어그램에 새로운 영역을 추가할 수 있
습니다. 그림 1-2의 '타입 체커를 통과한 타입스크립트 프로그램' 영역입니다.
"타입스크립트는 자바스크립트의 상위집합이다"라는 문장이 잘못된 것처럼 느
껴진다면, 아마도 '타입 체커를 통과한 타입스크립트 프로그램' 영역 때문일 것
입니다. 평소 작성하는 타입스크립트 코드가 바로 이 영역에 해당합니다. 보통

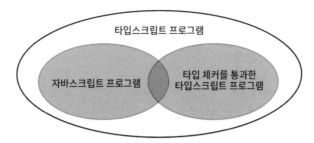

그림 1-2 모든 자바스크립트는 타입스크립트이지만,
일부 자바스크립트(그리고 타입스크립트)만이 타입 체크를 통과합니다.

은 타입 체크에서 오류가 발생하지 않도록 신경을 쓰며 타입스크립트 코드를
작성하기 때문입니다.

　타입스크립트 타입 시스템은 자바스크립트의 런타임 동작을 '모델링'합니다.
런타임 체크를 엄격하게 하는 언어를 사용해 왔다면 다음 결과들이 꽤 당황스
럽게 느껴질 수 있습니다. 예를 들어, 다음 프로그램을 보겠습니다.

```
const x = 2 + '3';  // 정상, string 타입입니다.
const y = '2' + 3;  // 정상, string 타입입니다.
```

이 예제는 다른 언어였다면 런타임 오류가 될 만한 코드입니다. 하지만 타입스
크립트의 타입 체커는 정상으로 인식합니다. 두 줄 모두 문자열 "23"이 되는 자
바스크립트 런타임 동작으로 모델링됩니다.

　반대로 정상 동작하는 코드에 오류를 표시하기도 합니다. 다음은 런타임 오
류가 발생하지 않는 코드인데, 타입 체커는 문제점을 표시합니다.

```
const a = null + 7;        // 자바스크립트에서는 a값이 7이 됩니다.
       // ~~~~ '+' 연산자를 ... 형식에 적용할 수 없습니다.
const b = [] + 12;         // 자바스크립트에서는 b값이 '12'가 됩니다.
       // ~~~~~~ '+' 연산자를 ... 형식에 적용할 수 없습니다.
alert('Hello', 'TypeScript'); // "Hello" 경고를 표시합니다.
       // ~~~~~~~~~~~~ 0-1개의 인수가 필요한데 2개를 가져왔습니다.
```

자바스크립트의 런타임 동작을 모델링하는 것은 타입스크립트 타입 시스템의
기본 원칙입니다. 그러나 앞에서 봤던 경우들처럼 단순히 런타임 동작을 모델
링하는 것뿐만 아니라 의도치 않은 이상한 코드가 오류로 이어질 수도 있다는

점까지 고려해야 합니다. 앞서 capital과 capitol 예제에서도 보았듯이, 프로그램에 오류가 발생하지 않더라도(대신 undefined를 출력) 타입 체커가 오류를 표시합니다.

언제 자바스크립트 런타임 동작을 그대로 모델링할지, 또는 추가적인 타입 체크를 할지 분명하지 않다면 과연 타입스크립트를 사용해도 되는지 의문이 들 수 있습니다. 타입스크립트 채택 여부는 온전히 여러분의 선택에 달렸습니다. 타입스크립트의 도움을 받으면 오류가 적은 코드를 작성할 수 있습니다. 그러나 앞의 이상한 코드들처럼 null과 7을 더하거나, []과 12를 더하거나, 불필요한 매개변수를 추가해서 함수 호출하는 것을 당연하게 여긴다면 차라리 타입스크립트를 쓰지 않는 게 낫습니다.

작성된 프로그램이 타입 체크를 통과하더라도 여전히 런타임에 오류가 발생할 수 있습니다. 다음 예제를 보겠습니다.

```
const names = ['Alice', 'Bob'];
console.log(names[2].toUpperCase());
```

프로그램을 실행하면 다음과 같은 오류가 발생합니다.

```
TypeError: Cannot read property 'toUpperCase' of undefined
```

타입스크립트는 앞의 배열이 범위 내에서 사용될 것이라 가정했지만 실제로는 그렇지 않았고, 오류가 발생했습니다.

우리가 any 타입을 사용할 때도 예상치 못한 오류가 자주 발생합니다. 이 오류에 대해서는 아이템 5에서 간단히 살펴보고, 5장에서 더욱 자세히 다룹니다.

앞서 등장한 오류들이 발생하는 근본 원인은 타입스크립트가 이해하는 값의 타입과 실제 값에 차이가 있기 때문입니다. 타입 시스템이 정적 타입의 정확성을 보장해 줄 것 같지만 그렇지 않습니다. 애초에 타입 시스템은 그런 목적으로 만들어지지도 않았습니다. 정확성을 보장하는 것이 중요하다면 Reason이나 Elm 같은 언어를 선택하는 것이 좋습니다. 그러나 Reason이나 Elm 같은 언어에도 단점이 존재합니다. 이 언어들은 런타임 안정성을 보장하는 대신 자바스크립트의 상위집합이 아니기 때문에 마이그레이션 과정이 훨씬 복잡합니다.

## 요약

- 타입스크립트는 자바스크립트의 상위집합입니다. 다시 말해서, 모든 자바스크립트 프로그램은 이미 타입스크립트 프로그램입니다. 반대로, 타입스크립트는 별도의 문법을 가지고 있기 때문에 일반적으로는 유효한 자바스크립트 프로그램이 아닙니다.
- 타입스크립트는 자바스크립트 런타임 동작을 모델링하는 타입 시스템을 가지고 있기 때문에 런타임 오류를 발생시키는 코드를 찾아내려고 합니다. 그러나 모든 오류를 찾아내리라 기대하면 안 됩니다. 타입 체커를 통과하면서도 런타임 오류를 발생시키는 코드는 충분히 존재할 수 있습니다.
- 타입스크립트 타입 시스템은 전반적으로 자바스크립트 동작을 모델링합니다. 그러나 잘못된 매개변수 개수로 함수를 호출하는 경우처럼, 자바스크립트에서는 허용되지만 타입스크립트에서는 문제가 되는 경우도 있습니다. 이러한 문법의 엄격함은 온전히 취향의 차이이며 우열을 가릴 수 없는 문제입니다.

## 아이템 2 타입스크립트 설정 이해하기

다음 코드가 오류 없이 타입 체커를 통과할 수 있을지 생각해 보겠습니다.

```
function add(a, b) {
  return a + b;
}
add(10, null);
```

설정이 어떻게 되어 있는지 모른다면 대답할 수 없는 질문입니다. 타입스크립트 컴파일러는 매우 많은 설정을 가지고 있습니다. 현재 시점에는 설정이 거의 100개에 이릅니다.

이 설정들은 커맨드 라인에서 사용할 수 있습니다.

```
$ tsc --noImplicitAny program.ts
```

*tsconfig.json* 설정 파일을 통해서도 가능합니다.

```
{
  "compilerOptions": {
    "noImplicitAny": true
  }
}
```

가급적 설정 파일을 사용하는 것이 좋습니다. 그래야만 타입스크립트를 어떻게 사용할 계획인지 동료들이나 다른 도구들이 알 수 있습니다. 설정 파일은 tsc --init만 실행하면 간단히 생성됩니다.

타입스크립트의 설정들은 어디서 소스 파일을 찾을지, 어떤 종류의 출력을 생성할지 제어하는 내용이 대부분입니다. 그런데 언어 자체의 핵심 요소들을 제어하는 설정도 있습니다. 대부분의 언어에서는 허용하지 않는 고수준 설계의 설정입니다. 타입스크립트는 어떻게 설정하느냐에 따라 완전히 다른 언어처럼 느껴질 수 있습니다. 설정을 제대로 사용하려면, noImplicitAny와 strictNullChecks를 이해해야 합니다.

noImplicitAny는 변수들이 미리 정의된 타입을 가져야 하는지 여부를 제어합니다. 다음 코드는 noImplicitAny가 해제되어 있을 때에는 유효합니다.

```
function add(a, b) {
  return a + b;
}
```

편집기에서 add 부분에 마우스를 올려 보면, 타입스크립트가 추론한 함수의 타입을 알 수 있습니다.

```
function add(a: any, b: any): any
```

any 타입을 매개변수에 사용하면 타입 체커는 속절없이 무력해집니다. any는 유용하지만 매우 주의해서 사용해야 합니다. 아이템 5와 3장에서 any에 대해 더 자세히 다룹니다.

다음 예제를 보겠습니다.

```
function add(a, b) {
        // ~     'a' 매개변수에는 암시적으로 'any' 형식이 포함됩니다.
        // ~ 'b' 매개변수에는 암시적으로 'any' 형식이 포함됩니다.
```

```
  return a + b;
}
```

any를 코드에 넣지 않았지만, any 타입으로 간주되기 때문에 이를 '암시적 any'[2] 라고 부릅니다. 그런데 같은 코드임에도 noImplicitAny가 설정되었다면 오류가 됩니다. 이 오류들은 명시적으로 : any라고 선언해 주거나 더 분명한 타입을 사용하면 해결할 수 있습니다.

```
function add(a: number, b: number) {
  return a + b;
}
```

타입스크립트는 타입 정보를 가질 때 가장 효과적이기 때문에, 되도록이면 noImplicitAny를 설정해야 합니다. 모든 변수에 타입을 명시하는 것에 익숙해지면, noImplicitAny가 없는 채로 작성된 타입스크립트는 완전히 다른 언어처럼 느껴질 겁니다.

새 프로젝트를 시작한다면 처음부터 noImplicitAny를 설정하여 코드를 작성할 때마다 타입을 명시하도록 해야 합니다. 그러면 타입스크립트가 문제를 발견하기 수월해지고, 코드의 가독성이 좋아지며, 개발자의 생산성이 향상됩니다(아이템 6 참고). noImplicitAny 설정 해제는, 자바스크립트로 되어 있는 기존 프로젝트를 타입스크립트로 전환하는 상황에만 필요합니다(8장 참고).

strictNullChecks는 null과 undefined가 모든 타입에서 허용되는지 확인하는 설정입니다.

다음은 strictNullChecks가 해제되었을 때 유효한 코드입니다.

```
const x: number = null;  // 정상, null은 유효한 값입니다.
```

그러나 strictNullChecks를 설정하면 오류가 됩니다.

```
const x: number = null;
//    ~ 'null' 형식은 'number' 형식에 할당할 수 없습니다.
```

---

2 (옮긴이) 한글판 컴파일러는 '명시적(explicit)'의 반대말로 '암시적(implicit)'이라는 단어를 사용합니다. '암묵적으로 합의된' 정도의 의미로 생각하면 됩니다.

null 대신 undefined를 써도 같은 오류가 납니다. 만약 null을 허용하려고 한다면, 의도를 명시적으로 드러냄으로써 오류를 고칠 수 있습니다.

```
const x: number | null = null;
```

만약 null을 허용하지 않으려면, 이 값이 어디서부터 왔는지 찾아야 하고, null을 체크하는 코드나 단언문(assertion)을 추가해야 합니다.

```
  const el = document.getElementById('status');
  el.textContent = 'Ready';
// ~~ 개체가 'null'인 것 같습니다.

  if (el) {
    el.textContent = 'Ready';    // 정상, null은 제외됩니다.
  }
  el!.textContent = 'Ready';    // 정상, el이 null이 아님을 단언합니다.
```

strictNullChecks는 null과 undefined 관련된 오류를 잡아 내는 데 많은 도움이 되지만, 코드 작성을 어렵게 합니다. 새 프로젝트를 시작한다면 가급적 strictNullChecks를 설정하는 것이 좋지만, 타입스크립트가 처음이거나 자바스크립트 코드를 마이그레이션하는 중이라면 설정하지 않아도 괜찮습니다. strictNullChecks를 설정하려면 noImplicitAny를 먼저 설정해야 합니다.

strictNullChecks 설정 없이 개발하기로 선택했다면, "undefined는 객체가 아닙니다"라는 끔찍한 런타임 오류를 주의하기 바랍니다. 결국은 이 오류 때문에 엄격한 체크를 설정할 수밖에 없을 겁니다. 프로젝트가 거대해질수록 설정 변경은 어려워질 것이므로, 가능한 한 초반에 설정하는 게 좋습니다.

언어에 의미적으로 영향을 미치는 설정들(예를 들어, noImplicitThis와 strictFunctionTypes)이 많지만, noImplicitAny와 strictNullChecks만큼 중요한 것은 없습니다. 이 모든 체크를 설정하고 싶다면 strict 설정을 하면 됩니다. 타입스크립트에 strict 설정을 하면 대부분의 오류를 잡아냅니다.

공동 프로젝트를 진행하는 도중 동료에게 타입스크립트 예제를 공유했는데 오류가 재현되지 않는다면, 컴파일러 설정이 동일한지 먼저 확인해 봐야 합니다.

## 요약

- 타입스크립트 컴파일러는 언어의 핵심 요소에 영향을 미치는 몇 가지 설정을 포함하고 있습니다.
- 타입스크립트 설정은 커맨드 라인을 이용하기보다는 *tsconfig.json*을 사용하는 것이 좋습니다.
- 자바스크립트 프로젝트를 타입스크립트로 전환하는 게 아니라면 noImplicit Any를 설정하는 것이 좋습니다.
- "undefined는 객체가 아닙니다" 같은 런타임 오류를 방지하기 위해 strict NullChecks를 설정하는 것이 좋습니다.
- 타입스크립트에서 엄격한 체크를 하고 싶다면 strict 설정을 고려해야 합니다.

## 아이템 3 코드 생성과 타입이 관계없음을 이해하기

큰 그림에서 보면, 타입스크립트 컴파일러는 두 가지 역할을 수행합니다.

- 최신 타입스크립트/자바스크립트를 브라우저에서 동작할 수 있도록 구버전의 자바스크립트로 트랜스파일(transpile)[3]합니다.
- 코드의 타입 오류를 체크합니다.

여기서 놀라운 점은 이 두 가지가 서로 완벽히 독립적이라는 것입니다. 다시 말해서, 타입스크립트가 자바스크립트로 변환될 때 코드 내의 타입에는 영향을 주지 않습니다. 또한 그 자바스크립트의 실행 시점에도 타입은 영향을 미치지 않습니다.

타입스크립트 컴파일러가 수행하는 두 가지 역할을 되짚어 보면, 타입스크립트가 할 수 있는 일과 할 수 없는 일을 짐작할 수 있습니다.

---

3 (옮긴이) 번역(translate)과 컴파일(compile)이 합처져 트랜스파일이라는 신조어가 탄생했습니다. 소스코드를 동일한 동작을 하는 다른 형태의 소스코드(다른 버전, 다른 언어 등)로 변환하는 행위를 의미합니다. 결과물이 여전히 컴파일되어야 하는 소스코드이기 때문에 컴파일과는 구분해서 부릅니다.

## 타입 오류가 있는 코드도 컴파일이 가능합니다

컴파일은 타입 체크와 독립적으로 동작하기 때문에, 타입 오류가 있는 코드도 컴파일이 가능합니다.

```
$ cat test.ts
let x = 'hello';
x = 1234;
$ tsc test.ts
test.ts:2:1 - error TS2322: '1234' 형식은 'string' 형식에 할당할 수 없습니다.

2 x = 1234;
  ~

$ cat test.js
var x = 'hello';
x = 1234;
```

타입 체크와 컴파일이 동시에 이루어지는 C나 자바 같은 언어를 사용하던 사람이라면 이러한 상황이 매우 황당하게 느껴질 겁니다. 타입스크립트 오류는 C나 자바 같은 언어들의 경고(warning)와 비슷합니다. 문제가 될 만한 부분을 알려 주지만, 그렇다고 빌드를 멈추지는 않습니다.

> ### 🗃️ 컴파일과 타입 체크
>
> 코드에 오류가 있을 때 "컴파일에 문제가 있다"고 말하는 경우를 보았을 겁니다. 그러나 이는 기술적으로 틀린 말입니다. 엄밀히 말하면 오직 코드 생성만이 '컴파일'이라고 할 수 있기 때문입니다. 작성한 타입스크립트가 유효한 자바스크립트라면 타입스크립트 컴파일러는 컴파일을 해 냅니다. 그러므로 코드에 오류가 있을 때 "타입 체크에 문제가 있다"고 말하는 것이 더 정확한 표현입니다.

타입 오류가 있는 데도 컴파일된다는 사실 때문에 타입스크립트가 엉성한 언어처럼 보일 수 있습니다. 그러나 코드에 오류가 있더라도 컴파일된 산출물이 나오는 것이 실제로 도움이 됩니다. 웹 애플리케이션을 만들면서 어떤 부분에 문제가 발생했다고 가정해 보겠습니다. 타입스크립트는 여전히 컴파일된 산출물을 생성하기 때문에, 문제가 된 오류를 수정하지 않더라도 애플리케이션의 다른 부분을 테스트할 수 있습니다.

만약 오류가 있을 때 컴파일하지 않으려면, *tsconfig.json*에 noEmitOnError를 설정하거나 빌드 도구에 동일하게 적용하면 됩니다.

## 런타임에는 타입 체크가 불가능합니다

다음처럼 코드를 작성해 볼 수 있습니다.

```typescript
interface Square {
  width: number;
}
interface Rectangle extends Square {
  height: number;
}
type Shape = Square | Rectangle;

function calculateArea(shape: Shape) {
  if (shape instanceof Rectangle) {
                  // ~~~~~~~~~ 'Rectangle'은(는) 형식만 참조하지만,
                  //            여기서는 값으로 사용되고 있습니다.
    return shape.width * shape.height;
                  //            ~~~~~~ 'Shape' 형식에 'height' 속성이 없습니다.
  } else {
    return shape.width * shape.width;
  }
}
```

instanceof 체크는 런타임에 일어나지만, Rectangle은 타입이기 때문에 런타임 시점에 아무런 역할을 할 수 없습니다. 타입스크립트의 타입은 '제거 가능(erasable)'합니다. 실제로 자바스크립트로 컴파일되는 과정에서 모든 인터페이스, 타입, 타입 구문은 그냥 제거되어 버립니다.

앞의 코드에서 다루고 있는 shape 타입을 명확하게 하려면, 런타임에 타입 정보를 유지하는 방법이 필요합니다. 하나의 방법은 height 속성이 존재하는지 체크해 보는 것입니다. 다음 코드를 통해 알아보겠습니다.

```typescript
function calculateArea(shape: Shape) {
  if ('height' in shape) {
    shape;  // 타입이 Rectangle
    return shape.width * shape.height;
```

```
  } else {
    shape;  // 타입이 Square
    return shape.width * shape.width;
  }
}
```

속성 체크는 런타임에 접근 가능한 값에만 관련되지만, 타입 체커 역시도
shape의 타입을 Rectangle로 보정해 주기 때문에 오류가 사라집니다.

　타입 정보를 유지하는 또 다른 방법으로는 런타임에 접근 가능한 타입 정보
를 명시적으로 저장하는 '태그' 기법이 있습니다.

```
interface Square {
  kind: 'square';
  width: number;
}
interface Rectangle {
  kind: 'rectangle';
  height: number;
  width: number;
}
type Shape = Square | Rectangle;

function calculateArea(shape: Shape) {
  if (shape.kind === 'rectangle') {
    shape;  // 타입이 Rectangle
    return shape.width * shape.height;
  } else {
    shape;  // 타입이 Square
    return shape.width * shape.width;
  }
}
```

여기서 Shape 타입은 '태그된 유니온(tagged union)'의 한 예입니다. 이 기법은
런타임에 타입 정보를 손쉽게 유지할 수 있기 때문에, 타입스크립트에서 흔하
게 볼 수 있습니다.

　타입(런타임 접근 불가)과 값(런타임 접근 가능)을 둘 다 사용하는 기법도 있
습니다. 타입을 클래스로 만들면 됩니다. Square와 Rectangle을 클래스로 만들
면 오류를 해결할 수 있습니다.

```
class Square {
  constructor(public width: number) {}
}
class Rectangle extends Square {
  constructor(public width: number, public height: number) {
    super(width);
  }
}
type Shape = Square | Rectangle;

function calculateArea(shape: Shape) {
  if (shape instanceof Rectangle) {
    shape;  // 타입이 Rectangle
    return shape.width * shape.height;
  } else {
    shape;  // 타입이 Square
    return shape.width * shape.width;  // 정상
  }
}
```

인터페이스는 타입으로만 사용 가능하지만, Rectangle을 클래스로 선언하면 타입과 값으로 모두 사용할 수 있으므로 오류가 없습니다.

　type Shape = Square | Rectangle 부분에서 Rectangle은 타입으로 참조되지만, shape instanceof Rectangle 부분에서는 값으로 참조됩니다. 어떻게 참조되는지 구분하는 건 매우 중요한데, 이는 아이템 8에서 다룹니다.

## 타입 연산은 런타임에 영향을 주지 않습니다

string 또는 number 타입인 값을 항상 number로 정제하는 경우를 가정해 보겠습니다. 다음 코드는 타입 체커를 통과하지만 잘못된 방법을 썼습니다.

```
function asNumber(val: number | string): number {
  return val as number;
}
```

변환된 자바스크립트 코드를 보면 이 함수가 실제로 어떻게 동작하는지 알 수 있습니다.

```
function asNumber(val) {
  return val;
}
```

코드에 아무런 정제 과정이 없습니다. as number는 타입 연산이고 런타임 동작에는 아무런 영향을 미치지 않습니다. 값을 정제하기 위해서는 런타임의 타입을 체크해야 하고 자바스크립트 연산을 통해 변환을 수행해야 합니다.

```typescript
function asNumber(val: number | string): number {
  return typeof(val) === 'string' ? Number(val) : val;
}
```

(as number는 '타입 단언문'입니다. 이런 문법이 언제 적절히 사용될 수 있는지는 아이템 9에서 다룹니다.)

## 런타임 타입은 선언된 타입과 다를 수 있습니다

다음 함수를 보고 마지막의 console.log까지 실행될 수 있을지 생각해 보기 바랍니다.

```typescript
function setLightSwitch(value: boolean) {
  switch (value) {
    case true:
      turnLightOn();
      break;
    case false:
      turnLightOff();
      break;
    default:
      console.log(`실행되지 않을까 봐 걱정됩니다.`);
  }
}
```

타입스크립트는 일반적으로 실행되지 못하는 죽은(dead) 코드를 찾아내지만, 여기서는 strict를 설정하더라도 찾아내지 못합니다. 그러면 마지막 부분을 실행할 수 있는 경우는 무엇일까요?

: boolean이 타입 선언문이라는 것에 주목하기 바랍니다. 타입스크립트의 타입이기 때문에 : boolean은 런타임에 제거됩니다. 자바스크립트였다면 실수로 setLightSwitch를 "ON"으로 호출할 수도 있었을 것입니다.

순수 타입스크립트에서도 마지막 코드를 실행하는 방법이 존재합니다. 예를 들어, 네트워크 호출로부터 받아온 값으로 함수를 실행하는 경우가 있습니다.

```
interface LightApiResponse {
  lightSwitchValue: boolean;
}
async function setLight() {
  const response = await fetch('/light');
  const result: LightApiResponse = await response.json();
  setLightSwitch(result.lightSwitchValue);
}
```

/light를 요청하면 그 결과로 LightApiResponse를 반환하라고 선언했지만, 실제로 그렇게 되리라는 보장은 없습니다. API를 잘못 파악해서 lightSwitchValue가 실제로는 문자열이었다면, 런타임에는 setLightSwitch 함수까지 전달될 것입니다. 또는 배포된 후에 API가 변경되어 lightSwitchValue가 문자열이되는 경우도 있을 것입니다.

타입스크립트에서는 런타임 타입과 선언된 타입이 맞지 않을 수 있습니다. 타입이 달라지는 혼란스러운 상황을 가능한 한 피해야 합니다. 선언된 타입이 언제든지 달라질 수 있다는 것을 명심해야 합니다.

## 타입스크립트 타입으로는 함수를 오버로드할 수 없습니다

C++ 같은 언어는 동일한 이름에 매개변수만 다른 여러 버전의 함수를 허용합니다. 이를 '함수 오버로딩'이라고 합니다. 그러나 타입스크립트에서는 타입과 런타임의 동작이 무관하기 때문에, 함수 오버로딩은 불가능합니다.

```
function add(a: number, b: number) { return a + b; }
        // ~~~ 중복된 함수 구현입니다.
function add(a: string, b: string) { return a + b; }
        // ~~~ 중복된 함수 구현입니다.
```

타입스크립트가 함수 오버로딩 기능을 지원하기는 하지만, 온전히 타입 수준에서만 동작합니다. 하나의 함수에 대해 여러 개의 선언문을 작성할 수 있지만, 구현체(implementation)는 오직 하나뿐입니다.

```
function add(a: number, b: number): number;
function add(a: string, b: string): string;
```

```
function add(a, b) {
  return a + b;
}

const three = add(1, 2);      // 타입이 number
const twelve = add('1', '2'); // 타입이 string
```

add에 대한 처음 두 개의 선언문은 타입 정보를 제공할 뿐입니다. 이 두 선언문
은 타입스크립트가 자바스크립트로 변환되면서 제거되며, 구현체만 남게 됩니
다. (이런 스타일의 오버로딩을 사용하려면, 아이템 50을 먼저 살펴보기 바랍
니다. 꼭 알아야 할 몇 가지 주의사항이 있습니다.)

### 타입스크립트 타입은 런타임 성능에 영향을 주지 않습니다

타입과 타입 연산자는 자바스크립트 변환 시점에 제거되기 때문에, 런타임의
성능에 아무런 영향을 주지 않습니다. 타입스크립트의 정적 타입은 실제로 비
용이 전혀 들지 않습니다. 타입스크립트를 쓰는 대신 런타임 오버헤드를 감수
하며 타입 체크를 해 본다면, 타입스크립트 팀이 다음 주의사항들을 얼마나 잘
테스트해 왔는지 몸소 느끼게 될 것입니다.

• '런타임' 오버헤드가 없는 대신, 타입스크립트 컴파일러는 '빌드타임' 오버
  헤드가 있습니다. 타입스크립트 팀은 컴파일러 성능을 매우 중요하게 생각
  합니다. 따라서 컴파일은 일반적으로 상당히 빠른 편이며 특히 증분(incre-
  mental) 빌드 시에 더욱 체감됩니다. 오버헤드가 커지면, 빌드 도구에서 '트
  랜스파일만(transpile only)'을 설정하여 타입 체크를 건너뛸 수 있습니다.
• 타입스크립트가 컴파일하는 코드는 오래된 런타임 환경을 지원하기 위해
  호환성을 높이고 성능 오버헤드를 감안할지, 호환성을 포기하고 성능 중심
  의 네이티브 구현체를 선택할지의 문제에 맞닥뜨릴 수도 있습니다. 예를 들
  어 제너레이터 함수가 ES5 타깃으로 컴파일되려면, 타입스크립트 컴파일러
  는 호환성을 위한 특정 헬퍼 코드를 추가할 것입니다. 이런 경우가 제너레
  이터의 호환성을 위한 오버헤드 또는 성능을 위한 네이티브 구현체 선택의
  문제입니다. 어떤 경우든지 호환성과 성능 사이의 선택은 컴파일 타깃과 언
  어 레벨의 문제이며 여전히 타입과는 무관합니다.

**요약**

- 코드 생성은 타입 시스템과 무관합니다. 타입스크립트 타입은 런타임 동작이나 성능에 영향을 주지 않습니다.
- 타입 오류가 존재하더라도 코드 생성(컴파일)은 가능합니다.
- 타입스크립트 타입은 런타임에 사용할 수 없습니다. 런타임에 타입을 지정하려면, 타입 정보 유지를 위한 별도의 방법이 필요합니다. 일반적으로는 태그된 유니온과 속성 체크 방법을 사용합니다. 또는 클래스 같이 타입스크립트 타입과 런타임 값, 둘 다 제공하는 방법이 있습니다.

## 아이템 4 구조적 타이핑에 익숙해지기

자바스크립트는 본질적으로 덕 타이핑(duck typing)[4] 기반입니다. 만약 어떤 함수의 매개변수 값이 모두 제대로 주어진다면, 그 값이 어떻게 만들어졌는지 신경 쓰지 않고 사용합니다. 타입스크립트는 이런 동작, 즉 매개변수 값이 요구사항을 만족한다면 타입이 무엇인지 신경 쓰지 않는 동작을 그대로 모델링합니다. 그런데 타입 체커의 타입에 대한 이해도가 사람과 조금 다르기 때문에 가끔 예상치 못한 결과가 나오기도 합니다. 구조적 타이핑을 제대로 이해한다면 오류인 경우와 오류가 아닌 경우의 차이를 알 수 있고, 더욱 견고한 코드를 작성할 수 있습니다.

물리 라이브러리와 2D 벡터 타입을 다루는 경우를 가정해 보겠습니다.

```
interface Vector2D {
  x: number;
  y: number;
}
```

벡터의 길이를 계산하는 함수는 다음과 같습니다.

---

4 (옮긴이) 덕 타이핑이란, 객체가 어떤 타입에 부합하는 변수와 메서드를 가질 경우 객체를 해당 타입에 속하는 것으로 간주하는 방식입니다. 덕 테스트(The Duck Test)에서 유래되었는데, 다음과 같은 명제로 정의됩니다. "만약 어떤 새가 오리처럼 걷고, 헤엄치고, 꽥꽥거리는 소리를 낸다면 나는 그 새를 오리라고 부를 것이다."

```
function calculateLength(v: Vector2D) {
  return Math.sqrt(v.x * v.x + v.y * v.y);
}
```

이제 이름이 들어간 벡터를 추가합니다.

```
interface NamedVector {
  name: string;
  x: number;
  y: number;
}
```

NamedVector는 number 타입의 x와 y 속성이 있기 때문에 calculateLength 함수로 호출 가능합니다. 타입스크립트는 다음 코드를 이해할 수 있을 정도로 충분히 영리합니다.

```
const v: NamedVector = { x: 3, y: 4, name: 'Zee' };
calculateLength(v);   // 정상, 결과는 5
```

흥미로운 점은 Vector2D와 NamedVector의 관계를 전혀 선언하지 않았다는 것입니다. 그리고 NamedVector를 위한 별도의 calculateLength를 구현할 필요도 없습니다. 타입스크립트 타입 시스템은 자바스크립트의 런타임 동작을 모델링합니다(아이템 1). NamedVector의 구조가 Vector2D와 호환되기 때문에 calculateLength 호출이 가능합니다. 여기서 '구조적 타이핑(structural typing)'이라는 용어가 사용됩니다.

구조적 타이핑 때문에 문제가 발생하기도 합니다. 3D 벡터를 만들어 보겠습니다.

```
interface Vector3D {
  x: number;
  y: number;
  z: number;
}
```

그리고 벡터의 길이를 1로 만드는 정규화 함수를 작성합니다.

```
function normalize(v: Vector3D) {
  const length = calculateLength(v);
```

```
  return {
    x: v.x / length,
    y: v.y / length,
    z: v.z / length,
  };
}
```

그러나 이 함수는 1보다 조금 더 긴(1.41) 길이를 가진 결과를 출력할 것입니다.

```
> normalize({x: 3, y: 4, z: 5})
{ x: 0.6, y: 0.8, z: 1 }
```

타입스크립트가 오류를 잡지 못한 이유를 생각해 보겠습니다.

calculateLength는 2D 벡터를 기반으로 연산하는데, 버그로 인해 normalize가 3D 벡터로 연산되었습니다. z가 정규화에서 무시된 것입니다.

그런데 타입 체커가 이 문제를 잡아내지 못했습니다. calculateLength가 2D 벡터를 받도록 선언되었음에도 불구하고 3D 벡터를 받는 데 문제가 없었던 이유는 무엇일까요?

Vector3D와 호환되는 {x, y, z} 객체로 calculateLength를 호출하면, 구조적 타이핑 관점에서 x와 y가 있어서 Vector2D와 호환됩니다. 따라서 오류가 발생하지 않았고, 타입 체커가 문제로 인식하지 않았습니다. (이런 경우를 오류로 처리하기 위한 설정이 존재합니다. 아이템 37에서 자세히 다루겠습니다.)

함수를 작성할 때, 호출에 사용되는 매개변수의 속성들이 매개변수의 타입에 선언된 속성만을 가질 거라 생각하기 쉽습니다. 이러한 타입은 '봉인된(sealed)' 또는 '정확한(precise)' 타입이라고 불리며, 타입스크립트 타입 시스템에서는 표현할 수 없습니다. 좋든 싫든 타입은 '열려(open)'[5]있습니다.

이러한 특성 때문에 가끔 당황스러운 결과가 발생합니다.

```
function calculateLengthL1(v: Vector3D) {
  let length = 0;
```

---

5  (옮긴이) 타입이 열려 있다는 것은, 타입의 확장에 열려 있다는 의미입니다. 즉, 타입에 선언된 속성 외에 임의의 속성을 추가하더라도 오류가 발생하지 않는다는 것입니다. 예를 들어, 고양이라는 타입에 크기 속성을 추가하여 '작은 고양이'가 되어도 고양이라는 사실은 변하지 않습니다. 그래도 이해가 어렵다면 아이템 7을 참고하길 바랍니다.

```
      for (const axis of Object.keys(v)) {
        const coord = v[axis];
                      // ~~~~~~~ 'string'은 'Vector3D'의 인덱스로 사용할 수 없기에
                      //         엘리먼트는 암시적으로 'any' 타입입니다.
        length += Math.abs(coord);
      }
      return length;
    }
```

오류를 납득하기 어렵습니다. axis는 Vector3D 타입인 v의 키 중 하나이기 때문에 "x", "y", "z" 중 하나여야 합니다. 그리고 Vector3D의 선언에 따르면, 이들은 모두 number이므로 coord의 타입이 number가 되어야 할 것으로 예상됩니다.

그러나 사실은 타입스크립트가 오류를 정확히 찾아낸 것이 맞습니다. 앞에서 Vector3D는 봉인(다른 속성이 없다)되었다고 가정했습니다. 그런데 다음 코드처럼 작성할 수도 있습니다.

```
const vec3D = {x: 3, y: 4, z: 1, address: '123 Broadway'};
calculateLengthL1(vec3D);  // 정상, NaN을 반환합니다.
```

v는 어떤 속성이든 가질 수 있기 때문에, axis의 타입은 string이 될 수도 있습니다. 그러므로 앞서 본 것처럼 타입스크립트는 v[axis]가 어떤 속성이 될지 알 수 없기 때문에 number라고 확정할 수 없습니다. 정확한 타입으로 객체를 순회하는 것은 까다로운 문제입니다. 이 주제는 아이템 54에서 다시 다루겠지만, 이번 경우의 결론을 말하자면 루프보다는 모든 속성을 각각 더하는 구현이 더 낫습니다.

```
function calculateLengthL1(v: Vector3D) {
  return Math.abs(v.x) + Math.abs(v.y) + Math.abs(v.z);
}
```

구조적 타이핑은 클래스와 관련된 할당문에서도 당황스러운 결과를 보여 줍니다.

```
class C {
  foo: string;
  constructor(foo: string) {
```

```
    this.foo = foo;
  }
}

const c = new C('instance of C');
const d: C = { foo: 'object literal' };  // 정상!
```

d가 C 타입에 할당되는 이유를 알아보겠습니다. d는 string 타입의 foo 속성을 가집니다. 게다가 하나의 매개변수(보통은 매개변수 없이 호출되지만)로 호출이 되는 생성자(Object.prototype으로부터 비롯된)를 가집니다. 그래서 구조적으로는 필요한 속성과 생성자가 존재하기 때문에 문제가 없습니다. 만약 C의 생성자에 단순 할당이 아닌 연산 로직이 존재한다면, d의 경우는 생성자를 실행하지 않으므로 문제가 발생하게 됩니다. 이러한 부분이 C 타입의 매개변수를 선언하여 C 또는 서브클래스임을 보장하는 C++이나 자바 같은 언어와 매우 다른 특징입니다.

테스트를 작성할 때는 구조적 타이핑이 유리합니다. 데이터베이스에 쿼리(query)하고 결과를 처리하는 함수를 가정해 보겠습니다.

```
interface Author {
  first: string;
  last: string;
}
function getAuthors(database: PostgresDB): Author[] {
  const authorRows = database.runQuery(`SELECT FIRST, LAST FROM AUTHORS`);
  return authorRows.map(row => ({first: row[0], last: row[1]}));
}
```

getAuthors 함수를 테스트하기 위해서는 모킹(mocking)한 PostgresDB를 생성해야 합니다. 그러나 구조적 타이핑을 활용하여 더 구체적인 인터페이스를 정의하는 것이 더 나은 방법입니다.

```
interface DB {
  runQuery: (sql: string) => any[];
}
function getAuthors(database: DB): Author[] {
  const authorRows = database.runQuery(`SELECT FIRST, LAST FROM AUTHORS`);
  return authorRows.map(row => ({first: row[0], last: row[1]}));
}
```

runQuery 메서드가 있기 때문에 실제 환경에서도 getAuthors에 PostgresDB를 사용할 수 있습니다. 구조적 타이핑 덕분에, PostgresDB가 DB 인터페이스를 구현하는지 명확히 선언할 필요가 없습니다. 타입스크립트는 그렇게 동작할 것이라는 것을 알아챕니다.

테스트를 작성할 때, 더 간단한 객체를 매개변수로 사용할 수도 있습니다.

```
test('getAuthors', () => {
  const authors = getAuthors({
    runQuery(sql: string) {
      return [['Toni', 'Morrison'], ['Maya', 'Angelou']];
    }
  });
  expect(authors).toEqual([
    {first: 'Toni', last: 'Morrison'},
    {first: 'Maya', last: 'Angelou'}
  ]);
});
```

타입스크립트는 테스트 DB가 해당 인터페이스를 충족하는지 확인합니다. 그리고 테스트 코드에는 실제 환경의 데이터베이스에 대한 정보가 불필요합니다. 심지어 모킹 라이브러리도 필요 없습니다. 추상화(DB)를 함으로써, 로직과 테스트를 특정한 구현(PostgresDB)으로부터 분리한 것입니다.

테스트 이외에 구조적 타이핑의 또 다른 장점은 라이브러리 간의 의존성을 완벽히 분리할 수 있다는 것입니다. 이 내용은 아이템 51에서 더 자세히 다룹니다.

## 요약

- 자바스크립트가 덕 타이핑(duck typing) 기반이고 타입스크립트가 이를 모델링하기 위해 구조적 타이핑을 사용함을 이해해야 합니다. 어떤 인터페이스에 할당 가능한 값이라면 타입 선언에 명시적으로 나열된 속성들을 가지고 있을 겁니다. 타입은 '봉인'되어 있지 않습니다.
- 클래스 역시 구조적 타이핑 규칙을 따른다는 것을 명심해야 합니다. 클래스의 인스턴스가 예상과 다를 수 있습니다.
- 구조적 타이핑을 사용하면 유닛 테스팅을 손쉽게 할 수 있습니다.

## 아이템 5 any 타입 지양하기

타입스크립트의 타입 시스템은 점진적(gradual)이고 선택적(optional)입니다. 코드에 타입을 조금씩 추가할 수 있기 때문에 점진적이며, 언제든지 타입 체커를 해제할 수 있기 때문에 선택적입니다. 이 기능들의 핵심은 any 타입입니다.

```
    let age: number;
    age = '12';
// ~~~ '"12"' 형식은 'number' 형식에 할당할 수 없습니다.
    age = '12' as any;  // OK
```

타입 체커를 통해 앞의 코드에서 오류를 찾아냈습니다. 오류는 as any를 추가해 해결할 수 있습니다. 여러분이 타입스크립트를 처음 접했다면 오류가 이해되지 않거나, 타입 체커가 틀렸다고 생각할 수도 있습니다. 타입 선언을 추가하는 데에 시간을 쏟고 싶지 않아서 any 타입이나 타입 단언문(as any)을 사용하고 싶기도 할 겁니다. 그러나 일부 특별한 경우를 제외하고는 any를 사용하면 타입스크립트의 수많은 장점을 누릴 수 없게 됩니다. 부득이하게 any를 사용하더라도 그 위험성을 알고 있어야 합니다.

### any 타입에는 타입 안전성이 없습니다

앞선 예제에서 age는 number 타입으로 선언되었습니다. 그러나 as any를 사용하면 string 타입을 할당할 수 있게 됩니다. 타입 체커는 선언에 따라 number 타입으로 판단할 것이고 혼돈은 걷잡을 수 없게 됩니다.

```
age += 1;  // 런타임에 정상, age는 "121"
```

### any는 함수 시그니처[6]를 무시해 버립니다

함수를 작성할 때는 시그니처를 명시해야 합니다. 호출하는 쪽은 약속된 타입의 입력을 제공하고, 함수는 약속된 타입의 출력을 반환합니다. 그러나 any 타입을 사용하면 이런 약속을 어길 수 있습니다.

---

6  (옮긴이) 원서에는 시그니처 대신 contract로 되어 있습니다. contract를 직역하면 계약, 약속 정도가 될 것입니다. 그러나 이 문맥에서 계약이란 단어는 어색하고 시그니처가 더 이해하기 좋습니다.

```
function calculateAge(birthDate: Date): number {
  // ...
}

let birthDate: any = '1990-01-19';
calculateAge(birthDate);  // 정상
```

birthData 매개변수는 string이 아닌 Date 타입이어야 합니다. any 타입을 사용하면 calculateAge의 시그니처를 무시하게 됩니다. 자바스크립트에서는 종종 암시적으로 타입이 변환되기 때문에 이런 경우 특히 문제가 될 수 있습니다. string 타입은 number 타입이 필요한 곳에서 오류 없이 실행될 때가 있고, 그럴 경우 다른 곳에서 문제를 일으키게 될 겁니다.

## any 타입에는 언어 서비스가 적용되지 않습니다

어떤 심벌에 타입이 있다면 타입스크립트 언어 서비스는 자동완성 기능과 적절한 도움말을 제공합니다(그림 1-3 참고).

```
let person = { first: 'George', last: 'Washington' };
person.
        ⬙ first
        ⬙ last
```

그림 1-3 타입스크립트 언어 서비스를 통해 타입이 있는 심벌에 자동완성을 해 줍니다.

그러나 any 타입인 심벌을 사용하면 아무런 도움을 받지 못합니다(그림 1-4).

```
let person: any = { first: 'George', last: 'Washington' };
person.
```

그림 1-4 any 타입인 심벌은 자동완성으로 속성이 나타나지 않습니다.

이름 변경 기능은 또 다른 언어 서비스입니다. 다음 코드는 Person 타입과 이름을 포매팅해 주는 함수입니다.

```
interface Person {
  first: string;
  last: string;
}
```

```
const formatName = (p: Person) => `${p.first} ${p.last}`;
const formatNameAny = (p: any) => `${p.first} ${p.last}`;
```

편집기에서 앞 코드의 first를 선택하고, 'Rename Symbol'을 클릭해, first
Name으로 바꿀 수 있습니다(그림 1-5와 1-6).

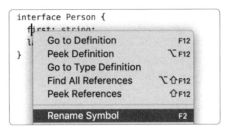

그림 1-5 vscode에서 기호 이름 바꾸기

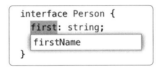

그림 1-6 새 이름을 입력하면 프로젝트 내의 심벌 이름이 모두 변경됩니다.

예를 들어 formatName 함수 내의 first가 firstName으로 바뀝니다. 하지만 any
타입의 심벌은 바뀌지 않습니다.

```
interface Person {
  firstName: string;
  last: string;
}
const formatName = (p: Person) => `${p.firstName} ${p.last}`;
const formatNameAny = (p: any) => `${p.first} ${p.last}`;
```

타입스크립트의 모토는 '확장 가능한 자바스크립트'입니다. '확장'의 중요한 부
분은 바로 타입스크립트 경험의 핵심 요소인 언어 서비스입니다(아이템 6 참
고). 언어 서비스를 제대로 누려야 독자 여러분과 동료의 생산성이 향상됩
니다.

## any 타입은 코드 리팩터링 때 버그를 감춥니다

어떤 아이템을 선택할 수 있는 웹 애플리케이션을 만든다고 가정해 보겠습니다. 애플리케이션에는 onSelectItem 콜백이 있는 컴포넌트가 있을 겁니다. 선택하려는 아이템의 타입이 무엇인지 알기 어려우니 any를 사용해 보겠습니다.

```
interface ComponentProps {
  onSelectItem: (item: any) => void;
}
```

다음과 같이 onSelectItem 콜백이 있는 컴포넌트를 사용하는 코드도 있을 겁니다.

```
function renderSelector(props: ComponentProps) { /* ... */ }

let selectedId: number = 0;

function handleSelectItem(item: any) {
  selectedId = item.id;
}

renderSelector({onSelectItem: handleSelectItem});
```

onSelectItem에 아이템 객체를 필요한 부분만 전달하도록 컴포넌트를 개선해 보겠습니다. 여기서는 id만 필요합니다. ComponentProps의 시그니처를 다음처럼 변경합니다.

```
interface ComponentProps {
  onSelectItem: (id: number) => void;
}
```

컴포넌트를 수정하고, 타입 체크를 모두 통과했습니다.

　타입 체크를 통과했다고 끝난 것은 아닙니다. handleSelectItem은 any 매개변수를 받습니다. 따라서 id를 전달받아도 문제가 없다고 나옵니다. id를 전달받으면, 타입 체커를 통과함에도 불구하고 런타임에는 오류가 발생할 겁니다. any가 아니라 구체적인 타입을 사용했다면, 타입 체커가 오류를 발견했을 겁니다.

## any는 타입 설계를 감춰버립니다

애플리케이션 상태 같은 객체를 정의하려면 꽤 복잡합니다. 상태 객체 안에 있는 수많은 속성의 타입을 일일이 작성해야 하는데, any 타입을 사용하면 간단히 끝내버릴 수 있습니다.

물론 이때도 any를 사용하면 안 됩니다. 이유는 앞에서 계속 설명해 왔습니다. 객체를 정의할 때 특히 문제가 되는데, 상태 객체의 설계를 감춰버리기 때문입니다. 4장에서 설명하겠지만, 깔끔하고 정확하고 명료한 코드 작성을 위해 제대로 된 타입 설계는 필수입니다. any 타입을 사용하면 타입 설계가 불분명해집니다. 설계가 잘 되었는지, 설계가 어떻게 되어 있는지 전혀 알 수 없습니다. 만약 동료가 코드를 검토해야 한다면, 동료는 애플리케이션의 상태를 어떻게 변경했는지 코드부터 재구성해 봐야 할 겁니다. 그러므로 설계가 명확히 보이도록 타입을 일일이 작성하는 것이 좋습니다.

## any는 타입시스템의 신뢰도를 떨어뜨립니다

사람은 항상 실수를 합니다. 보통은 타입 체커가 실수를 잡아주고 코드의 신뢰도가 높아집니다. 그러나 런타임에 타입 오류를 발견하게 된다면 타입 체커를 신뢰할 수 없을 겁니다. 대규모 팀에 타입스크립트를 도입하려는 상황에서, 타입 체커를 신뢰할 수 없다면 큰 문제가 될 겁니다. any 타입을 쓰지 않으면 런타임에 발견될 오류를 미리 잡을 수 있고 신뢰도를 높일 수 있습니다.

타입스크립트는 개발자의 삶을 편하게 하는 데 목적이 있지만, 코드 내에 존재하는 수많은 any 타입으로 인해 자바스크립트보다 일을 더 어렵게 만들기도 합니다. 타입 오류를 고쳐야 하고 여전히 머릿속에 실제 타입을 기억해야 하기 때문입니다. 타입이 실제 값과 일치한다면 타입 정보를 기억해 둘 필요가 없습니다. 타입스크립트가 타입 정보를 기억해 주기 때문입니다.

어쩔 수 없이 any를 써야만 하는 상황도 있습니다. 이럴 때 고민해 볼 수 있는 좋은 방법과 좋지 못한 방법이 있습니다. any의 단점을 어떻게 보완해야 하는지는 5장에서 자세히 다룹니다.

## 요약

- any 타입을 사용하면 타입 체커와 타입스크립트 언어 서비스를 무력화시켜 버립니다. any 타입은 진짜 문제점을 감추며, 개발 경험을 나쁘게 하고, 타입 시스템의 신뢰도를 떨어뜨립니다. 최대한 사용을 피하도록 합시다.

# 2장

# 타입스크립트의 타입 시스템

타입스크립트는 코드를 자바스크립트로 변환하는 역할도 하지만(아이템 3), 가장 중요한 역할은 타입 시스템에 있습니다. 타입스크립트를 사용하는 진정한 이유이기도 합니다.

2장에서는 타입 시스템의 기초부터 살펴봅니다. 타입 시스템이란 무엇인지, 어떻게 사용해야 하는지, 무엇을 결정해야 하는지, 가급적 사용하지 말아야 할 기능은 무엇인지 알아봅니다. 타입스크립트의 타입 시스템은 매우 강력하며, 생각보다 더 많은 것을 할 수 있습니다. 2장의 아이템들은 타입스크립트 코드를 작성할 때, 그리고 이 책의 나머지를 읽을 때 필요한 개념의 견고한 토대를 마련해 줄 겁니다.

## 아이템 6 편집기를 사용하여 타입 시스템 탐색하기

타입스크립트를 설치하면, 다음 두 가지를 실행할 수 있습니다.

- 타입스크립트 컴파일러(tsc)
- 단독으로 실행할 수 있는 타입스크립트 서버(tsserver)

보통은 타입스크립트 컴파일러를 실행하는 것이 주된 목적이지만, 타입스크립트 서버 또한 '언어 서비스'를 제공한다는 점에서 중요합니다. 언어 서비스에는 코드 자동 완성, 명세(사양, specification) 검사, 검색, 리팩터링이 포함됩니다. 보통은 편집기를 통해서 언어 서비스를 사용하는데, 타입스크립트 서버에서 언어 서비스를 제공하도록 설정하는 게 좋습니다. 유용한 기능이니 꼭 사용하도록 합시다. 자동 완성 같은 서비스를 사용하면 타입스크립트 코드 작성이 간편해집니다. 이러한 서비스들을 차치하더라도, 편집기는 코드를 빌드하고 타입 시스템을 익힐 수 있는 최고의 수단입니다. 그리고 편집기는 타입스크립트가 언제 타입 추론을 수행할 수 있는지에 대한 개념을 잡게 해 주는데, 이 개념을 확실히 잡아야 간결하고 읽기 쉬운 코드를 작성할 수 있습니다(아이템 19 참고).

편집기마다 조금씩 다르지만 보통의 경우에는 심벌 위에 마우스 커서를 대면 타입스크립트가 그 타입을 어떻게 판단하고 있는지 확인할 수 있습니다(그림 2-1).

```
      let num: number
let num = 10;
```

그림 2-1 vscode 편집기 화면. num 심벌의 추론된 타입이 number임을 보여 줍니다.

num 변수의 타입을 number라고 직접 지정하지는 않았지만, 타입스크립트는 10 이라는 값을 보고 그 타입을 알아냅니다.

그림 2-2처럼 함수의 타입도 추론할 수 있습니다.

```
      function add(a: number, b: number): number
function add(a: number, b: number) {
  return a + b;
}
```

그림 2-2 편집기를 사용하여 함수의 타입을 추론할 수 있습니다.

여기서 주목할 점은 추론된 함수의 반환 타입이 number라는 것입니다. 이 타입이 기대한 것과 다르다면 타입 선언을 직접 명시하고, 실제 문제가 발생하는 부분을 찾아 봐야 합니다.

특정 시점에 타입스크립트가 값의 타입을 어떻게 이해하고 있는지 살펴보는 것은 타입 넓히기(아이템 21)와 좁히기(아이템 22)의 개념을 잡기 위해 꼭 필요한 과정입니다. 조건문의 분기에서 값의 타입이 어떻게 변하는지 살펴보는 것은 타입 시스템을 연마하는 매우 좋은 방법입니다(그림 2-3).

```typescript
function logMessage(message: string | null) {
  if (message) {

    (parameter) message: string
    message

  }
}
```

그림 2-3 조건문 외부에서 message의 타입은 string | null이지만 내부에서는 string입니다.

객체에서는 개별 속성을 살펴봄으로써 타입스크립트가 어떻게 각각의 속성을 추론하는지 살펴볼 수 있습니다(그림 2-4).

```typescript
const foo = {

  (property) x: number[]
  x: [1, 2, 3],
  bar: {
    name: 'Fred'
  }
};
```

그림 2-4 타입스크립트가 객체 내의 타입을 어떻게 추론하는지 알 수 있습니다.

만약 x가 튜플 타입([number, number, number])이어야 한다면, 타입 구문을 명시해야 합니다.

연산자 체인(chain) 중간의 추론된 제너릭 타입을 알고 싶다면, 메서드 이름을 조사하면 됩니다(그림 2-5).

그림 2-5의 Array<string>은 split 결과의 타입이 string이라고 추론되었음을 의미합니다. 이번 예제는 간단하기 때문에 추론 정보가 없어도 되지만, 실제 코드에서 함수 호출이 길게 이어진다면 추론 정보는 디버깅하는 데 꼭 필요합니다.

```
function restOfPath(path: string) {

        (method) Array<string>.slice(start?: number, end?: number): string[]

        Returns a section of an array.

        @param start — The beginning of the specified portion of the array.

        @param end — The end of the specified portion of the array.
    return path.split('/').slice(1).join('/');
}
```

그림 2-5 연속된 메서드 호출에서 추론된 제너릭 타입을 조사합니다.

편집기상의 타입 오류를 살펴보는 것도 타입 시스템의 성향을 파악하는 데 좋은 방법입니다. 예를 들어, 다음은 id에 해당하거나 기본값인 HTMLElement를 반환하는 함수입니다. 타입스크립트는 두 곳에서 오류를 발생시킵니다.

```
function getElement(elOrId: string|HTMLElement|null): HTMLElement {
  if (typeof elOrId === 'object') {
    return elOrId;
 // ~~~~~~~~~~~~~~~ 'HTMLElement | null' 형식은 'HTMLElement' 형식에 할당할 수
 //                 없습니다.
  } else if (elOrId === null) {
    return document.body;
  } else {
    const el = document.getElementById(elOrId);
    return el;
 // ~~~~~~~~~~~ 'HTMLElement | null' 형식은 'HTMLElement' 형식에 할당할 수 없습니다.
  }
}
```

첫 번째 if 분기문의 의도는 단지 HTMLElement라는 객체를 골라내는 것이었습니다. 그러나 자바스크립트에서 typeof null은 "object"이므로, elOrId는 여전히 분기문 내에서 null일 가능성이 있습니다. 그러므로 처음에 null 체크를 추가해서 바로잡습니다. 두 번째 오류는 document.getElementById가 null을 반환할 가능성이 있어서 발생했고, 첫 번째 오류와 동일하게 null 체크를 추가하고 예외를 던져야 합니다.

 언어 서비스는 라이브러리와 라이브러리의 타입 선언을 탐색할 때 도움이 됩니다. 코드 내에서 fetch 함수가 호출되고, 이 함수를 더 알아보길 원한다고 가정해 보겠습니다. 편집기는 'Go to Definition(정의로 이동)' 옵션을 제공합

니다. 그림 2-6 같은 모습입니다.

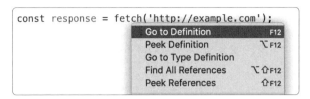

```
const response = fetch('http://example.com');
                      Go to Definition          F12
                      Peek Definition          ⌥F12
                      Go to Type Definition
                      Find All References      ⌥⇧F12
                      Peek References          ⇧F12
```

그림 2-6 타입스크립트 언어 서비스는 편집기상에 'Go to Definition' 기능을 제공합니다.

이 옵션을 선택하면 타입스크립트에 포함되어 있는 DOM 타입 선언인 *lib.dom.d.ts*로 이동합니다.

```
declare function fetch(
  input: RequestInfo, init?: RequestInit
): Promise<Response>;
```

fetch가 Promise를 반환하고 두 개의 매개변수를 받는 것을 볼 수 있습니다. RequestInfo를 클릭하면 다음으로 이동합니다.

```
type RequestInfo = Request | string;
```

Request를 클릭하면 이동하는 곳은 다음과 같습니다.

```
declare var Request: {
  prototype: Request;
  new(input: RequestInfo, init?: RequestInit): Request;
};
```

여기서 Request 타입과 값은 분리되어 모델링되어 있습니다(아이템 8). Request Info는 이미 살펴보았고, RequestInit를 클릭하면 Request를 생성할 때 사용할 수 있는 모든 옵션이 나타납니다.

```
interface RequestInit {
  body?: BodyInit | null;
  cache?: RequestCache;
  credentials?: RequestCredentials;
  headers?: HeadersInit;
  // ...
}
```

*lib.dom.d.ts*에서 더 많은 타입을 탐색하다 보면, 다음과 같은 결론을 얻게 됩니다. 타입 선언은 처음에는 이해하기 어렵지만 타입스크립트가 무엇을 하는지, 어떻게 라이브러리가 모델링되었는지, 어떻게 오류를 찾아낼지 살펴볼 수 있는 훌륭한 수단이라는 것을 알 수 있습니다. 타입 선언에 관해서는 6장에서 더 깊게 다룹니다.

**요약**

- 편집기에서 타입스크립트 언어 서비스를 적극 활용해야 합니다.
- 편집기를 사용하면 어떻게 타입 시스템이 동작하는지, 그리고 타입스크립트가 어떻게 타입을 추론하는지 개념을 잡을 수 있습니다.
- 타입스크립트가 동작을 어떻게 모델링하는지 알기 위해 타입 선언 파일을 찾아보는 방법을 터득해야 합니다.

## 아이템 7 타입이 값들의 집합이라고 생각하기

런타임에 모든 변수는 자바스크립트 세상의 값으로부터 정해지는 각자의 고유한 값을 가집니다. 변수에는 다음처럼 다양한 종류의 값을 할당할 수 있습니다.

- 42
- null
- undefined
- 'Canada'
- {animal: 'Whale', weight_lbs: 40_000}
- /regex/
- new HTMLButtonElement
- (x, y) => x + y

그러나 코드가 실행되기 전, 즉 타입스크립트가 오류를 체크하는 순간에는 '타입'을 가지고 있습니다. '할당 가능한 값들의 집합'이 타입이라고 생각하면 됩니다. 이 집합은 타입의 '범위'라고 부르기도 합니다. 예를 들어, 모든 숫자값의 집합을 number 타입이라고 생각할 수 있습니다. 42와 37.25는 number 타입에 해당되고, 'Canada'는 그렇지 않습니다. null과 undefined는 strictNullChecks 여부에 따라 number에 해당될 수도, 아닐 수도 있습니다.

가장 작은 집합은 아무 값도 포함하지 않는 공집합이며, 타입스크립트에서는 never 타입입니다. never 타입으로 선언된 변수의 범위는 공집합이기 때문에 아무런 값도 할당할 수 없습니다.

```
const x: never = 12;
    // ~ '12' 형식은 'never' 형식에 할당할 수 없습니다.
```

그 다음으로 작은 집합은 한 가지 값만 포함하는 타입입니다. 이들은 타입스크립트에서 유닛(unit) 타입이라고도 불리는 리터럴(literal) 타입입니다.

```
type A = 'A';
type B = 'B';
type Twelve = 12;
```

두 개 혹은 세 개로 묶으려면 유니온(union) 타입을 사용합니다.

```
type AB = 'A' | 'B';
type AB12 = 'A' | 'B' | 12;
```

세 개 이상의 타입을 묶을 때도 동일하게 |로 이어주면 됩니다. 유니온 타입은 값 집합들의 합집합을 일컫습니다.

다양한 타입스크립트 오류에서 '할당 가능한'이라는 문구를 볼 수 있습니다. 이 문구는 집합의 관점에서, '~의 원소(값과 타입의 관계)' 또는 '~의 부분 집합 (두 타입의 관계)'을 의미합니다.

```
const a: AB = 'A';  // 정상, 'A'는 집합 {'A', 'B'}의 원소입니다.
const c: AB = 'C';
    // ~ '"C"' 형식은 'AB' 형식에 할당할 수 없습니다.
```

"C"는 유닛 타입입니다. 범위는 단일 값 "C"로 구성되며 AB("A"와 "B"로 이루어진)의 부분 집합이 아니므로 오류입니다. 집합의 관점에서, 타입 체커의 주요 역할은 하나의 집합이 다른 집합의 부분 집합인지 검사하는 것이라고 볼 수 있습니다.

```
// 정상, {"A", "B"}는 {"A", "B"}의 부분 집합입니다.
const ab: AB = Math.random() < 0.5 ? 'A' : 'B';
const ab12: AB12 = ab;  // 정상, {"A", "B"}는 {"A", "B", 12}의 부분 집합입니다.

declare let twelve: AB12;
const back: AB = twelve;
    // ~~~ 'AB12' 형식은 'AB' 형식에 할당할 수 없습니다.
    //        '12' 형식은 'AB' 형식에 할당할 수 없습니다.
```

앞 코드의 타입들은 집합의 범위가 한정되어 있기 때문에 쉽게 이해할 수 있습니다. 그러나 실제 다루게 되는 타입은 대부분 범위가 무한대이므로 이해하기 훨씬 어려울 겁니다. 범위가 무한대인 타입은 원소들을 일일이 추가해서 만든 걸로 생각할 수도 있습니다.

```
type Int = 1 | 2 | 3 | 4 | 5 // | ...
```

또는 다음처럼 원소를 서술하는 방법도 있습니다.

```
interface Identified {
  id: string;
}
```

앞의 인터페이스가 타입 범위 내의 값들에 대한 설명이라고 생각해 보겠습니다. 어떤 객체가 string으로 할당 가능한 id 속성을 가지고 있다면 그 객체는 Identified입니다.

이 설명이 이번 아이템에서 말하고자 하는 '전부'입니다. 아이템 4에서 설명했듯이, 구조적 타이핑 규칙들은 어떠한 값이 다른 속성도 가질 수 있음을 의미합니다. 심지어 함수 호출의 매개변수에서도 다른 속성을 가질 수 있습니다. 이러한 사실은 특정 상황에서만 추가 속성을 허용하지 않는 잉여 속성 체크(excess property checking)만 생각하다 보면 간과하기 쉽습니다(아이템 11).

연산과 관련된 이해를 돕기 위해 값의 집합을 타입이라고 생각해 봅시다.

```
interface Person {
  name: string;
}
interface Lifespan {
  birth: Date;
  death?: Date;
}
type PersonSpan = Person & Lifespan;
```

& 연산자는 두 타입의 인터섹션(intersection, 교집합)을 계산합니다. 언뜻 보기에 Person과 Lifespan 인터페이스는 공통으로 가지는 속성이 없기 때문에, PersonSpan 타입을 공집합(never 타입)으로 예상하기 쉽습니다. 그러나 타입 연산자는 인터페이스의 속성이 아닌, 값의 집합(타입의 범위)에 적용됩니다. 그리고 추가적인 속성을 가지는 값도 여전히 그 타입에 속합니다. 그래서 Person과 Lifespan을 둘 다 가지는 값은 인터섹션 타입에 속하게 됩니다.

```
const ps: PersonSpan = {
  name: 'Alan Turing',
  birth: new Date('1912/06/23'),
  death: new Date('1954/06/07'),
};  // 정상
```

당연히 앞의 세 가지보다 더 많은 속성을 가지는 값도 PersonSpan 타입에 속합니다. 인터섹션 타입의 값은 각 타입 내의 속성을 모두 포함하는 것이 일반적인 규칙입니다.

규칙이 속성에 대한 인터섹션에 관해서는 맞지만, 두 인터페이스의 유니온에서는 그렇지 않습니다.

```
type K = keyof (Person | Lifespan);  // 타입이 never
```

앞의 유니온 타입에 속하는 값은 어떠한 키도 없기 때문에, 유니온에 대한 keyof는 공집합(never)이어야만 합니다. 조금 더 명확히 써 보자면 다음과 같습니다.

```
keyof (A&B) = (keyof A) | (keyof B)
keyof (A|B) = (keyof A) & (keyof B)
```

이 등식은 타입스크립트의 타입 시스템을 이해하는 데 큰 도움이 될 것입니다.

조금 더 일반적으로 PersonSpan 타입을 선언하는 방법은 extends 키워드를 쓰는 것입니다.

```
interface Person {
  name: string;
}
interface PersonSpan extends Person {
  birth: Date;
  death?: Date;
}
```

타입이 집합이라는 관점에서 extends의 의미는 '~에 할당 가능한'과 비슷하게, '~의 부분 집합'이라는 의미로 받아들일 수 있습니다. PersonSpan 타입의 모든 값은 문자열 name 속성을 가져야 합니다. 그리고 birth 속성을 가져야 제대로 된 부분 집합이 됩니다.

'서브타입'이라는 용어를 들어 봤을 겁니다. 어떤 집합이 다른 집합의 부분 집합이라는 의미입니다. 1차원, 2차원, 3차원 벡터의 관점에서 생각해 보면 다음과 같은 코드를 작성할 수 있습니다.

```
interface Vector1D { x: number; }
interface Vector2D extends Vector1D { y: number; }
interface Vector3D extends Vector2D { z: number; }
```

Vector3D는 Vector2D의 서브타입이고 Vector2D는 Vector1D의 서브타입입니다 (클래스 관점에서는 '서브클래스'가 됩니다). 보통 이 관계는 상속 관계로 그려지지만, 집합의 관점에서는 벤 다이어그램으로 그리는 게 더욱 적절합니다(그림 2-7).

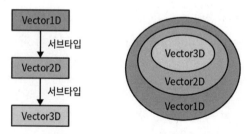

그림 2-7 왼쪽의 상속, 또는 오른쪽의 집합처럼 두 가지 형태로 타입 간의 관계를 표현할 수 있습니다.

벤 다이어그램을 보고, extends 없이 인터페이스로 코드를 재작성해 보면 부분 집합, 서브타입, 할당 가능성의 관계가 바뀌지 않는다는 걸 명확히 알 수 있습니다.

```
interface Vector1D { x: number; }
interface Vector2D { x: number; y: number; }
interface Vector3D { x: number; y: number; z: number; }
```

집합들은 바뀌지 않았고, 벤 다이어그램 역시 마찬가지입니다.

두 가지 스타일 모두 객체 타입에 대해서 잘 동작하지만, 리터럴 타입과 유니온 타입에 대해 생각해 본다면 집합 스타일이 훨씬 직관적입니다.

extends 키워드는 제너릭 타입에서 한정자로도 쓰이며, 이 문맥에서는 '~의 부분 집합'을 의미하기도 합니다(아이템 14).

```
function getKey<K extends string>(val: any, key: K) {
  // ...
}
```

string을 상속한다는 의미를 객체 상속의 관점으로 생각한다면 이해하기가 어렵습니다. 상속의 관점에서는 객체 래퍼(wrapper) 타입 String(아이템 10)의 서브클래스를 정의해야 하겠지만, 그리 바람직해 보이지 않습니다.

반면 string을 상속한다는 의미를 집합의 관점으로 생각해보면 쉽게 이해할 수 있습니다. string의 부분 집합 범위를 가지는 어떠한 타입이 됩니다. 이 타입은 string 리터럴 타입, string 리터럴 타입의 유니온, string 자신을 포함합니다.

```
getKey({}, 'x');                          // 정상, 'x'는 string을 상속
getKey({}, Math.random() < 0.5 ? 'a' : 'b');  // 정상, 'a'|'b'는 string을 상속
getKey({}, document.title);               // 정상, string은 string을 상속
getKey({}, 12);
          // ~~ '12' 형식의 인수는 'string' 형식의 매개변수에 할당될 수 없습니다.
```

마지막 오류에서 "할당될 수 없습니다"는 상속의 관점에서 "상속할 수 없습니다"로 바꿀 수 있고, 두 표현 모두 '~의 부분 집합'의 의미로 받아들인다면 문제가 없습니다. 이렇게 할당과 상속의 관점을 전환해 보면, 객체의 키 타입을 반환하는 keyof T를 이해하기 수월합니다.

```
interface Point {
  x: number;
  y: number;
}
type PointKeys = keyof Point;  // 타입은 "x" | "y"

function sortBy<K extends keyof T, T>(vals: T[], key: K): T[] {
  // ...
}
const pts: Point[] = [{x: 1, y: 1}, {x: 2, y: 0}];
sortBy(pts, 'x');  // 정상, 'x'는 'x'|'y'를 상속 (즉, keyof T)
sortBy(pts, 'y');  // 정상, 'y'는 'x'|'y'를 상속
sortBy(pts, Math.random() < 0.5 ? 'x' : 'y');
                    // 정상, 'x'|'y'는 'x'|'y'를 상속
sortBy(pts, 'z');
           // ～～ '"z"' 형식의 인수는 '"x" | "y"' 형식의 매개변수에 할당될 수 없습니다.
```

타입들이 엄격한 상속 관계가 아닐 때는 집합 스타일이 더욱 바람직합니다.
예를 들어, string|number와 string|Date 사이의 인터섹션은 공집합이 아니며
(string입니다) 서로의 부분 집합도 아닙니다. 이 타입들이 엄격한 상속 관계
가 아니더라도 범위에 대한 관계는 명확합니다(그림 2-8).

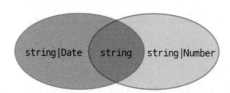

그림 2-8 유니온 타입이 상속 관점에서는 어색하지만, 집합 관점에서는 자연스럽습니다.

타입이 집합이라는 관점은 배열과 튜플의 관계 역시 명확하게 만듭니다. 예를
들어 보겠습니다.

```
const list = [1, 2];  // 타입은 number[]
const tuple: [number, number] = list;
   // ～～～ 'number[]' 타입은 '[number, number]' 타입의 0, 1 속성에 없습니다.
```

이 코드에서 숫자 배열을 숫자들의 쌍(pair)이라고 할 수는 없습니다. 빈 리스
트와 [1]이 그 반례입니다. number[]는 [number, number]의 부분 집합이 아니
기 때문에 할당할 수 없습니다. (반면 그 반대로 할당하면 동작합니다.)

트리플(triple, 세 숫자를 가지는 타입)은 구조적 타이핑의 관점으로 생각하면 쌍으로 할당 가능할 것으로 생각됩니다. 그렇다면 쌍은 0번과 1번 키를 가지므로, 2번 같은 다른 키를 가질 수 있을지 확인해 보겠습니다.

```
const triple: [number, number, number] = [1, 2, 3];
const double: [number, number] = triple;
    // ~~~~~~ '[number, number, number]' 형식은
    //        '[number, number]' 형식에 할당할 수 없습니다.
    //        'length' 속성의 형식이 호환되지 않습니다.
    //        '3' 형식은 '2' 형식에 할당할 수 없습니다.
```

오류가 발생했는데, 그 이유가 매우 흥미롭습니다. 타입스크립트는 숫자의 쌍을 {0: number, 1: number}로 모델링하지 않고, {0: number, 1: number, length: 2}로 모델링했습니다. 그래서 length의 값이 맞지 않기 때문에 할당문에 오류가 발생했습니다. 쌍에서 길이를 체크하는 것은 합리적이며, 이보다 나은 방법은 없을 겁니다.

타입이 값의 집합이라는 건, 동일한 값의 집합을 가지는 두 타입은 같다는 의미가 됩니다. 두 타입이 의미적으로 다르고 우연히 같은 범위를 가진다고 하더라도, 같은 타입을 두 번 정의할 이유는 없습니다.

한편 타입스크립트 타입이 되지 못하는 값의 집합들이 있다는 것을 기억해야 합니다. 정수에 대한 타입, 또는 x와 y 속성 외에 다른 속성이 없는 객체는 타입스크립트 타입에 존재하지 않습니다. 가끔 Exclude를 사용해서 일부 타입을 제외할 수는 있지만, 그 결과가 적절한 타입스크립트 타입일 때만 유효합니다.

```
type T = Exclude<string|Date, string|number>;  // 타입은 Date
type NonZeroNums = Exclude<number, 0>;          // 타입은 여전히 number
```

타입스크립트 용어와 집합 이론 용어 사이의 대응 관계는 표 2-1에 정리했습니다.

| 타입스크립트 용어 | 집합 용어 |
|---|---|
| never | $\phi$(공집합) |
| 리터럴 타입 | 원소가 1개인 집합 |
| 값이 T에 할당 가능 | 값 $\in$ T (값이 T의 원소) |
| T1이 T2에 할당 가능 | T1 $\subseteq$ T2 (T1이 T2의 부분 집합) |
| T1이 T2를 상속 | T1 $\subseteq$ T2 (T1이 T2의 부분 집합) |
| T1 \| T2 (T1과 T2의 유니온) | T1 $\cup$ T2 (T1과 T2의 합집합) |
| T1 & T2 (T1와 T2의 인터섹션) | T1 $\cap$ T2 (T1과 T2의 교집합) |
| unknown | 전체(universal) 집합 |

표 2-1 타입스크립트 용어와 집합 용어

## 요약

- 타입을 값의 집합으로 생각하면 이해하기 편합니다(타입의 '범위'). 이 집합은 유한(boolean 또는 리터럴 타입)하거나 무한(number 또는 string)합니다.
- 타입스크립트 타입은 엄격한 상속 관계가 아니라 겹쳐지는 집합(벤 다이어그램)으로 표현됩니다. 두 타입은 서로 서브타입이 아니면서도 겹쳐질 수 있습니다.
- 한 객체의 추가적인 속성이 타입 선언에 언급되지 않더라도 그 타입에 속할 수 있습니다.
- 타입 연산은 집합의 범위에 적용됩니다. A와 B의 인터섹션은 A의 범위와 B의 범위의 인터섹션입니다. 객체 타입에서는 A & B인 값이 A와 B의 속성을 모두 가짐을 의미합니다.
- 'A는 B를 상속', 'A는 B에 할당 가능', 'A는 B의 서브타입'은 'A는 B의 부분 집합'과 같은 의미입니다.

## 아이템 8 타입 공간과 값 공간의 심벌 구분하기

타입스크립트의 심벌(symbol)은 타입 공간이나 값 공간 중의 한 곳에 존재합니다.

심벌은 이름이 같더라도 속하는 공간에 따라 다른 것을 나타낼 수 있기 때문에 혼란스러울 수 있습니다.

```
interface Cylinder {
  radius: number;
  height: number;
}

const Cylinder = (radius: number, height: number) => ({radius, height});
```

interface Cylinder에서 Cylinder는 타입으로 쓰입니다. const Cylinder에서 Cylinder와 이름은 같지만 값으로 쓰이며, 서로 아무런 관련도 없습니다. 상황에 따라서 Cylinder는 타입으로 쓰일 수도 있고, 값으로 쓰일 수도 있습니다. 이런 점이 가끔 오류를 야기합니다.

```
function calculateVolume(shape: unknown) {
  if (shape instanceof Cylinder) {
    shape.radius
        // ~~~~~~~ '{}' 형식에 'radius' 속성이 없습니다.
  }
}
```

오류를 살펴보겠습니다. 아마도 instanceof를 이용해 shape가 Cylinder 타입인지 체크하려고 했을 겁니다. 그러나 instanceof는 자바스크립트의 런타임 연산자이고, 값에 대해서 연산을 합니다. 그래서 instanceof Cylinder는 타입이 아니라 함수를 참조합니다.

한 심벌이 타입인지 값인지는 언뜻 봐서 알 수 없습니다. 어떤 형태로 쓰이는지 문맥을 살펴 알아내야 합니다. 많은 타입 코드가 값 코드와 비슷해 보이기 때문에 더더욱 혼란스럽습니다.

다음 리터럴을 예로 살펴보겠습니다.

```
type T1 = 'string literal';
type T2 = 123;
const v1 = 'string literal';
const v2 = 123;
```

일반적으로 type이나 interface 다음에 나오는 심벌은 타입인 반면, const나

let 선언에 쓰이는 것은 값입니다.

두 공간에 대한 개념을 잡으려면 타입스크립트 플레이그라운드(*https://www.typescriptlang.org/play/*)를 활용하면 됩니다. 타입스크립트 플레이그라운드는 타입스크립트 소스로부터 변환된 자바스크립트 결과물을 보여 줍니다. 컴파일 과정에서 타입 정보는 제거(아이템 3)되기 때문에, 심벌이 사라진다면 그것은 타입에 해당될 것입니다(그림 2-9).

```
TypeScript   Quick Start   Documentation   Download   Connect   Playground

v 3.5.1   Examples  Options  Run  Shortcuts   About

 1   type T1 = 'string literal';          1   const v1 = 'string literal';
 2   type T2 = 123;                       2   const v2 = 123;
 3   const v1 = 'string literal';         3
 4   const v2 = 123;                      4
```

그림 2-9 타입스크립트 플레이그라운드는 변환된 자바스크립트를 보여 줍니다.
처음의 두 심벌은 없어지기 때문에, 이들은 타입에 해당됩니다.

타입스크립트 코드에서 타입과 값은 번갈아 나올 수 있습니다. 타입 선언(:) 또는 단언문(as) 다음에 나오는 심벌은 타입인 반면, = 다음에 나오는 모든 것은 값입니다. 예를 들어, 다음 코드를 보겠습니다.

```
interface Person {
  first: string;
  last: string;
}
const p: Person = { first: 'Jane', last: 'Jacobs' };
//    -           -------------------------------- 값
//       ------                                    타입
```

일부 함수에서는 타입과 값이 반복적으로 번갈아 가며 나올 수도 있습니다.

```
function email(p: Person, subject: string, body: string): Response {
  //    ----- -           -------          ----             값
  //             ------             ------        ------   -------- 타입
  // ...
}
```

class와 enum은 상황에 따라 타입과 값 두 가지 모두 가능한 예약어입니다. 다음 예제에서 Cylinder 클래스는 타입으로 쓰였습니다.

```
class Cylinder {
  radius=1;
  height=1;
}

function calculateVolume(shape: unknown) {
  if (shape instanceof Cylinder) {
    shape          // 정상, 타입은 Cylinder
    shape.radius   // 정상, 타입은 number
  }
}
```

클래스가 타입으로 쓰일 때는 형태(속성과 메서드)가 사용되는 반면, 값으로 쓰일 때는 생성자가 사용됩니다.

한편, 연산자 중에서도 타입에서 쓰일 때와 값에서 쓰일 때 다른 기능을 하는 것들이 있습니다. 그 예 중 하나로 typeof를 들 수 있습니다.

```
type T1 = typeof p;       // 타입은 Person
type T2 = typeof email;
    // 타입은 (p: Person, subject: string, body: string) => Response

const v1 = typeof p;      // 값은 "object"
const v2 = typeof email;  // 값은 "function"
```

타입의 관점에서, typeof는 값을 읽어서 타입스크립트 타입을 반환합니다. 타입 공간의 typeof는 보다 큰 타입의 일부분으로 사용할 수 있고, type 구문으로 이름을 붙이는 용도로도 사용할 수 있습니다.

값의 관점에서 typeof는 자바스크립트 런타임의 typeof 연산자가 됩니다. 값 공간의 typeof는 대상 심벌의 런타임 타입을 가리키는 문자열을 반환하며, 타입스크립트 타입과는 다릅니다. 자바스크립트의 런타임 타입 시스템은 타입스크립트의 정적 타입 시스템보다 훨씬 간단합니다. 타입스크립트 타입의 종류가 무수히 많은 반면, 자바스크립트에는 과거부터 지금까지 단 6개(string, number, boolean, undefined, object, function)의 런타임 타입만이 존재합니다.

Cylinder 예제에서 본 것처럼 class 키워드는 값과 타입 두 가지로 모두 사용됩니다. 따라서 클래스에 대한 typeof는 상황에 따라 다르게 동작합니다.

```
const v = typeof Cylinder;  // 값이 "function"
type T = typeof Cylinder;    // 타입이 typeof Cylinder
```

클래스가 자바스크립트에서는 실제 함수로 구현되기 때문에 첫 번째 줄의 값
은 "function"이 됩니다. 두 번째 줄의 타입은 무슨 의미인지 감이 오지 않을
겁니다. 여기서 중요한 것은 Cylinder가 인스턴스의 타입이 아니라는 점입니
다. 실제로는 new 키워드를 사용할 때 볼 수 있는 생성자 함수입니다.

```
declare let fn: T;
const c = new fn();  // 타입이 Cylinder
```

다음 코드처럼 InstanceType 제너릭을 사용해 생성자 타입과 인스턴스 타입을
전환할 수 있습니다.

```
type C = InstanceType<typeof Cylinder>;  // 타입이 Cylinder
```

속성 접근자인 []는 타입으로 쓰일 때에도 동일하게 동작합니다. 그러나 obj
['field']와 obj.field는 값이 동일하더라도 타입은 다를 수 있습니다. 따라서
타입의 속성을 얻을 때에는 반드시 첫 번째 방법(obj['field'])을 사용해야 합
니다.

```
const first: Person['first'] = p['first'];  // 또는 p.first
  // -----                      ---------- 값
  //          ------ -------                타입
```

Person['first']는 여기서 타입 맥락(: 뒤에)에 쓰였기 때문에 타입입니다. 인
덱스 위치에는 유니온 타입과 기본형 타입을 포함한 어떠한 타입이든 사용할
수 있습니다.

```
type PersonEl = Person['first' | 'last'];  // 타입은 string
type Tuple = [string, number, Date];
type TupleEl = Tuple[number];               // 타입은 string | number | Date
```

속성 접근자에 대한 내용은 아이템 14에서 더 자세히 다룹니다.

두 공간 사이에서 다른 의미를 가지는 코드 패턴들이 있습니다.

- 값으로 쓰이는 this는 자바스크립트의 this 키워드입니다(아이템 49). 타입으로 쓰이는 this는, 일명 '다형성(polymorphic) this'라고 불리는 this의 타입스크립트 타입입니다. 서브클래스의 메서드 체인을 구현할 때 유용합니다.
- 값에서 &와 |는 AND와 OR 비트연산입니다. 타입에서는 인터섹션과 유니온입니다.
- const는 새 변수를 선언하지만, as const는 리터럴 또는 리터럴 표현식의 추론된 타입을 바꿉니다(아이템 21).
- extends는 서브클래스(class A extends B) 또는 서브타입(interface A extends B) 또는 제너릭 타입의 한정자(Generic<T extends number>)를 정의할 수 있습니다.
- in은 루프(for (key in object)) 또는 매핑된(mapped) 타입에 등장합니다.

타입스크립트 코드가 잘 동작하지 않는다면 타입 공간과 값 공간을 혼동해서 잘못 작성했을 가능성이 큽니다. 예를 들어, 단일 객체 매개변수를 받도록 email 함수를 변경했다고 생각해 보겠습니다.

```
function email(options: {person: Person, subject: string, body: string}) {
  // ...
}
```

자바스크립트에서는 객체 내의 각 속성을 로컬 변수로 만들어 주는 구조 분해(destructuring) 할당을 사용할 수 있습니다.

```
function email({person, subject, body}) {
  // ...
}
```

그런데 타입스크립트에서 구조 분해 할당을 하면, 이상한 오류가 발생합니다.

```
function email({
  person: Person,
       // ~~~~~~ 바인딩 요소 'Person'에 암시적으로 'any' 형식이 있습니다.
  subject: string,
       // ~~~~~~ 'string' 식별자가 중복되었습니다.
       //        바인딩 요소 'string'에 암시적으로 'any' 형식이 있습니다.
```

```
  body: string}
   // ~~~~~~ 'string' 식별자가 중복되었습니다.
   //        바인딩 요소 'string'에 암시적으로 'any' 형식이 있습니다.
) { /* ... */ }
```

값의 관점에서 Person과 string이 해석되었기 때문에 오류가 발생했습니다. Person이라는 변수명과 string이라는 이름을 가지는 두 개의 변수를 생성하려 한 것입니다. 문제를 해결하려면 타입과 값을 구분해야 합니다.

```
function email(
  {person, subject, body}: {person: Person, subject: string, body: string}
) {
  // ...
}
```

이 코드는 장황하긴 하지만, 매개변수에 명명된 타입을 사용하거나 문맥에서 추론되도록 잘 동작합니다(아이템 26).

타입과 값을 비슷한 방식으로 쓰는 점이 처음에는 혼란스러울 수 있지만, 요령을 터득하기만 한다면 마치 연상 기호(mnemonic)처럼 무의식적으로 쓸 수 있습니다.

## 요약

- 타입스크립트 코드를 읽을 때 타입인지 값인지 구분하는 방법을 터득해야 합니다. 타입스크립트 플레이그라운드를 활용해 개념을 잡는 것이 좋습니다.
- 모든 값은 타입을 가지지만, 타입은 값을 가지지 않습니다. type과 interface 같은 키워드는 타입 공간에만 존재합니다.
- class나 enum 같은 키워드는 타입과 값 두 가지로 사용될 수 있습니다.
- "foo"는 문자열 리터럴이거나, 문자열 리터럴 타입일 수 있습니다. 차이점을 알고 구별하는 방법을 터득해야 합니다.
- typeof, this 그리고 많은 다른 연산자들과 키워드들은 타입 공간과 값 공간에서 다른 목적으로 사용될 수 있습니다.

## 아이템 9 타입 단언보다는 타입 선언을 사용하기

타입스크립트에서 변수에 값을 할당하고 타입을 부여하는 방법은 두 가지입니다.

```
interface Person { name: string };

const alice: Person = { name: 'Alice' };  // 타입은 Person
const bob = { name: 'Bob' } as Person;    // 타입은 Person
```

이 두 가지 방법은 결과가 같아 보이지만 그렇지 않습니다. 첫 번째 alice: Person은 변수에 '타입 선언'을 붙여서 그 값이 선언된 타입임을 명시합니다. 두 번째 as Person은 '타입 단언'을 수행합니다. 그러면 타입스크립트가 추론한 타입이 있더라도 Person 타입으로 간주합니다.

타입 단언보다 타입 선언을 사용하는 게 낫습니다. 그 이유는 다음 코드에서 확인할 수 있습니다.

```
const alice: Person = {};
  // ~~~~ 'Person' 유형에 필요한 'name' 속성이 '{}' 유형에 없습니다.
const bob = {} as Person;  // 오류 없음
```

타입 선언은 할당되는 값이 해당 인터페이스를 만족하는지 검사합니다. 앞의 예제에서는 그러지 못했기 때문에 타입스크립트가 오류를 표시했습니다. 타입 단언은 강제로 타입을 지정했으니 타입 체커에게 오류를 무시하라고 하는 것입니다.

타입 선언과 단언의 차이는 속성을 추가할 때도 마찬가지입니다.

```
const alice: Person = {
  name: 'Alice',
  occupation: 'TypeScript developer'
// ~~~~~~~~~~~ 개체 리터럴은 알려진 속성만 지정할 수 있으며
//             'Person' 형식에 'occupation'이(가) 없습니다.
};
const bob = {
  name: 'Bob',
  occupation: 'JavaScript developer'
} as Person;  // 오류 없음
```

타입 선언문에서는 잉여 속성 체크(아이템 11)가 동작했지만, 단언문에서는 적용되지 않습니다.

타입 단언이 꼭 필요한 경우가 아니라면, 안전성 체크도 되는 타입 선언을 사용하는 것이 좋습니다.

---

 여러분은 아마 const bob = <Person>{} 같은 코드를 본 적이 있을 겁니다. 이 코드는 단언문의 원래 문법이며 {} as Person과 동일합니다. 그러나 const bob = <person>{} 같은 코드는 <Person>이 .tsx 파일(타입스크립트 + 리액트)에서 컴포넌트 태그로 인식되기 때문에 현재는 잘 쓰이지 않습니다.

---

화살표 함수의 타입 선언은 추론된 타입이 모호할 때가 있습니다. 예를 들어, 다음 코드에서 Person 인터페이스를 사용하고 싶다고 가정해 보겠습니다.

```
const people = ['alice', 'bob', 'jan'].map(name => ({name}));
// Person[]을 원했지만 결과는 { name: string; }[]...
```

{name}에 타입 단언을 쓰면 문제가 해결되는 것처럼 보입니다.

```
const people = ['alice', 'bob', 'jan'].map(
  name => ({name} as Person)
); // 타입은 Person[]
```

그러나 타입 단언을 사용하면 앞선 예제들처럼 런타임에 문제가 발생하게 됩니다. 예를 들어 보겠습니다.

```
const people = ['alice', 'bob', 'jan'].map(name => ({} as Person));  // 오류 없음
```

단언문을 쓰지 않고, 다음과 같이 화살표 함수 안에서 타입과 함께 변수를 선언하는 것이 가장 직관적입니다.

```
const people = ['alice', 'bob', 'jan'].map(name => {
  const person: Person = {name};
  return person
}); // 타입은 Person[]
```

그러나 원래 코드에 비해 꽤나 번잡하게 보입니다. 코드를 좀 더 간결하게 보

이기 위해 변수 대신 화살표 함수의 반환 타입을 선언해 보겠습니다.

```
const people = ['alice', 'bob', 'jan'].map(
  (name): Person => ({name})
);  // 타입은 Person[]
```

이 코드는 바로 앞의 번잡한 버전과 동일한 체크를 수행합니다. 여기서 소괄호는 매우 중요한 의미를 지닙니다. (name): Person은 name의 타입이 없고, 반환 타입이 Person이라고 명시합니다. 그러나 (name: Person)은 name의 타입이 Person임을 명시하고 반환 타입은 없기 때문에 오류가 발생합니다.

다음 코드는 최종적으로 원하는 타입을 직접 명시하고, 타입스크립트가 할당문의 유효성을 검사하게 합니다.

```
const people: Person[] = ['alice', 'bob', 'jan'].map(
  (name): Person => ({name})
);
```

그러나 함수 호출 체이닝이 연속되는 곳에서는 체이닝 시작에서부터 명명된 타입을 가져야 합니다. 그래야 정확한 곳에 오류가 표시됩니다.

다음으로 타입 단언이 꼭 필요한 경우를 살펴보겠습니다. 타입 단언은 타입 체커가 추론한 타입보다 여러분이 판단하는 타입이 더 정확할 때 의미가 있습니다. 예를 들어, DOM 엘리먼트에 대해서는 타입스크립트보다 여러분이 더 정확히 알고 있을 겁니다.

```
document.querySelector('#myButton').addEventListener('click', e => {
  e.currentTarget  // 타입은 EventTarget
  const button = e.currentTarget as HTMLButtonElement;
  button           // 타입은 HTMLButtonElement
});
```

타입스크립트는 DOM에 접근할 수 없기 때문에 #myButton이 버튼 엘리먼트인지 알지 못합니다. 그리고 이벤트의 currentTarget이 같은 버튼이어야 하는 것도 알지 못합니다. 우리는 타입스크립트가 알지 못하는 정보를 가지고 있기 때문에 여기서는 타입 단언문을 쓰는 것이 타당합니다. DOM 타입에 대해서는 아이템 55에서 더 자세히 다룹니다.

또한 자주 쓰이는 특별한 문법(!)을 사용해서 null이 아님을 단언하는 경우도 있습니다.

```
const elNull = document.getElementById('foo');   // 타입은 HTMLElement | null
const el = document.getElementById('foo')!;      // 타입은 HTMLElement
```

변수의 접두사로 쓰인 !는 boolean의 부정문입니다. 그러나 접미사로 쓰인 !는 그 값이 null이 아니라는 단언문으로 해석됩니다. 우리는 !를 일반적인 단언문처럼 생각해야 합니다. 단언문은 컴파일 과정 중에 제거되므로, 타입 체커는 알지 못하지만 그 값이 null이 아니라고 확신할 수 있을 때 사용해야 합니다. 만약 그렇지 않다면, null인 경우를 체크하는 조건문을 사용해야 합니다.

타입 단언문으로 임의의 타입 간에 변환을 할 수는 없습니다. A가 B의 부분집합인 경우에 타입 단언문을 사용해 변환할 수 있습니다. HTMLElement는 HTML Element | null의 서브타입이기 때문에 이러한 타입 단언은 동작합니다. HTML ButtonElement는 EventTarget의 서브타입이기 때문에 역시 동작합니다. 그리고 Person은 {}의 서브타입이므로 동작합니다.

그러나 Person과 HTMLElement는 서로의 서브타입이 아니기 때문에 변환이 불가능합니다.

```
interface Person { name: string; }
const body = document.body;
const el = body as Person;
     // ~~~~~~~~~~~~~~~~ 'HTMLElement' 형식을 'Person' 형식으로 변환하는 것은
     //                  형식이 다른 형식과 충분히 겹치지 않기 때문에
     //                  실수일 수 있습니다. 이것이 의도적인 경우에는
     //                  먼저 식을 'unknown'으로 변환하십시오.
```

이 오류를 해결하려면 unknown 타입(아이템 42)을 사용해야 합니다. 모든 타입은 unknown의 서브타입이기 때문에 unknown이 포함된 단언문은 항상 동작합니다. unknown 단언은 임의의 타입 간에 변환을 가능케 하지만, unknown을 사용한 이상 적어도 무언가 위험한 동작을 하고 있다는 걸 알 수 있습니다.

```
const el = document.body as unknown as Person;   // 정상
```

## 요약

- 타입 단언(as Type)보다 타입 선언(: Type)을 사용해야 합니다.
- 화살표 함수의 반환 타입을 명시하는 방법을 터득해야 합니다.
- 타입스크립트보다 타입 정보를 더 잘 알고 있는 상황에서는 타입 단언문과 null 아님 단언문을 사용하면 됩니다.

# 아이템 10 객체 래퍼 타입 피하기

자바스크립트에는 객체 이외에도 기본형 값들에 대한 일곱 가지 타입(string, number, boolean, null, undefined, symbol, bigint)이 있습니다. string, number, boolean, null은 자바스크립트 초창기부터 존재해 왔으며, symbol 기본형은 ES2015에서 추가되었고, bigint는 최종 확정 단계에 있습니다.

기본형들은 불변(immutable)이며 메서드를 가지지 않는다는 점에서 객체와 구분됩니다. 그런데 기본형인 string의 경우 메서드를 가지고 있는 것처럼 보입니다.

```
> 'primitive'.charAt(3)
"m"
```

하지만 사실 charAt은 string의 메서드가 아니며, string을 사용할 때 자바스크립트 내부적으로 많은 동작이 일어납니다. string '기본형'에는 메서드가 없지만, 자바스크립트에는 메서드를 가지는 String '객체' 타입이 정의되어 있습니다. 자바스크립트는 기본형과 객체 타입을 서로 자유롭게 변환합니다. string 기본형에 charAt 같은 메서드를 사용할 때, 자바스크립트는 기본형을 String 객체로 래핑(wrap)하고, 메서드를 호출하고, 마지막에 래핑한 객체를 버립니다.

만약 String.prototype을 몽키-패치(monkey-patch)[1]한다면 앞서 설명한 내부적인 동작들을 관찰할 수 있습니다(아이템 43).

---

1 (옮긴이) 몽키-패치란 런타임에 프로그램의 어떤 기능을 수정해서 사용하는 기법을 의미합니다. 자바스크립트에서는 주로 프로토타입을 변경하는 것이 해당됩니다. 여담이지만 몽키-패치의 유래가 꽤 재미있으니 검색해 보길 바랍니다.

```
// 실제로는 이렇게 하지 마세요!
const originalCharAt = String.prototype.charAt;
String.prototype.charAt = function(pos) {
  console.log(this, typeof this, pos);
  return originalCharAt.call(this, pos);
};
console.log('primitive'.charAt(3));
```

이 코드는 다음을 출력합니다.

```
[String: 'primitive'] 'object' 3
m
```

메서드 내의 this는 string 기본형이 아닌 String 객체 래퍼입니다. String 객체를 직접 생성할 수도 있으며, string 기본형처럼 동작합니다. 그러나 string 기본형과 String 객체 래퍼가 항상 동일하게 동작하는 것은 아닙니다. 예를 들어, String 객체는 오직 자기 자신하고만 동일합니다.

```
> "hello" === new String("hello")
false
> new String("hello") === new String("hello")
false
```

객체 래퍼 타입의 자동 변환은 종종 당황스러운 동작을 보일 때가 있습니다. 예를 들어 어떤 속성을 기본형에 할당한다면 그 속성이 사라집니다.

```
> x = "hello"
> x.language = 'English'
'English'
> x.language
undefined
```

실제로는 x가 String 객체로 변환된 후 language 속성이 추가되었고, language 속성이 추가된 객체는 버려진 것입니다.

　다른 기본형에도 동일하게 객체 래퍼 타입이 존재합니다. number에는 Number, boolean에는 Boolean, symbol에는 Symbol, bigint에는 BigInt가 존재합니다(null과 undefined에는 객체 래퍼가 없습니다).

이 래퍼 타입들 덕분에 기본형 값에 메서드를 사용할 수 있고, 정적 메서드 (String.fromCharCode 같은)도 사용할 수 있습니다. 그러나 보통은 래퍼 객체를 직접 생성할 필요가 없습니다.

타입스크립트는 기본형과 객체 래퍼 타입을 별도로 모델링합니다.

- string과 String
- number와 Number
- boolean과 Boolean
- symbol과 Symbol
- bigint와 BigInt

그런데 string을 사용할 때는 특히 유의해야 합니다. string을 String이라고 잘못 타이핑하기 쉽고(특히 자바나 C#을 사용하던 사람이라면), 실수를 하더라도 처음에는 잘 동작하는 것처럼 보이기 때문입니다.

```
function getStringLen(foo: String) {
  return foo.length;
}

getStringLen("hello");              // 정상
getStringLen(new String("hello"));  // 정상
```

그러나 string을 매개변수로 받는 메서드에 String 객체를 전달하는 순간 문제가 발생합니다.

```
function isGreeting(phrase: String) {
  return [
    'hello',
    'good day'
  ].includes(phrase);
          // ~~~~~~~
          // 'String' 형식의 인수는
          // 'string' 형식의 매개변수에 할당될 수 없습니다.
          // 'string'은(는) 기본 개체이지만 'String'은(는) 래퍼 개체입니다.
          // 가능한 경우 'string'을(를) 사용하세요.
}
```

string은 String에 할당할 수 있지만 String은 string에 할당할 수 없습니다. 오류 메시지대로 string 타입을 사용해야 합니다. 대부분의 라이브러리와 마찬가지로 타입스크립트가 제공하는 타입 선언은 전부 기본형 타입으로 되어 있습니다.

래퍼 객체는 타입 구문의 첫 글자를 대문자로 표기하는 방법으로도 사용할 수 있습니다.

```
const s: String = "primitive";
const n: Number = 12;
const b: Boolean = true;
```

당연히 런타임의 값은 객체가 아니고 기본형입니다. 그러나 기본형 타입은 객체 래퍼에 할당할 수 있기 때문에 타입스크립트는 기본형 타입을 객체 래퍼에 할당하는 선언을 허용합니다. 그러나 기본형 타입을 객체 래퍼에 할당하는 구문은 오해하기 쉽고, 굳이 그렇게 할 필요도 없습니다(아이템 19). 그냥 기본형 타입을 사용하는 것이 낫습니다.

그런데 new 없이 BigInt와 Symbol를 호출하는 경우는 기본형을 생성하기 때문에 사용해도 좋습니다.

```
> typeof BigInt(1234)
"bigint"
> typeof Symbol('sym')
"symbol"
```

이들은 BigInt와 Symbol '값'이지만, 타입스크립트 타입은 아닙니다(아이템 8). 앞 예제의 결과는 bigint와 symbol 타입의 값이 됩니다.

## 요약

- 기본형 값에 메서드를 제공하기 위해 객체 래퍼 타입이 어떻게 쓰이는지 이해해야 합니다. 직접 사용하거나 인스턴스를 생성하는 것은 피해야 합니다.
- 타입스크립트 객체 래퍼 타입은 지양하고, 대신 기본형 타입을 사용해야 합니다. String 대신 string, Number 대신 number, Boolean 대신 boolean, Symbol 대신 symbol, BigInt 대신 bigint를 사용해야 합니다.

## 아이템 11 잉여 속성 체크의 한계 인지하기

타입이 명시된 변수에 객체 리터럴을 할당할 때 타입스크립트는 해당 타입의
속성이 있는지, 그리고 '그 외의 속성은 없는지' 확인합니다.

```
interface Room {
  numDoors: number;
  ceilingHeightFt: number;
}
const r: Room = {
  numDoors: 1,
  ceilingHeightFt: 10,
  elephant: 'present',
// ~~~~~~~~~~~~~~~~~~~ 개체 리터럴은 알려진 속성만 지정할 수 있으며
//                    'Room' 형식에 'elephant'이(가) 없습니다.
};
```

Room 타입에 생뚱맞게 elephant 속성이 있는 것이 어색하긴 하지만, 구조적 타
이핑 관점(아이템 4)으로 생각해 보면 오류가 발생하지 않아야 합니다. 임시
변수를 도입해 보면 알 수 있는데, obj 객체는 Room 타입에 할당이 가능합니다.

```
const obj = {
  numDoors: 1,
  ceilingHeightFt: 10,
  elephant: 'present',
};
const r: Room = obj;  // 정상
```

obj의 타입은 { numDoors: number; ceilingHeightFt: number; elephant:
string }으로 추론됩니다. obj 타입은 Room 타입의 부분 집합을 포함하므로,
Room에 할당 가능하며 타입 체커도 통과합니다(아이템 7).

앞 두 예제의 차이점을 살펴보겠습니다. 첫 번째 예제에서는, 구조적 타입
시스템에서 발생할 수 있는 중요한 종류의 오류를 잡을 수 있도록 '잉여 속성
체크'라는 과정이 수행되었습니다. 그러나 잉여 속성 체크 역시 조건에 따라 동
작하지 않는다는 한계가 있고, 통상적인 할당 가능 검사와 함께 쓰이면 구조적
타이핑이 무엇인지 혼란스러워질 수 있습니다. 잉여 속성 체크가 할당 가능 검
사와는 별도의 과정이라는 것을 알아야 타입스크립트 타입 시스템에 대한 개

넘[2]을 정확히 잡을 수 있습니다.

아이템 1에서 설명했듯이 타입스크립트는 단순히 런타임에 예외를 던지는 코드에 오류를 표시하는 것뿐 아니라, 의도와 다르게 작성된 코드까지 찾으려고 합니다. 다음에 그 예제가 있습니다.

```
interface Options {
  title: string;
  darkMode?: boolean;
}
function createWindow(options: Options) {
  if (options.darkMode) {
    setDarkMode();
  }
  // ...
}
createWindow({
  title: 'Spider Solitaire',
  darkmode: true
// ~~~~~~~~~~~~~ 개체 리터럴은 알려진 속성만 지정할 수 있지만
//              'Options' 형식에 'darkmode'이(가) 없습니다.
//              'darkMode'을(를) 쓰려고 했습니까?
});
```

앞의 코드를 실행하면 런타임에 어떠한 종류의 오류도 발생하지 않습니다. 그러나 타입스크립트가 알려 주는 오류 메시지처럼 의도한 대로 동작하지 않을 수 있습니다. 오류가 발생한 부분은 darkmode가 아닌 darkMode(대문자 M)이어야 합니다.

Options 타입은 범위가 매우 넓기 때문에, 순수한 구조적 타입 체커는 이런 종류의 오류를 찾아내지 못합니다. darkMode 속성에 boolean 타입이 아닌 다른 타입의 값이 지정된 경우를 제외하면, string 타입인 title 속성과 '또 다른 어떤 속성'을 가지는 모든 객체는 Options 타입의 범위에 속합니다.

타입스크립트 타입은 범위가 아주 넓어질 수 있습니다. 여기 Options에 할당할 수 있는 몇 가지 값이 더 있습니다.

---

2 (옮긴이) 원서에는 개념 대신 '심성 모형(mental model)'이라는 용어를 사용하고 있습니다. 심성 모형이란 각자가 특정 대상을 바라보는 마음 속의 모형을 의미합니다. 이 책에서는 낯선 표현인 심성 모형 대신 '개념'이라는 단어를 사용했습니다.

```
const o1: Options = document;              // 정상
const o2: Options = new HTMLAnchorElement; // 정상
```

document와 HTMLAnchorElement의 인스턴스 모두 string 타입인 title 속성을 가지고 있기 때문에 할당문은 정상입니다. Options은 정말 넓은 타입이라는 것을 알 수 있습니다.

잉여 속성 체크를 이용하면 기본적으로 타입 시스템의 구조적 본질을 해치지 않으면서도 객체 리터럴에 알 수 없는 속성을 허용하지 않음으로써, 앞에서 다룬 Room이나 Options 예제 같은 문제점을 방지할 수 있습니다(그래서 '엄격한 객체 리터럴 체크'라고도 불립니다). document나 new HTMLAnchorElement는 객체 리터럴이 아니기 때문에 잉여 속성 체크가 되지 않습니다. 그러나 {title, darkmode} 객체는 체크가 됩니다.

```
const o: Options = { darkmode: true, title: 'Ski Free' };
                // ~~~~~~~ 'Options' 형식에 'darkmode'이(가) 없습니다.
```

오류가 사라지는 이유를 알아내기 위해 타입 구문 없는 임시 변수를 사용해 보겠습니다.

```
const intermediate = { darkmode: true, title: 'Ski Free' };
const o: Options = intermediate;  // 정상
```

첫 번째 줄의 오른쪽은 객체 리터럴이지만, 두 번째 줄의 오른쪽(intermediate)은 객체 리터럴이 아닙니다. 따라서 잉여 속성 체크가 적용되지 않고 오류는 사라집니다.

잉여 속성 체크는 타입 단언문을 사용할 때에도 적용되지 않습니다.

```
const o = { darkmode: true, title: 'Ski Free' } as Options;  // 정상
```

이 예제가 단언문보다 선언문을 사용해야 하는 단적인 이유 중 하나입니다(아이템 9).

잉여 속성 체크를 원치 않는다면, 인덱스 시그니처를 사용해서 타입스크립트가 추가적인 속성을 예상하도록 할 수 있습니다.

```
interface Options {
  darkMode?: boolean;
  [otherOptions: string]: unknown;
}
const o: Options = { darkmode: true };  // 정상
```

이런 방법이 데이터를 모델링하는 데 적절한지 아닌지에 대해서는 아이템 15에서 다룹니다.

선택적 속성만 가지는 '약한(weak)' 타입에도 비슷한 체크가 동작합니다.

```
interface LineChartOptions {
  logscale?: boolean;
  invertedYAxis?: boolean;
  areaChart?: boolean;
}
const opts = { logScale: true };
const o: LineChartOptions = opts;
   // ~ '{ logScale: boolean; }' 유형에
   //   'LineChartOptions' 유형과 공통적인 속성이 없습니다.
```

구조적 관점에서 LineChartOptions 타입은 모든 속성이 선택적이므로 모든 객체를 포함할 수 있습니다. 이런 약한 타입에 대해서 타입스크립트는 값 타입과 선언 타입에 공통된 속성이 있는지 확인하는 별도의 체크를 수행합니다. 공통 속성 체크는 잉여 속성 체크와 마찬가지로 오타를 잡는 데 효과적이며 구조적으로 엄격하지 않습니다. 그러나 잉여 속성 체크와 다르게, 약한 타입과 관련된 할당문마다 수행됩니다. 임시 변수를 제거하더라도 공통 속성 체크는 여전히 동작합니다.

잉여 속성 체크는 구조적 타이핑 시스템에서 허용되는 속성 이름의 오타 같은 실수를 잡는 데 효과적인 방법입니다. 선택적 필드를 포함하는 Options 같은 타입에 특히 유용한 반면, 적용 범위도 매우 제한적이며 오직 객체 리터럴에만 적용됩니다. 이러한 한계점을 인지하고 잉여 속성 체크와 일반적인 타입 체크를 구분한다면, 두 가지 모두의 개념을 잡는 데에 도움이 될 것입니다.

잉여 속성 체크가 어떻게 버그를 잡고 새로운 설계 가능성을 보여 주는지에 대한 구체적인 예제는 아이템 18에서 다룹니다. 또한 임시 상수를 도입함으로

써 잉여 속성 체크 문제를 해결하지만, 문맥 관점의 오류를 발생시키는 예제는
아이템 26에서 다룹니다.

**요약**

- 객체 리터럴을 변수에 할당하거나 함수에 매개변수로 전달할 때 잉여 속성
  체크가 수행됩니다.
- 잉여 속성 체크는 오류를 찾는 효과적인 방법이지만, 타입스크립트 타입 체
  커가 수행하는 일반적인 구조적 할당 가능성 체크와 역할이 다릅니다. 할당
  의 개념을 정확히 알아야 잉여 속성 체크와 일반적인 구조적 할당 가능성 체
  크를 구분할 수 있습니다.
- 잉여 속성 체크에는 한계가 있습니다. 임시 변수를 도입하면 잉여 속성 체
  크를 건너뛸 수 있다는 점을 기억해야 합니다.

## 아이템 12 함수 표현식에 타입 적용하기

자바스크립트(그리고 타입스크립트)에서는 함수 '문장(statement)'과 함수 '표
현식(expression)'을 다르게 인식합니다.

```
function rollDice1(sides: number): number { /* ... */ }          // 문장
const rollDice2 = function(sides: number): number { /* ... */ };  // 표현식
const rollDice3 = (sides: number): number => { /* ... */ };       // 표현식
```

타입스크립트에서는 함수 표현식을 사용하는 것이 좋습니다. 함수의 매개변수
부터 반환값까지 전체를 함수 타입으로 선언하여 함수 표현식에 재사용할 수
있다는 장점이 있기 때문입니다.

```
type DiceRollFn = (sides: number) => number;
const rollDice: DiceRollFn = sides => { /* ... */ };
```

편집기에서 sides에 마우스를 올려 보면, 타입스크립트에서는 이미 sides의 타
입을 number로 인식하고 있다는 걸 알 수 있습니다. 예시가 간단해서 함수 타입
을 선언할 수 있다는 것이 장점으로 와닿지 않을 수 있습니다. 함수 타입 선언
의 장점을 좀 더 알아보겠습니다.

함수 타입의 선언은 불필요한 코드의 반복을 줄입니다. 사칙연산을 하는 함수 네 개는 다음과 같이 작성할 수 있습니다.

```typescript
function add(a: number, b: number) { return a + b; }
function sub(a: number, b: number) { return a - b; }
function mul(a: number, b: number) { return a * b; }
function div(a: number, b: number) { return a / b; }
```

반복되는 함수 시그니처를 하나의 함수 타입으로 통합할 수도 있습니다.

```typescript
type BinaryFn = (a: number, b: number) => number;
const add: BinaryFn = (a, b) => a + b;
const sub: BinaryFn = (a, b) => a - b;
const mul: BinaryFn = (a, b) => a * b;
const div: BinaryFn = (a, b) => a / b;
```

이 예제는 함수 타입 선언을 이용했던 예제보다 타입 구문이 적습니다. 함수 구현부도 분리되어 있어 로직이 보다 분명해집니다. 모든 함수 표현식의 반환 타입까지 number로 선언한 셈입니다.

라이브러리는 공통 함수 시그니처를 타입으로 제공하기도 합니다. 예를 들어, 리액트는 함수의 매개변수에 명시하는 MouseEvent 타입 대신에 함수 전체에 적용할 수 있는 MouseEventHandler 타입을 제공합니다. 만약 여러분이 라이브러리를 직접 만들고 있다면, 공통 콜백 함수를 위한 타입 선언을 제공하는 것이 좋습니다.

시그니처가 일치하는 다른 함수가 있을 때도 함수 표현식에 타입을 적용해 볼 만합니다. 예를 들어, 웹브라우저에서 fetch 함수는 특정 리소스에 HTTP 요청을 보냅니다.

```typescript
const responseP = fetch('/quote?by=Mark+Twain');  // 타입이 Promise<Response>
```

그리고 response.json() 또는 response.text()를 사용해 응답의 데이터를 추출합니다.

```typescript
async function getQuote() {
  const response = await fetch('/quote?by=Mark+Twain');
  const quote = await response.json();
```

```
  return quote;
}
// {
//    "quote": "If you tell the truth, you don't have to remember anything.",
//    "source": "notebook",
//    "date": "1894"
// }
```

(Promise와 async/await에 대해서는 아이템 25에서 다룹니다.)

여기에 버그가 있습니다. /quote가 존재하지 않는 API라면, '404 Not Found'가 포함된 내용을 응답합니다. 응답은 JSON 형식이 아닐 수 있습니다. response.json()은 JSON 형식이 아니라는 새로운 오류 메시지를 담아 거절된 (rejected) 프로미스를 반환합니다. 호출한 곳에서는 새로운 오류 메시지가 전달되어 실제 오류인 404가 감추어집니다.

또한 fetch가 실패하면 거절된 프로미스를 응답하지는 않는다는 걸 간과하기 쉽습니다. 그러니 상태 체크를 수행해 줄 checkedFetch 함수를 작성해 작성해 보겠습니다. fetch의 타입 선언은 *lib.dom.d.ts*에 있으며 다음과 같습니다.

```
declare function fetch(
  input: RequestInfo, init?: RequestInit
): Promise<Response>;
```

checkedFetch는 다음처럼 작성할 수 있습니다.

```
async function checkedFetch(input: RequestInfo, init?: RequestInit) {
  const response = await fetch(input, init);
  if (!response.ok) {
    // 비동기 함수 내에서는 거절된 프로미스로 변환합니다.
    throw new Error('Request failed: ' + response.status);
  }
  return response;
}
```

이 코드도 잘 동작하지만, 다음과 같이 더 간결하게 작성할 수 있습니다.

```
const checkedFetch: typeof fetch = async (input, init) => {
  const response = await fetch(input, init);
  if (!response.ok) {
```

```
      throw new Error('Request failed: ' + response.status);
  }
  return response;
}
```

함수 문장을 함수 표현식으로 바꿨고 함수 전체에 타입(typeof fetch)을 적용
했습니다. 이는 타입스크립트가 input과 init의 타입을 추론할 수 있게 해 줍
니다.

　타입 구문은 또한 checkedFetch의 반환 타입을 보장하며, fetch와 동일합니
다. 예를 들어 throw 대신 return을 사용했다면, 타입스크립트는 그 실수를 잡
아냅니다.

```
const checkedFetch: typeof fetch = async (input, init) => {
  // ~~~~~~~~~~~~~ 'Promise<Response | Error>' 형식은
  //              'Promise<Response>' 형식에 할당할 수 없습니다.
  //              'Response | Error' 형식은
  //              'Response' 형식에 할당할 수 없습니다.
  const response = await fetch(input, init);
  if (!response.ok) {
    return new Error('Request failed: ' + response.status);
  }
  return response;
}
```

checkedFetch를 함수 문장으로 작성한 예제에서도 throw가 아니라 return을
사용할 경우 오류가 발생합니다. 그러나 오류는 첫 번째 예제와 달리 checked
Fetch 구현체가 아닌, 함수를 호출한 위치에서 발생합니다.

　함수의 매개변수에 타입 선언을 하는 것보다 함수 표현식 전체 타입을 정의
하는 것이 코드도 간결하고 안전합니다. 다른 함수의 시그니처와 동일한 타입
을 가지는 새 함수를 작성하거나, 동일한 타입 시그니처를 가지는 여러 개의
함수를 작성할 때는 매개변수의 타입과 반환 타입을 반복해서 작성하지 말고
함수 전체의 타입 선언을 적용해야 합니다.

## 요약

• 매개변수나 반환 값에 타입을 명시하기보다는 함수 표현식 전체에 타입 구

문을 적용하는 것이 좋습니다.

- 만약 같은 타입 시그니처를 반복적으로 작성한 코드가 있다면 함수 타입을 분리해 내거나 이미 존재하는 타입을 찾아보도록 합니다. 라이브러리를 직접 만든다면 공통 콜백에 타입을 제공해야 합니다.
- 다른 함수의 시그니처를 참조하려면 typeof fn을 사용하면 됩니다.

## 아이템 13 타입과 인터페이스의 차이점 알기

타입스크립트에서 명명된 타입(named type)을 정의하는 방법은 두 가지가 있습니다. 다음처럼 타입을 사용할 수 있습니다.

```
type TState = {
  name: string;
  capital: string;
}
```

또는 인터페이스를 사용해도 됩니다.

```
interface IState {
  name: string;
  capital: string;
}
```

(명명된 타입을 정의할 때 인터페이스 대신 클래스를 사용할 수도 있지만, 클래스는 값으로도 쓰일 수 있는 자바스크립트 런타임의 개념입니다. 이 내용은 아이템 8에서 다룹니다.)

대부분의 경우에는 타입을 사용해도 되고 인터페이스를 사용해도 됩니다. 그러나 타입과 인터페이스 사이에 존재하는 차이를 분명하게 알고, 같은 상황에서는 동일한 방법으로 명명된 타입을 정의해 일관성을 유지해야 합니다. 그러려면 하나의 타입에 대해 두 가지 방법을 모두 사용해서 정의할 줄 알아야 합니다.

> 이 아이템 내의 예제에는 타입을 I(인터페이스) 또는 T(타입)로 시작해 어떤 형태로 정의되었는지 나타냈습니다. 실제 코드에서는 이렇게 하면 안 됩니다. 인터페이스 접두사로 I

를 붙이는 것은 C#에서 비롯된 관례입니다. 이 영향을 받아 타입스크립트 초기에는 종종 사용하였으나 현재는 지양해야 할 스타일로 여겨집니다. 표준 라이브러리에서도 일관성 있게 도입되지 않았기 때문에 유용하지도 않습니다.

먼저, 인터페이스 선언과 타입 선언의 비슷한 점에 대해 알아보겠습니다. 명명된 타입은 인터페이스로 정의하든 타입으로 정의하든 상태에는 차이가 없습니다. 만약 IState와 TState를 추가 속성과 함께 할당한다면 동일한 오류가 발생합니다.

```
const wyoming: TState = {
  name: 'Wyoming',
  capital: 'Cheyenne',
  population: 500_000
// ~~~~~~~~~~~~~~~~~~ ... 형식은 'TState' 형식에 할당할 수 없습니다.
//                   개체 리터럴은 알려진 속성만 지정할 수 있으며
//                   'TState' 형식에 'population'이(가) 없습니다.
};
```

인덱스 시그니처는 인터페이스와 타입에서 모두 사용할 수 있습니다.

```
type TDict = { [key: string]: string };
interface IDict {
  [key: string]: string;
}
```

또한 함수 타입도 인터페이스나 타입으로 정의할 수 있습니다.

```
type TFn = (x: number) => string;
interface IFn {
  (x: number): string;
}

const toStrT: TFn = x => '' + x;  // 정상
const toStrI: IFn = x => '' + x;  // 정상
```

이런 단순한 함수 타입에는 타입 별칭(alias)이 더 나은 선택이겠지만, 함수 타입에 추가적인 속성이 있다면 타입이나 인터페이스 어떤 것을 선택하든 차이가 없습니다.

```
type TFnWithProperties = {
  (x: number): number;
  prop: string;
}
interface IFnWithProperties {
  (x: number): number;
  prop: string;
}
```

문법이 생소할 수도 있지만 자바스크립트에서 함수는 호출 가능한 객체라는 것을 떠올려 보면 납득할 수 있는 코드입니다.

타입 별칭과 인터페이스는 모두 제너릭이 가능합니다.

```
type TPair<T> = {
  first: T;
  second: T;
}
interface IPair<T> {
  first: T;
  second: T;
}
```

인터페이스는 타입을 확장할 수 있으며(주의사항이 몇 가지 있는데, 뒤에서 설명합니다), 타입은 인터페이스를 확장할 수 있습니다.

```
interface IStateWithPop extends TState {
  population: number;
}
type TStateWithPop = IState & { population: number; };
```

IStateWithPop과 TStateWithPop은 동일합니다. 여기서 주의할 점은 인터페이스는 유니온 타입 같은 복잡한 타입을 확장하지는 못한다는 것입니다. 복잡한 타입을 확장하고 싶다면 타입과 &를 사용해야 합니다.

한편 클래스를 구현(implements)할 때는, 타입(TState)과 인터페이스 (IState) 둘 다 사용할 수 있습니다.

```
class StateT implements TState {
  name: string = '';
  capital: string = '';
}
```

```
class StateI implements IState {
  name: string = '';
  capital: string = '';
}
```

지금까지 타입과 인터페이스의 비슷한 점들을 살펴보았습니다. 이제부터는 타입과 인터페이스의 다른 점들을 알아보겠습니다.

이미 언급한 대로, 유니온 타입은 있지만 유니온 인터페이스라는 개념은 없습니다.

```
type AorB = 'a' | 'b';
```

인터페이스는 타입을 확장할 수 있지만, 유니온은 할 수 없습니다. 그런데 유니온 타입을 확장하는 게 필요할 때가 있습니다. 다음 코드를 예로 들어 보겠습니다. Input과 Output은 별도의 타입이며 이 둘을 하나의 변수명으로 매핑하는 VariableMap 인터페이스를 만들 수 있습니다.

```
type Input = { /* ... */ };
type Output = { /* ... */ };
interface VariableMap {
  [name: string]: Input | Output;
}
```

또는 유니온 타입에 name 속성을 붙인 타입을 만들 수도 있습니다. 다음과 같습니다.

```
type NamedVariable = (Input | Output) & { name: string };
```

이 타입은 인터페이스로 표현할 수 없습니다. type 키워드는 일반적으로 interface보다 쓰임새가 많습니다. type 키워드는 유니온이 될 수도 있고, 매핑된 타입 또는 조건부 타입 같은 고급 기능에 활용되기도 합니다.

튜플과 배열 타입도 type 키워드를 이용해 더 간결하게 표현할 수 있습니다.

```
type Pair = [number, number];
type StringList = string[];
type NamedNums = [string, ...number[]];
```

인터페이스로도 튜플과 비슷하게 구현할 수 있기는 합니다.

```
interface Tuple {
  0: number;
  1: number;
  length: 2;
}
const t: Tuple = [10, 20];  // 정상
```

그러나 인터페이스로 튜플과 비슷하게 구현하면 튜플에서 사용할 수 있는 concat 같은 메서드들을 사용할 수 없습니다. 그러므로 튜플은 type 키워드로 구현하는 것이 낫습니다. 숫자 인덱스와 관련된 문제점은 아이템 16에서 살펴봅니다.

반면 인터페이스는 타입에 없는 몇 가지 기능이 있습니다. 그중 하나는 바로 '보강(augment)'이 가능하다는 것입니다. 이번 아이템 처음에 등장했던 State 예제에 population 필드를 추가할 때 보강 기법을 사용할 수 있습니다.

```
interface IState {
  name: string;
  capital: string;
}
interface IState {
  population: number;
}
const wyoming: IState = {
  name: 'Wyoming',
  capital: 'Cheyenne',
  population: 500_000
};  // 정상
```

이 예제처럼 속성을 확장하는 것을 '선언 병합(declaration merging)'이라고 합니다. 선언 병합을 본 적이 없다면 매우 생소하게 느껴질 것입니다. 선언 병합은 주로 타입 선언 파일(6장)에서 사용됩니다. 따라서 타입 선언 파일을 작성할 때는 선언 병합을 지원하기 위해 반드시 인터페이스를 사용해야 하며 표준을 따라야 합니다. 타입 선언에는 사용자가 채워야 하는 빈틈이 있을 수 있는데, 바로 이 선언 병합이 그렇습니다.

타입스크립트는 여러 버전의 자바스크립트 표준 라이브러리에서 여러 타

입을 모아 병합합니다. 예를 들어, Array 인터페이스는 *lib.es5.d.ts*에 정의되어 있고 기본적으로는 *lib.es5.d.ts*에 선언된 인터페이스가 사용됩니다. 그러나 *tsconfig.json*의 lib 목록에 ES2015를 추가하면 타입스크립트는 *lib.es2015.d.ts*에 선언된 인터페이스를 병합합니다. 여기에는 ES2015에 추가된 또 다른 Array 선언의 find 같은 메서드가 포함됩니다. 이들은 병합을 통해 다른 Array 인터페이스에 추가됩니다. 결과적으로 각 선언이 병합되어 전체 메서드를 가지는 하나의 Array 타입을 얻게 됩니다.

병합은 선언처럼 일반적인 코드라서 언제든지 가능하다는 것을 알고 있어야 합니다. 그러므로 프로퍼티가 추가되는 것을 원하지 않는다면 인터페이스 대신 타입을 사용해야 합니다.

이번 아이템의 처음 질문으로 돌아가 타입과 인터페이스 중 어느 것을 사용해야 할지 결론을 내려 보겠습니다. 복잡한 타입이라면 고민할 것도 없이 타입 별칭을 사용하면 됩니다. 그러나 타입과 인터페이스, 두 가지 방법으로 모두 표현할 수 있는 간단한 객체 타입이라면 일관성과 보강의 관점에서 고려해 봐야 합니다. 일관되게 인터페이스를 사용하는 코드베이스에서 작업하고 있다면 인터페이스를 사용하고, 일관되게 타입을 사용 중이라면 타입을 사용하면 됩니다.

아직 스타일이 확립되지 않은 프로젝트라면, 향후에 보강의 가능성이 있을지 생각해 봐야 합니다. 어떤 API에 대한 타입 선언을 작성해야 한다면 인터페이스를 사용하는 게 좋습니다. API가 변경될 때 사용자가 인터페이스를 통해 새로운 필드를 병합할 수 있어 유용하기 때문입니다. 그러나 프로젝트 내부적으로 사용되는 타입에 선언 병합이 발생하는 것은 잘못된 설계입니다. 따라서 이럴 때는 타입을 사용해야 합니다.

## 요약

- 타입과 인터페이스의 차이점과 비슷한 점을 이해해야 합니다.
- 한 타입을 type과 interface 두 가지 문법을 사용해서 작성하는 방법을 터득해야 합니다.
- 프로젝트에서 어떤 문법을 사용할지 결정할 때 한 가지 일관된 스타일을 확립하고, 보강 기법이 필요한지 고려해야 합니다.

## 아이템 14 타입 연산과 제너릭 사용으로 반복 줄이기

다음은 원기둥(cylinder)의 반지름과 높이, 표면적, 부피를 출력하는 코드입니다.

```
console.log('Cylinder 1 x 1 ',
  'Surface area:', 6.283185 * 1 * 1 + 6.283185 * 1 * 1,
  'Volume:', 3.14159 * 1 * 1 * 1);
console.log('Cylinder 1 x 2 ',
  'Surface area:', 6.283185 * 1 * 1 + 6.283185 * 2 * 1,
  'Volume:', 3.14159 * 1 * 2 * 1);
console.log('Cylinder 2 x 1 ',
  'Surface area:', 6.283185 * 2 * 1 + 6.283185 * 2 * 1,
  'Volume:', 3.14159 * 2 * 2 * 1);
```

비슷한 코드가 반복되어 있어 보기 불편합니다. 값과 상수가 반복되는 바람에 드러나지 않은 오류까지 가지고 있습니다. 이 코드에서 함수, 상수, 루프의 반복을 제거해 코드를 개선해 보겠습니다.

```
const surfaceArea = (r, h) => 2 * Math.PI * r * (r + h);
const volume = (r, h) => Math.PI * r * r * h;
for (const [r, h] of [[1, 1], [1, 2], [2, 1]]) {
  console.log(
    `Cylinder ${r} x ${h}`,
    `Surface area: ${surfaceArea(r, h)}`,
    `Volume: ${volume(r, h)}`);
}
```

이게 바로 같은 코드를 반복하지 말라는 DRY(don't repeat yourself) 원칙입니다. 소프트웨어 개발자라면 어느 분야에서든 들어 봤을 조언입니다. 그런데 반복된 코드를 열심히 제거하며 DRY 원칙을 지켜왔던 개발자라도 타입에 대해서는 간과했을지 모릅니다.

```
interface Person {
  firstName: string;
  lastName: string;
}

interface PersonWithBirthDate {
  firstName: string;
```

```
  lastName: string;
  birth: Date;
}
```

타입 중복은 코드 중복만큼 많은 문제를 발생시킵니다. 예를 들어 선택적 필드인 middleName을 Person에 추가한다고 가정해 보겠습니다. 그러면 Person과 PersonWithBirthDate는 다른 타입이 됩니다.

타입에서 중복이 더 흔한 이유 중 하나는 공유된 패턴을 제거하는 메커니즘이 기존 코드에서 하던 것과 비교해 덜 익숙하기 때문입니다. 헬퍼 함수 중복 제거와 동일한 활동이 타입 시스템에서는 어떤 것에 해당할지 상상이 잘 되지 않습니다. 그러나 타입 간에 매핑하는 방법을 익히면, 타입 정의에서도 DRY의 장점을 적용할 수 있습니다.

반복을 줄이는 가장 간단한 방법은 타입에 이름을 붙이는 것입니다. 다음 예제의 거리 계산 함수에는 타입이 반복적으로 등장합니다.

```
function distance(a: {x: number, y: number}, b: {x: number, y: number}) {
  return Math.sqrt(Math.pow(a.x - b.x, 2) + Math.pow(a.y - b.y, 2));
}
```

코드를 수정해 타입에 이름을 붙여 보겠습니다.

```
interface Point2D {
  x: number;
  y: number;
}
function distance(a: Point2D, b: Point2D) { /* ... */ }
```

이 코드는 상수를 사용해서 반복을 줄이는 기법을 동일하게 타입 시스템에 적용한 것입니다. 중복된 타입 찾기가 항상 쉬운 일은 아닙니다. 중복된 타입은 종종 문법에 의해서 가려지기도 합니다. 예를 들어, 몇몇 함수가 같은 타입 시그니처를 공유하고 있다고 해 보겠습니다.

```
function get(url: string, opts: Options): Promise<Response> { /* ... */ }
function post(url: string, opts: Options): Promise<Response> { /* ... */ }
```

그러면 해당 시그니처를 명명된 타입으로 분리해 낼 수 있습니다.

```
type HTTPFunction = (url: string, opts: Options) => Promise<Response>;
const get: HTTPFunction = (url, opts) => { /* ... */ };
const post: HTTPFunction = (url, opts) => { /* ... */ };
```

(명명된 타입과 관련해서 아이템 12에서 자세히 다룹니다.)

Person/PersonWithBirthDate 예제에서는 한 인터페이스가 다른 인터페이스를 확장하게 해서 반복을 제거할 수 있습니다.

```
interface Person {
  firstName: string;
  lastName: string;
}

interface PersonWithBirthDate extends Person {
  birth: Date;
}
```

이제 추가적인 필드만 작성하면 됩니다. 만약 두 인터페이스가 필드의 부분 집합을 공유한다면, 공통 필드만 골라서 기반 클래스로 분리해 낼 수 있습니다. 코드 중복의 경우와 비교하면, 3.141593과 6.283185 대신에 PI와 2*PI로 작성하는 것과 비슷한 이치입니다.

이미 존재하는 타입을 확장하는 경우에, 일반적이지는 않지만 인터섹션 연산자(&)를 쓸 수도 있습니다.

```
type PersonWithBirthDate = Person & { birth: Date };
```

이런 기법은 유니온 타입(확장할 수 없는)에 속성을 추가하려고 할 때 특히 유용합니다. 유니온 타입은 아이템 13에서 자세히 다룹니다.

이제 다른 측면을 생각해 보겠습니다. 전체 애플리케이션의 상태를 표현하는 State 타입과 단지 부분만 표현하는 TopNavState가 있는 경우를 살펴보겠습니다.

```
interface State {
  userId: string;
  pageTitle: string;
  recentFiles: string[];
  pageContents: string;
}
```

```
interface TopNavState {
  userId: string;
  pageTitle: string;
  recentFiles: string[];
}
```

TopNavState를 확장하여 State를 구성하기보다, State의 부분 집합으로 Top
NavState를 정의하는 것이 바람직해 보입니다. 이 방법이 전체 앱의 상태를 하
나의 인터페이스로 유지할 수 있게 해 줍니다.

State를 인덱싱하여 속성의 타입에서 중복을 제거할 수 있습니다.

```
type TopNavState = {
  userId: State['userId'];
  pageTitle: State['pageTitle'];
  recentFiles: State['recentFiles'];
};
```

중복 제거가 아직 끝나지 않았습니다. State 내의 pageTitle의 타입이 바뀌면
TopNavState에도 반영됩니다. 그러나 여전히 반복되는 코드가 존재합니다. 이
때 '매핑된 타입'을 사용하면 좀 더 나아집니다.

```
type TopNavState = {
  [k in 'userId' | 'pageTitle' | 'recentFiles']: State[k]
};
```

TopNavState에 마우스를 올리면 정의가 표시되는데, 이 정의는 앞의 예제와 완
전히 동일합니다.

```
type TopNavState = {
    userId: string;
    pageTitle: string;
    recentFiles: string[];
}
type TopNavState = {
  [k in 'userId' | 'pageTitle' | 'recentFiles']: State[k]
}
```

그림 2-10 편집기에서 매핑된 타입의 확장된 버전을 보여 줍니다.
정의에는 변함이 없지만 중복은 덜합니다.

매핑된 타입은 배열의 필드를 루프 도는 것과 같은 방식입니다. 이 패턴은 표준 라이브러리에서도 일반적으로 찾을 수 있으며, Pick이라고 합니다.

```
type Pick<T, K> = { [k in K]: T[k] };
```

정의가 완전하지는 않지만 다음과 같이 사용할 수 있습니다.

```
type TopNavState = Pick<State, 'userId' | 'pageTitle' | 'recentFiles'>;
```

여기서 Pick은 제너릭 타입입니다. 중복된 코드를 없앤다는 관점으로, Pick을 사용하는 것은 함수를 호출하는 것에 비유할 수 있습니다. 마치 함수에서 두 개의 매개변수 값을 받아서 결괏값을 반환하는 것처럼, Pick은 T와 K 두 가지 타입을 받아서 결과 타입을 반환합니다.

태그된 유니온에서도 다른 형태의 중복이 발생할 수 있습니다. 그런데 단순히 태그를 붙이기 위해서 타입을 사용한다면 어떨지 생각해 보겠습니다.

```
interface SaveAction {
  type: 'save';
  // ...
}
interface LoadAction {
  type: 'load';
  // ...
}
type Action = SaveAction | LoadAction;
type ActionType = 'save' | 'load';  // 타입의 반복!
```

Action 유니온을 인덱싱하면 타입 반복 없이 ActionType을 정의할 수 있습니다.

```
type ActionType = Action['type'];  // 타입은 "save" | "load"
```

Action 유니온에 타입을 더 추가하면 ActionType은 자동적으로 그 타입을 포함합니다. ActionType은 Pick을 사용하여 얻게 되는, type 속성을 가지는 인터페이스와는 다릅니다.

```
type ActionRec = Pick<Action, 'type'>;  // {type: "save" | "load"}
```

한편 생성하고 난 다음에 업데이트가 되는 클래스를 정의한다면, update 메서드 매개변수의 타입은 생성자와 동일한 매개변수이면서, 타입 대부분이 선택적 필드가 됩니다.

```
interface Options {
  width: number;
  height: number;
  color: string;
  label: string;
}
interface OptionsUpdate {
  width?: number;
  height?: number;
  color?: string;
  label?: string;
}
class UIWidget {
  constructor(init: Options) { /* ... */ }
  update(options: OptionsUpdate) { /* ... */ }
}
```

매핑된 타입과 keyof를 사용하면 Options으로부터 OptionsUpdate를 만들 수 있습니다.

```
type OptionsUpdate = {[k in keyof Options]?: Options[k]};
```

keyof는 타입을 받아서 속성 타입의 유니온을 반환합니다.

```
type OptionsKeys = keyof Options;
// 타입이 "width" | "height" | "color" | "label"
```

매핑된 타입([k in keyof Options])은 순회하며 Options 내 k 값에 해당하는 속성이 있는지 찾습니다. ?는 각 속성을 선택적으로 만듭니다. 이 패턴 역시 아주 일반적이며 표준 라이브러리에 Partial이라는 이름으로 포함되어 있습니다.

```
class UIWidget {
  constructor(init: Options) { /* ... */ }
  update(options: Partial<Options>) { /* ... */ }
}
```

값의 형태에 해당하는 타입을 정의하고 싶을 때도 있습니다.

```
const INIT_OPTIONS = {
  width: 640,
  height: 480,
  color: '#00FF00',
  label: 'VGA',
};
interface Options {
  width: number;
  height: number;
  color: string;
  label: string;
}
```

이런 경우 typeof를 사용하면 됩니다.

```
type Options = typeof INIT_OPTIONS;
```

이 코드는 자바스크립트의 런타임 연산자 typeof를 사용한 것처럼 보이지만, 실제로는 타입스크립트 단계에서 연산되며 훨씬 더 정확하게 타입을 표현합니다. (typeof에 대한 자세한 내용은 아이템 8에서 다룹니다.) 그런데 값으로부터 타입을 만들어 낼 때는 선언의 순서에 주의해야 합니다. 타입 정의를 먼저 하고 값이 그 타입에 할당 가능하다고 선언하는 것이 좋습니다. 그렇게 해야 타입이 더 명확해지고, 예상하기 어려운 타입 변동을 방지할 수 있습니다(아이템 21).

함수나 메서드의 반환 값에 명명된 타입을 만들고 싶을 수도 있습니다.

```
function getUserInfo(userId: string) {
  // ...
  return {
    userId,
    name,
    age,
    height,
    weight,
    favoriteColor,
  };
}
// 추론된 반환 타입은 { userId: string; name: string; age: number, ... }
```

이때는 조건부 타입(아이템 50)이 필요합니다. 그러나 앞에서 살펴본 것처럼, 표준 라이브러리에는 이러한 일반적 패턴의 제너릭 타입이 정의되어 있습니다. 이런 경우 ReturnType 제너릭이 정확히 들어맞습니다.

```typescript
type UserInfo = ReturnType<typeof getUserInfo>;
```

ReturnType은 함수의 '값'인 getUserInfo가 아니라 함수의 '타입'인 typeof getUserInfo에 적용되었습니다. typeof와 마찬가지로 이런 기법은 신중하게 사용해야 합니다. 적용 대상이 값인지 타입인지 정확히 알고, 구분해서 처리해야 합니다.

제너릭 타입은 타입을 위한 함수와 같습니다. 그리고 함수는 코드에 대한 DRY 원칙을 지킬 때 유용하게 사용됩니다. 따라서 타입에 대한 DRY 원칙의 핵심이 제너릭이라는 것은 어쩌면 당연해 보이는데, 간과한 부분이 있습니다. 함수에서 매개변수로 매핑할 수 있는 값을 제한하기 위해 타입 시스템을 사용하는 것처럼 제너릭 타입에서 매개변수를 제한할 수 있는 방법이 필요합니다.

제너릭 타입에서 매개변수를 제한할 수 있는 방법은 extends를 사용하는 것입니다. extends를 이용하면 제너릭 매개변수가 특정 타입을 확장한다고 선언할 수 있습니다. 예를 들어 보겠습니다.

```typescript
interface Name {
  first: string;
  last: string;
}
type DancingDuo<T extends Name> = [T, T];

const couple1: DancingDuo<Name> = [
  {first: 'Fred', last: 'Astaire'},
  {first: 'Ginger', last: 'Rogers'}
];  // OK
const couple2: DancingDuo<{first: string}> = [
                        // ~~~~~~~~~~~~~~
                        // 'Name' 타입에 필요한 'last' 속성이
                        // '{ first: string; }' 타입에 없습니다.
  {first: 'Sonny'},
  {first: 'Cher'}

];
```

{first: string}은 Name을 확장하지 않기 때문에 오류가 발생합니다.

 현재의 타입스크립트에서는 선언부에 항상 제너릭 매개변수를 작성하도록 되어 있습니다. DancingDuo\<Name> 대신 DancingDuo를 쓰면 동작하지 않습니다. 타입스크립트가 제너릭 매개변수의 타입을 추론하게 하기 위해, 함수를 작성할 때는 신중하게 타입을 고려해야 합니다.

```
const dancingDuo = <T extends Name>(x: DancingDuo<T>) => x;
const couple1 = dancingDuo([
  {first: 'Fred', last: 'Astaire'},
  {first: 'Ginger', last: 'Rogers'}
]);
const couple2 = dancingDuo([
  {first: 'Bono'},
// ~~~~~~~~~~~~~~
  {first: 'Prince'}
// ~~~~~~~~~~~~~~~~
//     'Name' 타입에 필요한 'last' 속성이
//     '{ first: string; }' 타입에 없습니다.
]);
```

앞에 나온 Pick의 정의는 extends를 사용해서 완성할 수 있습니다. 타입 체커를 통해 기존 예제를 실행해 보면 오류가 발생합니다.

```
type Pick<T, K> = {
  [k in K]: T[k]
    // ~ 'K' 타입은 'string | number | symbol' 타입에 할당할 수 없습니다.
};
```

K는 T 타입과 무관하고 범위가 너무 넓습니다. K는 인덱스로 사용될 수 있는 string | number | symbol이 되어야 하며 실제로는 범위를 조금 더 좁힐 수 있습니다. K는 실제로 T의 키의 부분 집합, 즉 keyof T가 되어야 합니다.

```
type Pick<T, K extends keyof T> = {
  [k in K]: T[k]
};  // 정상
```

타입(아이템 7)이 값의 집합이라는 관점에서 생각하면 extends를 '확장'이 아니라 '부분 집합'이라는 걸 이해하는 데 도움이 될 겁니다.

점점 더 추상적인 타입을 다루고 있지만, 원래의 목표를 잊으면 안 됩니다. 원래의 목표는 유효한 프로그램은 통과시키고 무효한 프로그램에는 오류를 발생시키는 것입니다. 이번 경우의 목표는 바로 Pick에 잘못된 키를 넣으면 오류가 발생해야 한다는 것입니다.

```
type FirstLast = Pick<Name, 'first' | 'last'>;  // 정상
type FirstMiddle = Pick<Name, 'first' | 'middle'>;
                      // ~~~~~~~~~~~~~~~~~~
                      // '"middle"' 형식은
                      // '"first" | "last"' 형식에 할당할 수 없습니다.
```

값 공간에서와 마찬가지로 반복적인 코드는 타입 공간에서도 좋지 않습니다. 타입 공간에서 반복을 줄이려는 작업들은 프로그램 로직에서 하던 작업만큼 익숙하지는 않겠지만, 배울 만한 가치가 있습니다. 반복하지 않도록 주의해야 합니다.

**요약**

- DRY(don't repeat yourself) 원칙을 타입에도 최대한 적용해야 합니다.
- 타입에 이름을 붙여서 반복을 피해야 합니다. extends를 사용해서 인터페이스 필드의 반복을 피해야 합니다.
- 타입들 간의 매핑을 위해 타입스크립트가 제공한 도구들을 공부하면 좋습니다. 여기에는 keyof, typeof, 인덱싱, 매핑된 타입들이 포함됩니다.
- 제너릭 타입은 타입을 위한 함수와 같습니다. 타입을 반복하는 대신 제너릭 타입을 사용하여 타입들 간에 매핑을 하는 것이 좋습니다. 제너릭 타입을 제한하려면 extends를 사용하면 됩니다.
- 표준 라이브러리에 정의된 Pick, Partial, ReturnType 같은 제너릭 타입에 익숙해져야 합니다.

## 아이템 15 동적 데이터에 인덱스 시그니처 사용하기

자바스크립트의 장점 중 하나는 바로 객체를 생성하는 문법이 간단하다는 것입니다.

```
const rocket = {
  name: 'Falcon 9',
  variant: 'Block 5',
  thrust: '7,607 kN',
};
```

자바스크립트 객체는 문자열 키를 타입의 값에 관계없이 매핑합니다. 타입스크립트에서는 타입에 '인덱스 시그니처'를 명시하여 유연하게 매핑을 표현할 수 있습니다.

```
type Rocket = {[property: string]: string};
const rocket: Rocket = {
  name: 'Falcon 9',
  variant: 'v1.0',
  thrust: '4,940 kN',
};  // 정상
```

[property: string]: string이 인덱스 시그니처이며, 다음 세 가지 의미를 담고 있습니다.

- 키의 이름: 키의 위치만 표시하는 용도입니다. 타입 체커에서는 사용하지 않기 때문에 무시할 수 있는 참고 정보라고 생각해도 됩니다.
- 키의 타입: string이나 number 또는 symbol의 조합이어야 하지만, 보통은 string을 사용합니다(아이템 16).
- 값의 타입: 어떤 것이든 될 수 있습니다.

이렇게 타입 체크가 수행되면 네 가지 단점이 드러납니다.

- 잘못된 키를 포함해 모든 키를 허용합니다. name 대신 Name으로 작성해도 유효한 Rocket 타입이 됩니다.
- 특정 키가 필요하지 않습니다. {}도 유효한 Rocket 타입입니다.
- 키마다 다른 타입을 가질 수 없습니다. 예를 들어, thrust는 string이 아니라 number여야 할 수도 있습니다.
- 타입스크립트 언어 서비스는 다음과 같은 경우에 도움이 되지 못합니다. name:을 입력할 때, 키는 무엇이든 가능하기 때문에 자동 완성 기능이 동작하지 않습니다.

결론을 내려 보겠습니다. 인덱스 시그니처는 부정확하므로 더 나은 방법을 찾아야 합니다. 예를 들어 다음 경우에는 Rocket이 인터페이스여야 합니다.

```
interface Rocket {
  name: string;
  variant: string;
  thrust_kN: number;
}
const falconHeavy: Rocket = {
  name: 'Falcon Heavy',
  variant: 'v1',
  thrust_kN: 15_200
};
```

thrust_kN은 number 타입이며, 타입스크립트는 모든 필수 필드가 존재하는지 확인합니다. 이제 타입스크립트에서 제공하는 언어 서비스를 모두 사용할 수 있게 되었습니다. 자동완성, 정의로 이동, 이름 바꾸기 등이 모두 동작합니다.

인덱스 시그니처는 동적 데이터를 표현할 때 사용합니다. 예를 들어 CSV 파일처럼 헤더 행(row)에 열(column) 이름이 있고, 데이터 행을 열 이름과 값으로 매핑하는 객체로 나타내고 싶은 경우입니다.

```
function parseCSV(input: string): {[columnName: string]: string}[] {
  const lines = input.split('\n');
  const [header, ...rows] = lines;
  const headerColumns = header.split(',');
  return rows.map(rowStr => {
    const row: {[columnName: string]: string} = {};
    rowStr.split(',').forEach((cell, i) => {
      row[headerColumns[i]] = cell;
    });
    return row;
  });
}
```

일반적인 상황에서 열 이름이 무엇인지 미리 알 방법은 없습니다. 이럴 때는 인덱스 시그니처를 사용합니다. 반면에 열 이름을 알고 있는 특정한 상황에 parseCSV가 사용된다면, 미리 선언해 둔 타입으로 단언문을 사용합니다.

```
interface ProductRow {
  productId: string;
  name: string;
  price: string;
}

declare let csvData: string;
const products = parseCSV(csvData) as unknown as ProductRow[];
```

물론 선언해 둔 열들이 런타임에 실제로 일치한다는 보장은 없습니다. 이 부분이 걱정된다면 값 타입에 undefined를 추가할 수 있습니다.

```
function safeParseCSV(
  input: string
): {[columnName: string]: string | undefined}[] {
  return parseCSV(input);
}
```

이제 모든 열의 undefined 여부를 체크해야 합니다.

```
const rows = parseCSV(csvData);
const prices: {[produt: string]: number} = {};
for (const row of rows) {
  prices[row.productId] = Number(row.price);
}

const safeRows = safeParseCSV(csvData);
for (const row of safeRows) {
  prices[row.productId] = Number(row.price);
      // ~~~~~~~~~~~~ 'undefined' 형식을 인덱스 형식으로 사용할 수 없습니다.
}
```

물론 체크를 추가해야 하기에 작업이 조금 번거로울 수 있습니다. undefined를 타입에 추가할지는 상황에 맞게 판단해야 합니다.

연관 배열(associative array)의 경우, 객체에 인덱스 시그니처를 사용하는 대신 Map 타입을 사용하는 것을 고려할 수 있습니다. 이는 프로토타입 체인과 관련된 유명한 문제를 우회합니다. 구체적인 예시를 아이템 58에서 볼 수 있습니다.

어떤 타입에 가능한 필드가 제한되어 있는 경우라면 인덱스 시그니처로 모델링하지 말아야 합니다. 예를 들어 데이터에 A, B, C, D 같은 키가 있지만, 얼마나 많이 있는지 모른다면 선택적 필드 또는 유니온 타입으로 모델링하면 됩니다.

```
interface Row1 { [column: string]: number }                    // 너무 광범위
interface Row2 { a: number; b?: number; c?: number; d?: number }  // 최선
type Row3 =
    | { a: number; }
    | { a: number; b: number; }
    | { a: number; b: number; c: number; }
    | { a: number; b: number; c: number; d: number };  // 가장 정확하지만 사용하기 번거로움
```

마지막 형태가 가장 정확하지만, 사용하기에는 조금 번거롭습니다.

string 타입이 너무 광범위해서 인덱스 시그니처를 사용하는 데 문제가 있다면, 두 가지 다른 대안을 생각해 볼 수 있습니다.

첫 번째, Record를 사용하는 방법입니다. Record는 키 타입에 유연성을 제공하는 제너릭 타입입니다. 특히, string의 부분 집합을 사용할 수 있습니다.

```
type Vec3D = Record<'x' | 'y' | 'z', number>;
// Type Vec3D = {
//   x: number;
//   y: number;
//   z: number;
// }
```

두 번째, 매핑된 타입을 사용하는 방법입니다. 매핑된 타입은 키마다 별도의 타입을 사용하게 해 줍니다.

```
type Vec3D = {[k in 'x' | 'y' | 'z']: number};
// Type Vec3D = {
//   x: number;
//   y: number;
//   z: number;
// }
type ABC = {[k in 'a' | 'b' | 'c']: k extends 'b' ? string : number};
// Type ABC = {
//   a: number;
//   b: string;
//   c: number;
// }
```

(앞의 예제를 보면 조건부 타입(? 연산자)이 등장합니다. 조건부 타입은 아이템 50에서 자세히 다룹니다.)

**요약**

- 런타임 때까지 객체의 속성을 알 수 없을 경우에만(예를 들어 CSV 파일에서 로드하는 경우) 인덱스 시그니처를 사용하도록 합니다.
- 안전한 접근을 위해 인덱스 시그니처의 값 타입에 undefined를 추가하는 것을 고려해야 합니다.
- 가능하다면 인터페이스, Record, 매핑된 타입 같은 인덱스 시그니처보다 정확한 타입을 사용하는 것이 좋습니다.

## 아이템 16 number 인덱스 시그니처보다는 Array, 튜플, ArrayLike를 사용하기

자바스크립트는 이상하게 동작하기로 유명한 언어입니다. 그중 가장 악명 높은 것은 암시적 타입 강제와 관련된 부분입니다.

```
> "0" == 0
true
```

다행히도 암시적 타입 강제와 관련된 문제는 대부분 ===와 !==를 사용해서 해결이 가능합니다.

자바스크립트 객체 모델에도 이상한 부분들이 있으며, 이 중 일부는 타입스크립트 타입 시스템으로 모델링되기 때문에 자바스크립트 객체 모델을 이해하는 것이 중요합니다. 이미 아이템 10에서 다룬 객체 래퍼 타입에서 이러한 이상한 특징을 살펴보았습니다. 이번 아이템에서는 또 다른 이상한 점들을 다룹니다.

자바스크립트에서 객체란 키/값 쌍의 모음입니다. 키는 보통 문자열입니다(ES2015 이후로는 심벌일 수 있습니다). 그리고 값은 어떤 것이든 될 수 있습니다.

파이썬이나 자바에서 볼 수 있는 '해시 가능' 객체라는 표현이 자바스크립트에는 없습니다. 만약 더 복잡한 객체를 키로 사용하려고 하면, toString 메서드가 호출되어 객체가 문자열로 변환됩니다.

```
> x = {}
{}
> x[[1, 2, 3]] = 2
2
> x
{ '1,2,3': 1 }
```

특히, 숫자는 키로 사용할 수 없습니다. 만약 속성 이름으로 숫자를 사용하려고 하면, 자바스크립트 런타임은 문자열로 변환할 겁니다.

```
> { 1: 2, 3: 4 }
{ '1': 2, '3': 4 }
```

이번엔 배열을 알아보겠습니다. 배열은 분명히 객체입니다.

```
> typeof []
'object'
```

그러니 숫자 인덱스를 사용하는 것이 당연합니다.

```
> x = [1, 2, 3]
[ 1, 2, 3 ]
> x[0]
1
```

이상하게 보일지 모르지만, 앞의 인덱스들은 문자열로 변환되어 사용됩니다. 문자열 키를 사용해도 역시 배열의 요소에 접근할 수 있습니다.

```
> x['1']
2
```

Object.keys를 이용해 배열의 키를 나열해 보면, 키가 문자열로 출력됩니다.

```
> Object.keys(x)
[ '0', '1', '2' ]
```

타입스크립트는 이러한 혼란을 바로잡기 위해 숫자 키를 허용하고, 문자열 키와 다른 것으로 인식합니다. Array에 대한 타입 선언은(아이템 6), *lib.es5.d.ts*에서 확인할 수 있습니다.

```
interface Array<T> {
  // ...
  [n: number]: T;
}
```

런타임에는 ECMAScript 표준이 서술하는 것처럼 문자열 키로 인식하므로 이코드는 완전히 가상이라고 할 수 있지만, 타입 체크 시점에 오류를 잡을 수 있어 유용합니다.

```
const xs = [1, 2, 3];
const x0 = xs[0];  // OK
const x1 = xs['1'];
            // ~~~ 인덱스 식이 'number' 형식이 아니므로
            //     요소에 암시적으로 'any' 형식이 있습니다.

function get<T>(array: T[], k: string): T {
  return array[k];
            // ~ 인덱스 식이 'number' 형식이 아니므로
            //   요소에 암시적으로 'any' 형식이 있습니다.
}
```

다시 한번 말하지만, 이 코드는 실제로 동작하지 않습니다. 그리고 타입스크립트 타입 시스템의 다른 것들과 마찬가지로, 타입 정보는 런타임에 제거됩니다(아이템 3). 한편 Object.keys 같은 구문은 여전히 문자열로 반환됩니다.

```
const keys = Object.keys(xs);  // 타입이 string[]
for (const key in xs) {
  key;                         // 타입이 string
  const x = xs[key];           // 타입이 number
}
```

string이 number에 할당될 수 없기 때문에, 예제의 마지막 줄이 동작하는 것이 이상하게 보일 겁니다. 배열을 순회하는 코드 스타일에 대한 실용적인 허용이라고 생각하는 것이 좋습니다. 자바스크립트에서는 흔한 일이지만, 이 예제가

배열을 순회하기에 좋은 방법은 아닙니다. 인덱스에 신경 쓰지 않는다면, for-of를 사용하는 게 더 좋습니다.

```
for (const x of xs) {
  x;  // 타입이 number
}
```

만약 인덱스의 타입이 중요하다면, number 타입을 제공해 줄 Array.prototype.forEach를 사용하면 됩니다.

```
xs.forEach((x, i) => {
  i;  // 타입이 number
  x;  // 타입이 number
});
```

루프 중간에 멈춰야 한다면, C 스타일인 for(;;) 루프를 사용하는 것이 좋습니다.

```
for (let i = 0; i < xs.length; i++) {
  const x = xs[i];
  if (x < 0) break;
}
```

타입이 불확실하다면, (대부분의 브라우저와 자바스크립트 엔진에서) for-in 루프는 for-of 또는 C 스타일 for 루프에 비해 몇 배나 느립니다.

다시 배열 이야기로 돌아오겠습니다. 인덱스 시그니처가 number로 표현되어 있다면 입력한 값이 number여야 한다는 것을 의미하지만(for-in 루프는 확실히 제외하고), 실제 런타임에 사용되는 키는 string 타입입니다.

이 부분이 혼란스럽게 느껴질 수 있습니다. 일반적으로 string 대신 number를 타입의 인덱스 시그니처로 사용할 이유는 많지 않습니다. 만약 숫자를 사용하여 인덱스할 항목을 지정한다면 Array 또는 튜플 타입을 대신 사용하게 될 겁니다. number를 인덱스 타입으로 사용하면 숫자 속성이 어떤 특별한 의미를 지닌다는 오해를 불러 일으킬 수 있습니다.

한편 Array 타입이 사용하지도 않을 push나 concat 같은 다른 속성(프로토타입에서 온)을 가지는 게 납득하기 어려울 수 있습니다. 납득하기 어렵다는 것은 구조적인 고려를 하고 있다는 뜻이기 때문에 타입스크립트를 잘 이해하고 있다고 볼 수 있습니다(아이템 4에서 다룹니다).

어떤 길이를 가지는 배열과 비슷한 형태의 튜플을 사용하고 싶다면 타입스크립트에 있는 ArrayLike 타입을 사용합니다.

```typescript
function checkedAccess<T>(xs: ArrayLike<T>, i: number): T {
  if (i < xs.length) {
    return xs[i];
  }
  throw new Error(`배열의 끝을 지나서 ${i}를 접근하려고 했습니다.`)
}
```

이 예제는 길이와 숫자 인덱스 시그니처만 있습니다. 이런 경우가 실제로는 드물기는 하지만 필요하다면 ArrayLike를 사용해야 합니다. 그러나 ArrayLike를 사용하더라도 키는 여전히 문자열이라는 점을 잊지 말아야 합니다.

```typescript
const tupleLike: ArrayLike<string> = {
  '0': 'A',
  '1': 'B',
  length: 2,
};  // 정상
```

**요약**

- 배열은 객체이므로 키는 숫자가 아니라 문자열입니다. 인덱스 시그니처로 사용된 number 타입은 버그를 잡기 위한 순수 타입스크립트 코드입니다.
- 인덱스 시그니처에 number를 사용하기보다 Array나 튜플, 또는 ArrayLike 타입을 사용하는 것이 좋습니다.

## 아이템 17 변경 관련된 오류 방지를 위해 readonly 사용하기

다음은 삼각수(triangular number, 1, 1+2, 1+2+3 …)를 출력하는 코드입니다.

```typescript
function printTriangles(n: number) {
  const nums = [];
  for (let i = 0; i < n; i++) {
    nums.push(i);
```

```
    console.log(arraySum(nums));
  }
}
```

코드는 간단합니다. 그러나 실행해 보면 문제가 발생합니다.

```
> printTriangles(5)
0
1
2
3
4
```

arraySum이 nums을 변경하지 않는다고 간주해서 문제가 발생했습니다. 이 문제
는 다음 코드와 같이 해결할 수 있습니다.

```
function arraySum(arr: number[]) {
  let sum = 0, num;
  while ((num = arr.pop()) !== undefined) {
    sum += num;
  }
  return sum;
}
```

이 함수는 배열 안의 숫자들을 모두 합칩니다. 그런데 계산이 끝나면 원래 배
열이 전부 비게 됩니다. 자바스크립트 배열은 내용을 변경할 수 있기 때문에,
타입스크립트에서도 역시 오류 없이 통과하게 됩니다.

오류의 범위를 좁히기 위해 arraySum이 배열을 변경하지 않는다는 선언을 해
보겠습니다. readonly 접근 제어자를 사용하면 됩니다.

```
function arraySum(arr: readonly number[]) {
  let sum = 0, num;
  while ((num = arr.pop()) !== undefined) {
              // ~~~ 'readonly number[]' 형식에 'pop' 속성이 없습니다.
    sum += num;
  }
  return sum;
}
```

이 오류 메시지를 자세히 살펴보겠습니다. readonly number[]는 '타입'이고,

number[]와 구분되는 몇 가지 특징이 있습니다.

- 배열의 요소를 읽을 수 있지만, 쓸 수는 없습니다.
- length를 읽을 수 있지만, 바꿀 수는 없습니다(배열을 변경함).
- 배열을 변경하는 pop을 비롯한 다른 메서드를 호출할 수 없습니다.

number[]는 readonly number[]보다 기능이 많기 때문에, readonly number[]의 서브타입이 됩니다. (아이템 7의 내용을 떠올려 보면 쉽게 이해할 수 있습니다.) 따라서 변경 가능한 배열을 readonly 배열에 할당할 수 있습니다. 하지만 그 반대는 불가능합니다.

```
const a: number[] = [1, 2, 3];
const b: readonly number[] = a;
const c: number[] = b;
    // ~ 'readonly number[]' 타입은 'readonly'이므로
    //   변경 가능한 'number[]' 타입에 할당될 수 없습니다.
```

타입 단언문 없이 readonly 접근제어자를 제거할 수 있다면 readonly는 쓸모없을 것이므로 여기서 오류가 발생하는 게 이치에 맞습니다.

매개변수를 readonly로 선언하면 다음과 같은 일이 생깁니다.

- 타입스크립트는 매개변수가 함수 내에서 변경이 일어나는지 체크합니다.
- 호출하는 쪽에서는 함수가 매개변수를 변경하지 않는다는 보장을 받게 됩니다.
- 호출하는 쪽에서 함수에 readonly 배열을 매개변수로 넣을 수도 있습니다.

자바스크립트에서는(타입스크립트에서도 마찬가지) 명시적으로 언급하지 않는 한, 함수가 매개변수를 변경하지 않는다고 가정합니다. 그러나 이러한 암묵적인 방법은 타입 체크에 문제를 일으킬 수 있습니다(자세한 내용은 아이템 30과 아이템 31에서 다룹니다). 명시적인 방법을 사용하는 것이 컴파일러와 사람 모두에게 좋습니다.

앞 예제의 arraySum을 고치는 방법은 간단합니다. 배열을 변경하지 않으면 됩니다.

```
function arraySum(arr: readonly number[]) {
  let sum = 0;
  for (const num of arr) {
    sum += num;
  }
  return sum;
}
```

이제 printTriangles이 제대로 동작합니다.

```
> printTriangles(5)
0
1
3
6
10
```

만약 함수가 매개변수를 변경하지 않는다면, readonly로 선언해야 합니다. 더 넓은 타입으로 호출할 수 있고(아이템 29), 의도치 않은 변경은 방지될 것입니다. 이로 인한 단점은 상대적으로 적습니다.

군이 찾아보자면 매개변수가 readonly로 선언되지 않은 함수를 호출해야 할 경우도 있다는 것입니다. 만약 함수가 매개변수를 변경하지 않고도 제어가 가능하다면 readonly로 선언하면 됩니다. 그런데 어떤 함수를 readonly로 만들면, 그 함수를 호출하는 다른 함수도 모두 readonly로 만들어야 합니다. 그러면 인터페이스를 명확히 하고 타입 안전성을 높일 수 있기 때문에 꼭 단점이라고 볼 순 없습니다. 그러나 다른 라이브러리에 있는 함수를 호출하는 경우라면, 타입 선언을 바꿀 수 없으므로 타입 단언문(as number[])을 사용해야 합니다.

readonly를 사용하면 지역 변수와 관련된 모든 종류의 변경 오류를 방지할 수 있습니다. 예를 들어 소설(novel)에 다양한 처리를 하는 프로그램을 만든다고 가정해 보겠습니다. 연속된 행을 가져와서 빈 줄을 기준으로 구분되는 단락으로 나누는 기능을 하는 프로그램입니다.

```
Frankenstein; or, The Modern Prometheus
by Mary Shelley

You will rejoice to hear that no disaster has accompanied the commencement
```

of an enterprise which you have regarded with such evil forebodings. I
arrived here yesterday, and my first task is to assure my dear sister of
my welfare and increasing confidence in the success of my undertaking.

I am already far north of London, and as I walk in the streets of
Petersburgh, I feel a cold northern breeze play upon my cheeks, which
braces my nerves and fills me with delight.

다음처럼 구현해 볼 수 있습니다.[3]

```typescript
function parseTaggedText(lines: string[]): string[][] {
  const paragraphs: string[][] = [];
  const currPara: string[] = [];

  const addParagraph = () => {
    if (currPara.length) {
      paragraphs.push(currPara);
      currPara.length = 0;   // 배열을 비움
    }
  };

  for (const line of lines) {
    if (!line) {
      addParagraph();
    } else {
      currPara.push(line);
    }
  }
  addParagraph();
  return paragraphs;
}
```

앞의 소설을 입력으로 넣고 실행하면, 다음처럼 출력됩니다.

`[ [], [], [] ]`

완전히 잘못되었습니다.

이 코드의 문제점은 별칭(아이템 24)과 변경을 동시에 사용해 발생했습니다.
별칭은 다음 행에서 발생합니다.

---

3    실제로는 `lines.join('\n').split(/\n\n+/)`로만 작성하면 됩니다.

```
paragraphs.push(currPara);
```

currPara의 내용이 삽입되지 않고 배열의 참조가 삽입되었습니다. currPara에 새 값을 채우거나 지운다면 동일한 객체를 참조하고 있는 paragraphs 요소에도 변경이 반영됩니다.

결국 다음 코드가 문제의 핵심입니다.

```
paragraphs.push(currPara);
currPara.length = 0;  // 배열을 비움
```

이 코드는 새 단락을 paragraphs에 삽입하고 바로 지워 버립니다.

문제는 currPara.length를 수정하고 currPara.push를 호출하면 둘 다 curr Para 배열을 변경한다는 점입니다. currPara를 readonly로 선언하여 이런 동작을 방지할 수 있습니다. 선언을 바꾸는 즉시 코드 내에서 몇 가지 오류가 발생하게 됩니다.

```
function parseTaggedText(lines: string[]): string[][] {
  const currPara: readonly string[] = [];
  const paragraphs: string[][] = [];

  const addParagraph = () => {
    if (currPara.length) {
      paragraphs.push(
        currPara
     // ~~~~~~~~ 'readonly string[]' 형식의 인수는
     //              'string[]' 형식의 매개변수에 할당될 수 없습니다.
      );
      currPara.length = 0;  // 요소를 비움
             // ~~~~~~ 읽기 전용 속성이기 때문에 'length'에 할당할 수 없습니다.
    }
  };

  for (const line of lines) {
    if (!line) {
      addParagraph();
    } else {
      currPara.push(line);
           // ~~~ 'readonly string[]' 형식에 'push' 속성이 없습니다.
    }
  }
```

```
    addParagraph();
    return paragraphs;
}
```

currPara를 let으로 선언하고 변환이 없는 메서드를 사용함으로써 두 개의 오류를 고칠 수 있습니다.

```
let currPara: readonly string[] = [];
// ...
currPara = [];   // 배열을 비움
// ...
currPara = currPara.concat([line]);
```

push와 달리 concat은 원본을 수정하지 않고 새 배열을 반환합니다. 선언부를 const에서 let으로 바꾸고 readonly를 추가함으로써 한쪽의 변경 가능성을 또 다른 쪽으로 옮긴 것입니다. currPara 변수는 이제 가리키는 배열을 자유롭게 변경할 수 있지만, 그 배열 자체는 변경하지 못하게 됩니다.

여전히 paragraphs에 대한 오류는 남아 있습니다. 이 오류를 바로잡는 방법은 세 가지입니다.

첫 번째, currPara의 복사본을 만드는 방법입니다.

```
paragraphs.push([...currPara]);
```

currPara는 readonly로 유지되지만, 복사본은 원하는 대로 변경이 가능하기 때문에 오류는 사라집니다.

두 번째, paragraphs(그리고 함수의 반환 타입)를 readonly string[]의 배열로 변경하는 방법입니다.

```
const paragraphs: (readonly string[])[] = [];
```

(여기서 괄호가 중요한데, readonly string[][]은 readonly 배열의 변경 가능한 배열이 아니라 변경 가능한 배열의 readonly 배열이기 때문입니다.)

앞의 코드는 동작하지만 parseTaggedText의 사용자에게는 조금 불친절하게 느껴질 겁니다. 이미 함수가 반환한 값에 대해 영향을 끼치는 것이 맞는 방법인지 고민해 봐야 합니다.

세 번째, 배열의 readonly 속성을 제거하기 위해 단언문을 쓰는 방법입니다.

```
paragraphs.push(currPara as string[]);
```

바로 다음 문장에서 currPara를 새 배열에 할당하므로, 매우 공격적인 단언문처럼 보이지는 않습니다.

readonly는 얕게(shallow) 동작한다는 것에 유의하며 사용해야 합니다. 앞에서 이미 readonly string[][]을 봤습니다. 만약 객체의 readonly 배열이 있다면, 그 객체 자체는 readonly가 아닙니다.

```
const dates: readonly Date[] = [new Date()];
dates.push(new Date());
    // ~~~~ 'readonly Date[]' 형식에 'push' 속성이 없습니다.
dates[0].setFullYear(2037);  // 정상
```

비슷한 경우가 readonly의 사촌 격이자 객체에 사용되는 Readonly 제너릭에도 해당됩니다.

```
interface Outer {
  inner: {
    x: number;
  }
}
const o: Readonly<Outer> = { inner: { x: 0 }};
o.inner = { x: 1 };
// ~~~~ 읽기 전용 속성이기 때문에 'inner'에 할당할 수 없습니다.
o.inner.x = 1;  // 정상
```

타입 별칭을 만든 다음에 정확히 무슨 일이 일어나는지 편집기에서 살펴볼 수 있습니다.

```
type T = Readonly<Outer>;
// Type T = {
//   readonly inner: {
//   x: number;
//   };
// }
```

중요한 점은 readonly 접근제어자는 inner에 적용되는 것이지 x는 아니라는 것

입니다. 현재 시점에는 깊은(deep) readonly 타입이 기본으로 지원되지 않지만, 제너릭을 만들면 깊은 readonly 타입을 사용할 수 있습니다. 그러나 제너릭은 만들기 까다롭기 때문에 라이브러리를 사용하는 게 낫습니다. 예를 들어 ts-essentials에 있는 DeepReadonly 제너릭을 사용하면 됩니다.

인덱스 시그니처에도 readonly를 쓸 수 있습니다. 읽기는 허용하되 쓰기를 방지하는 효과가 있습니다.

```
let obj: {readonly [k: string]: number} = {};
// 또는 Readonly<{[k: string]: number}
obj.hi = 45;
 // ~~ ... 형식의 인덱스 시그니처는 읽기만 허용됩니다.
obj = {...obj, hi: 12};   // 정상
obj = {...obj, bye: 34};   // 정상
```

이 코드처럼 인덱스 시그니처에 readonly를 사용하면 객체의 속성이 변경되는 것을 방지할 수 있습니다.

### 요약

- 만약 함수가 매개변수를 수정하지 않는다면 readonly로 선언하는 것이 좋습니다. readonly 매개변수는 인터페이스를 명확하게 하며, 매개변수가 변경되는 것을 방지합니다.
- readonly를 사용하면 변경하면서 발생하는 오류를 방지할 수 있고, 변경이 발생하는 코드도 쉽게 찾을 수 있습니다.
- const와 readonly의 차이를 이해해야 합니다.
- readonly는 얕게 동작한다는 것을 명심해야 합니다.

## 아이템 18 매핑된 타입을 사용하여 값을 동기화하기

산점도(scatter plot)를 그리기 위한 UI 컴포넌트를 작성한다고 가정해 보겠습니다. 여기에는 디스플레이와 동작을 제어하기 위한 몇 가지 다른 타입의 속성이 포함됩니다.

```
interface ScatterProps {
  // The data
  xs: number[];
  ys: number[];

  // Display
  xRange: [number, number];
  yRange: [number, number];
  color: string;

  // Events
  onClick: (x: number, y: number, index: number) => void;
}
```

불필요한 작업을 피하기 위해, 필요할 때에만 차트를 다시 그릴 수 있습니다. 데이터나 디스플레이 속성이 변경되면 다시 그려야 하지만, 이벤트 핸들러가 변경되면 다시 그릴 필요가 없습니다. 이런 종류의 최적화는 리액트 컴포넌트에서는 일반적인 일인데, 렌더링할 때마다 이벤트 핸들러 Prop이 새 화살표 함수로 설정됩니다.[4]

최적화를 두 가지 방법으로 구현해 보겠습니다. 다음 예제는 첫 번째 방법입니다.

```
function shouldUpdate(
  oldProps: ScatterProps,
  newProps: ScatterProps
) {
  let k: keyof ScatterProps;
  for (k in oldProps) {
    if (oldProps[k] !== newProps[k]) {
      if (k !== 'onClick') return true;
    }
  }
  return false;
}
```

(예제의 루프에 있는 keyof 선언에 대한 설명은 아이템 54에 있습니다.)

만약 새로운 속성이 추가되면 shouldUpdate 함수는 값이 변경될 때마다 차

---

4  리액트의 useCallback 혹은 렌더링할 때마다 새 함수를 생성하지 않도록 하는 또 다른 기법입니다.

트를 다시 그릴 것입니다. 이렇게 처리하는 것을 '보수적(conservative) 접근법' 또는 '실패에 닫힌(fail close)[5] 접근법'이라고 합니다. 이 접근법을 이용하면 차트가 정확하지만 너무 자주 그려질 가능성이 있습니다.

두 번째 최적화 방법은 다음과 같습니다. '실패에 열린' 접근법을 사용했습니다.

```
function shouldUpdate(
  oldProps: ScatterProps,
  newProps: ScatterProps
) {
  return (
    oldProps.xs !== newProps.xs ||
    oldProps.ys !== newProps.ys ||
    oldProps.xRange !== newProps.xRange ||
    oldProps.yRange !== newProps.yRange ||
    oldProps.color !== newProps.color
    // (no check for onClick)
  );
}
```

이 코드는 차트를 불필요하게 다시 그리는 단점을 해결했습니다. 하지만 실제로 차트를 다시 그려야 할 경우에 누락되는 일이 생길 수 있습니다. 이는 히포크라테스 전집에 나오는 원칙 중 하나인 '우선, 망치지 말 것(first, do no harm)'을 어기기 때문에 일반적인 경우에 쓰이는 방법은 아닙니다.

앞선 두 가지 최적화 방법 모두 이상적이지 않습니다. 새로운 속성이 추가될 때 직접 shouldUpdate를 고치도록 하는 게 낫습니다. 이 내용을 주석으로 추가해 보겠습니다.

```
interface ScatterProps {
  xs: number[];
  ys: number[];
  // ...
```

---

5 (옮긴이) 실패에 닫힌 방법은 오류 발생 시에 적극적으로 대처하는 방향을 말합니다. 말 그대로 방어적, 보수적 접근법입니다. 반대로 실패에 열린 방법은 오류 발생 시에 소극적으로 대처하는 방향입니다. 만약 보안과 관련된 곳이라면 실패에 닫힌 방법을 써야 할 것이고, 기능에 무리가 없고 사용성이 중요한 곳이라면 실패에 열린 방법을 써야 할 것입니다.

```
  onClick: (x: number, y: number, index: number) => void;

  // 참고: 여기에 속성을 추가하려면, shouldUpdate를 고치세요!
}
```

그러나 이 방법 역시 최선이 아니며, 타입 체커가 대신할 수 있게 하는 것이 좋습니다.

다음은 타입 체커가 동작하도록 개선한 코드입니다. 핵심은 매핑된 타입과 객체를 사용하는 것입니다.

```
const REQUIRES_UPDATE: {[k in keyof ScatterProps]: boolean} = {
  xs: true,
  ys: true,
  xRange: true,
  yRange: true,
  color: true,
  onClick: false,
};

function shouldUpdate(
  oldProps: ScatterProps,
  newProps: ScatterProps
) {
  let k: keyof ScatterProps;
  for (k in oldProps) {
    if (oldProps[k] !== newProps[k] && REQUIRES_UPDATE[k]) {
      return true;
    }
  }
  return false;
}
```

[k in keyof ScatterProps]은 타입 체커에게 REQUIRES_UPDATE가 ScatterProps과 동일한 속성을 가져야 한다는 정보를 제공합니다. 나중에 ScatterProps에 새로운 속성을 추가하는 경우 다음 코드와 같은 형태가 될 것입니다.

```
interface ScatterProps {
  // ...
  onDoubleClick: () => void;
}
```

그리고 REQUIRES_UPDATE의 정의에 오류가 발생합니다.

```
const REQUIRES_UPDATE: {[k in keyof ScatterProps]: boolean} = {
  // ~~~~~~~~~~~~~~~~~~ 'onDoubleClick' 속성이 타입에 없습니다.
  // ...
};
```

이런 방식은 오류를 정확히 잡아 냅니다. 속성을 삭제하거나 이름을 바꾸어도 비슷한 오류가 발생합니다.

여기서 boolean 값을 가진 객체를 사용했다는 점이 중요합니다. 배열을 사용 했다면 다음과 같은 코드가 됩니다.

```
const PROPS_REQUIRING_UPDATE: (keyof ScatterProps)[] = [
  'xs',
  'ys',
  // ...
];
```

여기서 우리는 앞에서 다루었던 최적화 예제에서처럼 실패에 열린 방법을 선 택할지, 닫힌 방법을 선택할지 정해야 합니다.

매핑된 타입은 한 객체가 또 다른 객체와 정확히 같은 속성을 가지게 할 때 이상적입니다. 이번 예제처럼 매핑된 타입을 사용해 타입스크립트가 코드에 제약을 강제하도록 할 수 있습니다.

## 요약

- 매핑된 타입을 사용해서 관련된 값과 타입을 동기화하도록 합니다.
- 인터페이스에 새로운 속성을 추가할 때, 선택을 강제하도록 매핑된 타입을 고려해야 합니다.

# 3장

E f f e c t i v e   T y p e S c r i p t

# 타입 추론

산업계에서 사용되는 프로그래밍 언어들에서는 '정적 타입'과 '명시적 타입'이 전통적으로 같은 의미로 쓰였습니다. 그래서 C, C++, 자바에서는 타입을 직접 명시합니다. 그러나 학술계의 언어에서는 이 두 가지 타입을 결코 혼동해서 쓰지 않습니다. 학술계로 분류되는 ML과 하스켈 같은 언어는 오래전부터 정교한 타입 추론 시스템을 가지고 있었습니다. 학술계 언어의 발전에 대응하여 10년 전부터는 기존 산업계의 언어에도 타입 추론 기능이 추가되기 시작했습니다. C++는 auto를 추가했고, 자바는 var를 추가했습니다.

타입스크립트는 타입 추론을 적극적으로 수행합니다. 타입 추론은 수동으로 명시해야 하는 타입 구문의 수를 엄청나게 줄여 주기 때문에, 코드의 전체적인 안정성이 향상됩니다. 타입스크립트 초보자와 숙련자는 타입 구문의 수에서 차이가 납니다. 숙련된 타입스크립트 개발자는 비교적 적은 수의 구문(그러나 중요한 부분에는 사용)을 사용합니다. 반면, 초보자의 코드는 불필요한 타입 구문으로 도배되어 있을 겁니다.

3장에서는 타입 추론에서 발생할 수 있는 몇 가지 문제와 그 해법을 안내합니다. 3장을 읽은 후에는 타입스크립트가 어떻게 타입을 추론하는지, 언제 타입 선언을 작성해야 하는지, 타입 추론이 가능하더라도 명시적으로 타입 선언을 작성하는 것이 필요한 상황은 언제인지 잘 이해할 수 있을 것입니다.

## 아이템 19 추론 가능한 타입을 사용해 장황한 코드 방지하기

타입스크립트를 처음 접한 개발자가 자바스크립트 코드를 포팅할 때 가장 먼저 하는 일은 타입 구문을 넣는 것입니다. 타입스크립트가 결국 타입을 위한 언어이기 때문에, 변수를 선언할 때마다 타입을 명시해야 한다고 생각하기 때문입니다. 그러나 타입스크립트의 많은 타입 구문은 사실 불필요합니다. 다음과 같이 코드의 모든 변수에 타입을 선언하는 것은 비생산적이며 형편없는 스타일로 여겨집니다.

```
let x: number = 12;
```

다음처럼만 해도 충분합니다.

```
let x = 12;
```

편집기에서 x에 마우스를 올려 보면, 타입이 number로 이미 추론되어 있음을 확인할 수 있습니다(그림 3-1).

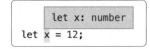

```
    let x: number
let x = 12;
```

그림 3-1 x의 추론된 타입이 number입니다.

타입 추론이 된다면 명시적 타입 구문은 필요하지 않습니다. 오히려 방해가 될 뿐입니다. 만약 타입을 확신하지 못한다면 편집기를 통해 체크하면 됩니다.

타입스크립트는 더 복잡한 객체도 추론할 수 있습니다. 다음 예제를 보겠습니다.

```
const person: {
  name: string;
  born: {
    where: string;
    when: string;
  };
  died: {
    where: string;
```

```
    when: string;
  }
} = {
  name: 'Sojourner Truth',
  born: {
    where: 'Swartekill, NY',
    when: 'c.1797',
  },
  died: {
    where: 'Battle Creek, MI',
    when: 'Nov. 26, 1883'
  }
};
```

타입을 생략하고 다음처럼 작성해도 충분합니다.

```
const person = {
  name: 'Sojourner Truth',
  born: {
    where: 'Swartekill, NY',
    when: 'c.1797',
  },
  died: {
    where: 'Battle Creek, MI',
    when: 'Nov. 26, 1883'
  }
};
```

두 예제에서 person의 타입은 동일합니다. 값에 추가로 타입을 작성하는 것은 거추장스러울 뿐입니다. (객체 리터럴에 대한 타입 추론은 아이템 21에서 추가적으로 다룹니다.)

다음 예제처럼 배열의 경우도 객체와 마찬가지입니다. 타입스크립트는 입력받아 연산을 하는 함수가 어떤 타입을 반환하는지 정확히 알고 있습니다.

```
function square(nums: number[]) {
  return nums.map(x => x * x);
}
const squares = square([1, 2, 3, 4]); // 타입은 number[]
```

타입스크립트는 여러분이 예상한 것보다 더 정확하게 추론하기도 합니다. 예를 들어 다음 코드를 보겠습니다.

```
const axis1: string = 'x';  // 타입은 string
const axis2 = 'y';          // 타입은 "y"
```

axis2 변수를 string으로 예상하기 쉽지만 타입스크립트가 추론한 "y"가 더 정확한 타입입니다. 이러한 추론이 어떻게 타입 오류를 방지하는지는 아이템 21에서 다룹니다.

타입이 추론되면 리팩터링 역시 용이해집니다. Product 타입과 기록을 위한 함수를 가정해 보겠습니다.

```
interface Product {
  id: number;
  name: string;
  price: number;
}

function logProduct(product: Product) {
  const id: number = product.id;
  const name: string = product.name;
  const price: number = product.price;
  console.log(id, name, price);
}
```

그런데 id에 문자도 들어 있을 수 있음을 나중에 알게 되었다고 가정해 보겠습니다. 그래서 Product 내의 id의 타입을 변경합니다. 그러면 logProduct 내의 id 변수 선언에 있는 타입과 맞지 않기 때문에 오류가 발생합니다.

```
interface Product {
  id: string;
  name: string;
  price: number;
}

function logProduct(product: Product) {
  const id: number = product.id;
     // ~~ 'string' 형식은 'number' 형식에 할당할 수 없습니다.
  const name: string = product.name;
  const price: number = product.price;
  console.log(id, name, price);
}
```

logProduct 함수 내의 명시적 타입 구문이 없었다면, 코드는 아무런 수정 없이도 타입 체커를 통과했을 겁니다.

logProduct는 비구조화 할당문을 사용해 구현하는 게 낫습니다(아이템 58).

```
function logProduct(product: Product) {
  const {id, name, price} = product;
  console.log(id, name, price);
}
```

비구조화 할당문은 모든 지역 변수의 타입이 추론되도록 합니다. 여기에 추가로 명시적 타입 구문을 넣는다면 불필요한 타입 선언으로 인해 코드가 번잡해집니다.

```
function logProduct(product: Product) {
  const {id, name, price}: {id: string; name: string; price: number} = product;
  console.log(id, name, price);
}
```

정보가 부족해서 타입스크립트가 스스로 타입을 판단하기 어려운 상황도 일부 있습니다. 그럴 때는 명시적 타입 구문이 필요합니다. logProduct 함수에서 매개변수 타입을 product로 명시한 경우가 그 예입니다.

어떤 언어들은 매개변수의 최종 사용처까지 참고하여 타입을 추론하지만, 타입스크립트는 최종 사용처까지 고려하지 않습니다. 타입스크립트에서 변수의 타입은 일반적으로 처음 등장할 때 결정됩니다.

이상적인 타입스크립트 코드는 함수/메서드 시그니처에 타입 구문을 포함하지만, 함수 내에서 생성된 지역 변수에는 타입 구문을 넣지 않습니다. 타입 구문을 생략하여 방해되는 것들을 최소화하고 코드를 읽는 사람이 구현 로직에 집중할 수 있게 하는 것이 좋습니다.

함수 매개변수에 타입 구문을 생략하는 경우도 간혹 있습니다. 기본값이 있는 경우를 예로 들어 보겠습니다.

```
function parseNumber(str: string, base=10) {
  // ...
}
```

여기서 기본값이 10이기 때문에 base의 타입은 number로 추론됩니다.

보통 타입 정보가 있는 라이브러리에서, 콜백 함수의 매개변수 타입은 자동으로 추론됩니다. 다음 예제에서 express HTTP 서버 라이브러리를 사용하는 request와 response의 타입 선언은 필요하지 않습니다.

```
// 이렇게 하지 맙시다.
app.get('/health', (request: express.Request, response: express.Response) => {
  response.send('OK');
});
```

```
// 이렇게 합시다.
app.get('/health', (request, response) => {
  response.send('OK');
});
```

문맥이 타입 추론을 위해 어떻게 쓰이는지 아이템 26에서 더 자세히 다룹니다.

타입이 추론될 수 있음에도 여전히 타입을 명시하고 싶은 몇 가지 상황이 있습니다. 그중 하나는 객체 리터럴을 정의할 때입니다.

```
const elmo: Product = {
  name: 'Tickle Me Elmo',
  id: '048188 627152',
  price: 28.99,
};
```

이런 정의에 타입을 명시하면, 잉여 속성 체크(아이템 11)가 동작합니다. 잉여 속성 체크는 특히 선택적 속성이 있는 타입의 오타 같은 오류를 잡는 데 효과적입니다. 그리고 변수가 사용되는 순간이 아닌 할당하는 시점에 오류가 표시되도록 해 줍니다.

만약 타입 구문을 제거한다면 잉여 속성 체크가 동작하지 않고, 객체를 선언한 곳이 아니라 객체가 사용되는 곳에서 타입 오류가 발생합니다.

```
const furby = {
  name: 'Furby',
  id: 630509430963,
  price: 35,
};
```

```
logProduct(furby);
        // ~~~~ ... 형식의 인수는 'Product' 형식의 매개변수에 할당될 수 없습니다.
        //        'id' 속성의 형식이 호환되지 않습니다.
        //        'number' 형식은 'string' 형식에 할당할 수 없습니다.
```

그러나 타입 구문을 제대로 명시한다면, 실제로 실수가 발생한 부분에 오류를
표시해 줍니다.

```
 const furby: Product = {
   name: 'Furby',
   id: 630509430963,
// ~~ 'number' 형식은 'string' 형식에 할당할 수 없습니다.
   price: 35,
 };
 logProduct(furby);
```

마찬가지로 함수의 반환에도 타입을 명시하여 오류를 방지할 수 있습니다. 타
입 추론이 가능할지라도 구현상의 오류가 함수를 호출한 곳까지 영향을 미치
지 않도록 하기 위해 타입 구문을 명시하는 게 좋습니다.

주식 시세를 조회하는 함수를 작성했다고 가정해 보겠습니다.

```
function getQuote(ticker: string) {
  return fetch(`https://quotes.example.com/?q=${ticker}`)
    .then(response => response.json());
}
```

이미 조회한 종목을 다시 요청하지 않도록 캐시를 추가합니다.

```
const cache: {[ticker: string]: number} = {};
function getQuote(ticker: string) {
  if (ticker in cache) {
    return cache[ticker];
  }
  return fetch(`https://quotes.example.com/?q=${ticker}`)
    .then(response => response.json())
    .then(quote => {
      cache[ticker] = quote;
      return quote;
    });
}
```

그런데 이 코드에는 오류가 있습니다. getQuote는 항상 Promise를 반환하므로 if 구문에는 cache[ticker]가 아니라 Promise.resolve(cache[ticker])가 반환되도록 해야 합니다. 실행해 보면 오류는 getQuote 내부가 아닌 getQuote를 호출한 코드에서 발생합니다.

```
getQuote('MSFT').then(considerBuying);
                // ~~~~ 'number | Promise<any>' 형식에 'then' 속성이 없습니다.
                //      'number' 형식에 'then' 속성이 없습니다.
```

이때 의도된 반환 타입(Promise<number>)을 명시한다면, 정확한 위치에 오류가 표시됩니다.

```
const cache: {[ticker: string]: number} = {};
function getQuote(ticker: string): Promise<number> {
  if (ticker in cache) {
    return cache[ticker];
        // ~~~~~~~~~~~~~ 'number' 형식은 'Promise<number>' 형식에
        //              할당할 수 없습니다.
  }
  // ...
}
```

반환 타입을 명시하면, 구현상의 오류가 사용자 코드의 오류로 표시되지 않습니다. (Promise와 관련된 특정 오류를 피하는 데는 async 함수가 효과적입니다. async 함수에 대한 논의는 아이템 25를 참고하기 바랍니다.)

오류의 위치를 제대로 표시해 주는 이점 외에도, 반환 타입을 명시해야 하는 이유가 두 가지 더 있습니다.

첫 번째는 반환 타입을 명시하면 함수에 대해 더욱 명확하게 알 수 있기 때문입니다. 반환 타입을 명시하려면 구현하기 전에 입력 타입과 출력 타입이 무엇인지 알아야 합니다. 추후에 코드가 조금 변경되어도 그 함수의 시그니처는 쉽게 바뀌지 않습니다. 미리 타입을 명시하는 방법은, 함수를 구현하기 전에 테스트를 먼저 작성하는 테스트 주도 개발(test driven development, TDD)과 비슷합니다. 전체 타입 시그니처를 먼저 작성하면 구현에 맞추어 주먹구구식으로 시그니처가 작성되는 것을 방지하고 제대로 원하는 모양을 얻게 됩니다.

반환값의 타입을 명시해야 하는 두 번째 이유는 명명된 타입을 사용하기 위

해서입니다. 예를 들어, 다음 함수에서는 반환 타입을 명시하지 않기로 했습니다.

```
interface Vector2D { x: number; y: number; }
function add(a: Vector2D, b: Vector2D) {
  return { x: a.x + b.x, y: a.y + b.y };
}
```

타입스크립트는 반환 타입을 { x: number; y: number; }로 추론했습니다. 이런 경우 Vector2D와 호환되지만, 입력이 Vector2D인데 반해 출력은 Vector2D가 아니기 때문에 사용자 입장에서 당황스러울 수 있습니다(그림 3-2).

```
add(a: Vector2D, b: Vector2D): { x: number; y: number; }
add()
```

그림 3-2 add 함수의 매개변수는 명명된 타입을 가지지만, 추론된 반환 타입은 그렇지 않습니다.

반환 타입을 명시하면 더욱 직관적인 표현이 됩니다. 그리고 반환 값을 별도의 타입으로 정의하면 타입에 대한 주석을 작성할 수 있어서(아이템 48), 더욱 자세한 설명이 가능합니다. 추론된 반환 타입이 복잡해질수록 명명된 타입을 제공하는 이점은 커집니다.

린터(linter)를 사용하고 있다면 eslint 규칙 중 no-inferrable-types(스펠링 주의, r이 두 개)을 사용해서 작성된 모든 타입 구문이 정말로 필요한지 확인할 수 있습니다.

**요약**

- 타입스크립트가 타입을 추론할 수 있다면 타입 구문을 작성하지 않는 게 좋습니다.
- 이상적인 경우 함수/메서드의 시그니처에는 타입 구문이 있지만, 함수 내의 지역 변수에는 타입 구문이 없습니다.
- 추론될 수 있는 경우라도 객체 리터럴과 함수 반환에는 타입 명시를 고려해야 합니다. 이는 내부 구현의 오류가 사용자 코드 위치에 나타나는 것을 방지해 줍니다.

## 아이템 20 다른 타입에는 다른 변수 사용하기

자바스크립트에서는 한 변수를 다른 목적을 가지는 다른 타입으로 재사용해도
됩니다.

```
let id = "12-34-56";
fetchProduct(id);                    // string으로 사용
id = 123456;
fetchProductBySerialNumber(id);  // number로 사용
```

반면 타입스크립트에서는 두 가지 오류가 발생합니다.

```
  let id = "12-34-56";
  fetchProduct(id);

  id = 123456;
// ~ '123456' 형식은 'string' 형식에 할당할 수 없습니다.
  fetchProductBySerialNumber(id);
                    // ~ 'string' 형식의 인수는
                    //   'number' 형식의 매개변수에 할당될 수 없습니다.
```

편집기에서 첫 번째 id 위에 마우스 커서를 올려 놓으면 무엇이 문제인지 알 수
있습니다(그림 3-3).

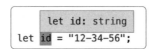

그림 3-3 추론된 id의 타입은 string입니다.

타입스크립트는 "12-34-56"이라는 값을 보고, id의 타입을 string으로 추론했
습니다. string 타입에는 number 타입을 할당할 수 없기 때문에 오류가 발생합
니다.

　여기서 "변수의 값은 바뀔 수 있지만 그 타입은 보통 바뀌지 않는다"는 중요
한 관점을 알 수 있습니다. 타입을 바꿀 수 있는 한 가지 방법은 범위를 좁히는
것인데(아이템 22), 새로운 변수값을 포함하도록 확장하는 것이 아니라 타입을
더 작게 제한하는 것입니다. 이 관점에 반하는 타입 지정 방법(아이템 41)이 있
는데, 이 방법은 어디까지나 예외이지 규칙은 아닙니다.

이제 오류가 발생한 앞의 예제를 고쳐 보겠습니다. id의 타입을 바꾸지 않으려면, string과 number를 모두 포함할 수 있도록 타입을 확장하면 됩니다. string|number로 표현하며, 유니온(union) 타입이라고 합니다.

```
let id: string|number = "12-34-56";
fetchProduct(id);
id = 123456;                     // 정상
fetchProductBySerialNumber(id);  // 정상
```

타입스크립트는 첫 번째 함수 호출에서 id는 string으로, 두 번째 호출에서는 number라고 제대로 판단합니다. 할당문에서 유니온 타입으로 범위가 좁혀졌기 때문입니다.

유니온 타입으로 코드가 동작하기는 하겠지만 더 많은 문제가 생길 수 있습니다. id를 사용할 때마다 값이 어떤 타입인지 확인해야 하기 때문에 유니온 타입은 string이나 number 같은 간단한 타입에 비해 다루기 더 어렵습니다.

차라리 별도의 변수를 도입하는 것이 낫습니다.

```
const id = "12-34-56";
fetchProduct(id);

const serial = 123456;                // 정상
fetchProductBySerialNumber(serial);   // 정상
```

앞의 예제에서 첫 번째 id와 재사용한 두 번째 id는 서로 관련이 없었습니다. 그냥 변수를 재사용했을 뿐입니다. 변수를 무분별하게 재사용하면 타입 체커와 사람 모두에게 혼란을 줄 뿐입니다.

다른 타입에는 별도의 변수를 사용하는 게 바람직한 이유는 다음과 같습니다.

- 서로 관련이 없는 두 개의 값을 분리합니다(id와 serial).
- 변수명을 더 구체적으로 지을 수 있습니다.
- 타입 추론을 향상시키며, 타입 구문이 불필요해집니다.
- 타입이 좀 더 간결해집니다(string|number 대신 string과 number를 사용).
- let 대신 const로 변수를 선언하게 됩니다. const로 변수를 선언하면 코드

가 간결해지고, 타입 체커가 타입을 추론하기에도 좋습니다.

타입이 바뀌는 변수는 되도록 피해야 하며, 목적이 다른 곳에는 별도의 변수명을 사용해야 합니다.

그런데 지금까지 이야기한 재사용되는 변수와, 다음 예제에 나오는 '가려지는(shadowed)' 변수를 혼동해서는 안 됩니다.

```
const id = "12-34-56";
fetchProduct(id);

{
  const id = 123456;                  // 정상
  fetchProductBySerialNumber(id);  // 정상
}
```

여기서 두 id는 이름이 같지만 실제로는 서로 아무런 관계가 없습니다. 그러므로 각기 다른 타입으로 사용되어도 문제없습니다. 그런데 동일한 변수명에 타입이 다르다면, 타입스크립트 코드는 잘 동작할지 몰라도 사람에게 혼란을 줄 수 있습니다. 다시 한번 말하지만 목적이 다른 곳에는 별도의 변수명을 사용하기 바랍니다. 많은 개발팀이 린터 규칙을 통해 '가려지는' 변수를 사용하지 못하도록 하고 있습니다.

이번 아이템에서는 변수에 기본형(primitive) 타입을 할당하는 방법을 다뤘습니다. 변수에 객체를 할당하는 방법은 아이템 23에서 다룹니다.

### 요약

- 변수의 값은 바뀔 수 있지만 타입은 일반적으로 바뀌지 않습니다.
- 혼란을 막기 위해 타입이 다른 값을 다룰 때에는 변수를 재사용하지 않도록 합니다.

## 아이템 21 타입 넓히기

아이템 7에서 설명한 것처럼 런타임에 모든 변수는 유일한 값을 가집니다. 그러나 타입스크립트가 작성된 코드를 체크하는 정적 분석 시점에, 변수는 '가능

한' 값들의 집합인 타입을 가집니다. 상수를 사용해서 변수를 초기화할 때 타입을 명시하지 않으면 타입 체커는 타입을 결정해야 합니다. 이 말은 지정된 단일 값을 가지고 할당 가능한 값들의 집합을 유추해야 한다는 뜻입니다. 타입스크립트에서는 이러한 과정을 '넓히기(widening)'라고 부릅니다. 넓히기의 과정을 이해한다면 오류의 원인을 파악하고 타입 구문을 더 효과적으로 사용할 수 있을 것입니다.

벡터를 다루는 라이브러리를 작성한다고 가정해 보겠습니다. 3D 벡터에 대한 타입과 그 요소들의 값을 얻는 함수를 작성합니다.

```
interface Vector3 { x: number; y: number; z: number; }
function getComponent(vector: Vector3, axis: 'x' | 'y' | 'z') {
  return vector[axis];
}
```

Vector3 함수를 사용한 다음 코드는 런타임에 오류 없이 실행되지만, 편집기에서는 오류가 표시됩니다.

```
let x = 'x';
let vec = {x: 10, y: 20, z: 30};
getComponent(vec, x);
               // ~ 'string' 형식의 인수는 '"x" | "y" | "z"'
               //   형식의 매개변수에 할당될 수 없습니다.
```

실행은 잘 되지만 편집기에서는 오류가 발생합니다.

getComponent 함수는 두 번째 매개변수에 "x" | "y" | "z" 타입을 기대했지만, x의 타입은 할당 시점에 넓히기가 동작해서 string으로 추론되었습니다. string 타입은 "x" | "y" | "z" 타입에 할당이 불가능하므로 오류가 된 것입니다.

타입 넓히기가 진행될 때, 주어진 값으로 추론 가능한 타입이 여러 개이기 때문에 과정이 상당히 모호합니다. 다음 코드를 예로 들어 보겠습니다.

```
const mixed = ['x', 1];
```

mixed의 타입이 어떻게 추론되는지 살펴보겠습니다. 다음은 mixed의 타입이 될 수 있는 후보들입니다. 후보가 상당히 많은 걸 알 수 있습니다.

- ('x' | 1)[]
- ['x', 1]
- [string, number]
- readonly [string, number]
- (string|number)[]
- readonly (string|number)[]
- [any, any]
- any[]

정보가 충분하지 않다면 mixed가 어떤 타입으로 추론되어야 하는지 알 수 없습니다. 그러므로 타입스크립트는 작성자의 의도를 추측합니다(이 경우에는, (string|number)[]으로 추측합니다). 그러나 타입스크립트가 아무리 영리하더라도 사람의 마음까지 읽을 수는 없고 따라서 추측한 답이 항상 옳을 수도 없습니다.

처음의 예제에서 타입스크립트는 다음 예제와 같은 코드를 예상했기 때문에 x의 타입을 string으로 추론했습니다.

```
let x = 'x';
x = 'a';
x = 'Four score and seven years ago...';
```

자바스크립트에서는 다음처럼 작성해도 유효합니다.

```
let x = 'x';
x = /x|y|z/;
x = ['x', 'y', 'z'];
```

타입스크립트는 x의 타입을 string으로 추론할 때, 명확성과 유연성 사이의 균형을 유지하려고 합니다. 일반적인 규칙은 변수가 선언된 후로는 타입이 바뀌지 않아야 하므로(아이템 20), string|RegExp나 string|string[]이나 any보다는 string을 사용하는 게 낫습니다.

　　타입스크립트는 넓히기의 과정을 제어할 수 있도록 몇 가지 방법을 제공합니다. 넓히기 과정을 제어할 수 있는 첫 번째 방법은 const입니다. 만약 let 대신 const로 변수를 선언하면 더 좁은 타입이 됩니다. 실제로 const를 사용하면 앞에서 발생한 오류가 해결됩니다.

```
const x = 'x';          // 타입이 "x"
let vec = {x: 10, y: 20, z: 30};
getComponent(vec, x);  // 정상
```

이제 x는 재할당될 수 없으므로 타입스크립트는 의심의 여지 없이 더 좁은 타입("x")으로 추론할 수 있습니다. 그리고 문자 리터럴 타입 "x"는 "x"|"y"|"z"에 할당 가능하므로 코드가 타입 체커를 통과합니다.

　　그러나 const는 만능이 아닙니다. 객체와 배열의 경우에는 여전히 문제가 있습니다. 아이템 초반에 있는 mixed 예제(const mixed = ['x', 1];)는 배열에 대한 문제를 보여 줍니다. 튜플 타입을 추론해야 할지, 요소들은 어떤 타입으로 추론해야 할지 알 수 없습니다. 비슷한 문제가 객체에서도 발생합니다. 다음 코드는 자바스크립트에서 정상입니다.

```
const v = {
  x: 1,
};
v.x = 3;
v.x = '3';
v.y = 4;
v.name = 'Pythagoras';
```

v의 타입은 구체적인 정도에 따라 다양한 모습으로 추론될 수 있습니다. 가장 구체적인 경우라면 {readonly x: 1}입니다. 조금 추상적으로는 {x: number}입니다. 가장 추상적이라면 {[key: string]: number} 또는 object가 될 것입니다. 객체의 경우 타입스크립트의 넓히기 알고리즘은 각 요소를 let으로 할당된 것처럼 다룹니다. 그래서 v의 타입은 {x: number}가 됩니다. 덕분에 v.x를 다른 숫자로 재할당할 수 있게 되지만 string으로는 안 됩니다. 그리고 다른 속성을 추가하지도 못합니다. (따라서 객체를 한번에 만들어야 합니다. 자세한 내용은 아이템 23에서 다룹니다.)

따라서 다음 코드는 마지막 세 문장에서 오류가 발생합니다.

```
const v = {
  x: 1,
};
v.x = 3;  // 정상
v.x = '3';
// ~ '"3"' 형식은 'number' 형식에 할당할 수 없습니다.
v.y = 4;
// ~ '{ x: number; }' 형식에 'y' 속성이 없습니다.
v.name = 'Pythagoras';
// ~~~~ '{ x: number; }' 형식에 'name' 속성이 없습니다.
```

앞에서 언급했듯이 타입스크립트는 명확성과 유연성 사이의 균형을 유지하려고 합니다. 오류를 잡기 위해서는 충분히 구체적으로 타입을 추론해야 하지만, 잘못된 추론(false positive)을 할 정도로 구체적으로 수행하지는 않습니다. 예를 들어, 1과 같은 값으로 초기화되는 속성을 적당히 number의 타입으로 추론합니다.

타입 추론의 강도를 직접 제어하려면 타입스크립트의 기본 동작을 재정의해야 합니다. 타입스크립트의 기본 동작을 재정의하는 세 가지 방법이 있습니다.

첫 번째, 명시적 타입 구문을 제공하는 것입니다.

```
const v: { x: 1|3|5 } = {
  x: 1,
};  // 타입이 { x: 1|3|5; }
```

두 번째, 타입 체커에 추가적인 문맥을 제공하는 것입니다(예를 들어, 함수의 매개변수로 값을 전달). 아이템 26은 타입 추론 과정에서 문맥의 역할에 대한 자세한 내용을 다룹니다.

세 번째, const 단언문을 사용하는 것입니다. const 단언문과 변수 선언에 쓰이는 let이나 const와 혼동해서는 안 됩니다. const 단언문은 온전히 타입 공간의 기법입니다. 다음 예제를 통해 각 변수에 추론된 타입의 차이점을 살펴보겠습니다.

```
const v1 = {
  x: 1,
```

```
  y: 2,
};  // 타입은 { x: number; y: number; }

const v2 = {
  x: 1 as const,
  y: 2,
};  // 타입은 { x: 1; y: number; }

const v3 = {
  x: 1,
  y: 2,
} as const;  // 타입은 { readonly x: 1; readonly y: 2; }
```

값 뒤에 as const를 작성하면, 타입스크립트는 최대한 좁은 타입으로 추론합니다. v3에는 넓히기가 동작하지 않았습니다. v3이 진짜 상수라면, 주석에 보이는 추론된 타입이 실제로 원하는 형태일 것입니다. 또한 배열을 튜플 타입으로 추론할 때에도 as const를 사용할 수 있습니다.

```
const a1 = [1, 2, 3];          // 타입이 number[]
const a2 = [1, 2, 3] as const; // 타입이 readonly [1, 2, 3]
```

넓히기로 인해 오류가 발생한다고 생각되면, 명시적 타입 구문 또는 const 단언문을 추가하는 것을 고려해야 합니다. 단언문으로 인해 추론이 어떻게 변화하는지 편집기에서 주기적으로 타입을 살펴보기 바랍니다(아이템 6).

### 요약

• 타입스크립트가 넓히기를 통해 상수의 타입을 추론하는 법을 이해해야 합니다.
• 동작에 영향을 줄 수 있는 방법인 const, 타입 구문, 문맥, as const에 익숙해져야 합니다.

## 아이템 22 타입 좁히기

타입 넓히기의 반대는 타입 좁히기입니다. 타입 좁히기는 타입스크립트가 넓은 타입으로부터 좁은 타입으로 진행하는 과정을 말합니다. 아마도 가장 일반적인 예시는 null 체크일 겁니다.

```
const el = document.getElementById('foo'); // 타입이 HTMLElement | null
if (el) {
  el                                        // 타입이 HTMLElement
  el.innerHTML = 'Party Time'.blink();
} else {
  el                                        // 타입이 null
  alert('No element #foo');
}
```

만약 el이 null이라면, 분기문의 첫 번째 블록이 실행되지 않습니다. 즉, 첫 번째 블록에서 HTMLElement | null 타입의 null을 제외하므로, 더 좁은 타입이 되어 작업이 훨씬 쉬워집니다. 타입 체커는 일반적으로 이러한 조건문에서 타입 좁히기를 잘 해내지만, 타입 별칭이 존재한다면 그러지 못할 수도 있습니다. 타입 별칭에 대한 내용은 아이템 24에서 다루겠습니다.

분기문에서 예외를 던지거나 함수를 반환하여 블록의 나머지 부분에서 변수의 타입을 좁힐 수도 있습니다. 예를 들어 보겠습니다.

```
const el = document.getElementById('foo'); // 타입이 HTMLElement | null
if (!el) throw new Error('Unable to find #foo');
el;                                         // 이제 타입은 HTMLElement
el.innerHTML = 'Party Time'.blink();
```

이 외에도 타입을 좁히는 방법은 많이 있습니다. 다음은 instanceof를 사용해서 타입을 좁히는 예제입니다.

```
function contains(text: string, search: string|RegExp) {
  if (search instanceof RegExp) {
    search  // 타입이 RegExp
    return !!search.exec(text);
  }
  search    // 타입이 string
  return text.includes(search);
}
```

속성 체크로도 타입을 좁힐 수 있습니다.

```
interface A { a: number }
interface B { b: number }
function pickAB(ab: A | B) {
  if ('a' in ab) {
    ab  // 타입이 A
  } else {
    ab  // 타입이 B
  }
  ab    // 타입이 A | B
}
```

Array.isArray 같은 일부 내장 함수로도 타입을 좁힐 수 있습니다.

```
function contains(text: string, terms: string|string[]) {
  const termList = Array.isArray(terms) ? terms : [terms];
  termList  // 타입이 string[]
  // ...
}
```

타입스크립트는 일반적으로 조건문에서 타입을 좁히는 데 매우 능숙합니다. 그러나 타입을 섣불리 판단하는 실수를 저지르기 쉬우므로 다시 한번 꼼꼼히 따져 봐야 합니다. 예를 들어, 다음 예제는 유니온 타입에서 null을 제외하기 위해 잘못된 방법을 사용했습니다.

```
const el = document.getElementById('foo'); // 타입이 HTMLElement | null
if (typeof el === 'object') {
  el;  // 타입이 HTMLElement | null
}
```

자바스크립트에서 typeof null이 "object"이기 때문에, if 구문에서 null이 제외되지 않았습니다. 또한 기본형 값이 잘못되어도 비슷한 사례가 발생합니다.

```
function foo(x?: number|string|null) {
  if (!x) {
    x;  // 타입이 string | number | null | undefined
  }
}
```

빈 문자열 ''과 0 모두 false가 되기 때문에, 타입은 전혀 좁혀지지 않았고 x는 여전히 블록 내에서 string 또는 number가 됩니다.

타입을 좁히는 또 다른 일반적인 방법은 명시적 '태그'를 붙이는 것입니다.

```typescript
interface UploadEvent { type: 'upload'; filename: string; contents: string }
interface DownloadEvent { type: 'download'; filename: string; }
type AppEvent = UploadEvent | DownloadEvent;
function handleEvent(e: AppEvent) {
  switch (e.type) {
    case 'download':
      e    // 타입이 DownloadEvent
      break;
    case 'upload':
      e;   // 타입이 UploadEvent
      break;
  }
}
```

이 패턴은 '태그된 유니온(tagged union)' 또는 '구별된 유니온(discriminated union)'이라고 불리며, 타입스크립트 어디에서나 찾아볼 수 있습니다.

만약 타입스크립트가 타입을 식별하지 못한다면, 식별을 돕기 위해 커스텀 함수를 도입할 수 있습니다.

```typescript
function isInputElement(el: HTMLElement): el is HTMLInputElement {
  return 'value' in el;
}

function getElementContent(el: HTMLElement) {
  if (isInputElement(el)) {
    el;  // 타입이 HTMLInputElement
    return el.value;
  }
  el;    // 타입이 HTMLElement
  return el.textContent;
}
```

이러한 기법을 '사용자 정의 타입 가드'라고 합니다. 반환 타입의 el is HTMLInputElement는 함수의 반환이 true인 경우, 타입 체커에게 매개변수의 타입을 좁힐 수 있다고 알려 줍니다.

어떤 함수들은 타입 가드를 사용하여 배열과 객체의 타입 좁히기를 할 수 있습니다. 예를 들어, 배열에서 어떤 탐색을 수행할 때 undefined가 될 수 있는 타입을 사용할 수 있습니다.

```
const jackson5 = ['Jackie', 'Tito', 'Jermaine', 'Marlon', 'Michael'];
const members = ['Janet', 'Michael'].map(
  who => jackson5.find(n => n === who)
);  // 타입이 (string | undefined)[]
```

filter 함수를 사용해 undefined를 걸러 내려고 해도 잘 동작하지 않을 겁니다.

```
const members = ['Janet', 'Michael'].map(
  who => jackson5.find(n => n === who)
).filter(who => who !== undefined);  // 타입이 (string | undefined)[]
```

이럴 때 타입 가드를 사용하면 타입을 좁힐 수 있습니다.

```
function isDefined<T>(x: T | undefined): x is T {
  return x !== undefined;
}
const members = ['Janet', 'Michael'].map(
  who => jackson5.find(n => n === who)
).filter(isDefined);  // 타입이 string[]
```

편집기에서 타입을 조사하는 습관을 가지면 타입 좁히기가 어떻게 동작하는지 자연스레 익힐 수 있습니다. 타입스크립트에서 타입이 어떻게 좁혀지는지 이해한다면 타입 추론에 대한 개념을 잡을 수 있고, 오류 발생의 원인을 알 수 있으며, 타입 체커를 더 효율적으로 이용할 수 있습니다.

### 요약

- 분기문 외에도 여러 종류의 제어 흐름을 살펴보며 타입스크립트가 타입을 좁히는 과정을 이해해야 합니다.
- 태그된/구별된 유니온과 사용자 정의 타입 가드를 사용하여 타입 좁히기 과정을 원활하게 만들 수 있습니다.

## 아이템 23 한꺼번에 객체 생성하기

아이템 20에서 설명했듯이 변수의 값은 변경될 수 있지만, 타입스크립트의 타입은 일반적으로 변경되지 않습니다. 이러한 특성 덕분에 일부 자바스크립트 패턴을 타입스크립트로 모델링하는 게 쉬워집니다. 즉, 객체를 생성할 때는 속성을 하나씩 추가하기보다는 여러 속성을 포함해서 한꺼번에 생성해야 타입 추론에 유리합니다.

다음은 자바스크립트에서 2차원 점을 표현하는 객체를 생성하는 방법입니다.

```
const pt = {};
pt.x = 3;
pt.y = 4;
```

타입스크립트에서는 각 할당문에 오류가 발생합니다.

```
const pt = {};
pt.x = 3;
// ~ '{}' 형식에 'x' 속성이 없습니다.
pt.y = 4;
// ~ '{}' 형식에 'y' 속성이 없습니다.
```

왜냐하면 첫 번째 줄의 pt 타입은 {} 값을 기준으로 추론되기 때문입니다. 존재하지 않는 속성을 추가할 수는 없습니다.

만약 Point 인터페이스를 정의한다면 오류가 다음처럼 바뀝니다.

```
interface Point { x: number; y: number; }
const pt: Point = {};
   // ~~ '{}' 형식에 'Point' 형식의 x, y 속성이 없습니다.
pt.x = 3;
pt.y = 4;
```

이 문제들은 객체를 한번에 정의하면 해결할 수 있습니다.

```
const pt = {
  x: 3,
  y: 4,
};  // 정상
```

객체를 반드시 제각각 나눠서 만들어야 한다면, 타입 단언문(as)을 사용해 타입 체커를 통과하게 할 수 있습니다.

```
const pt = {} as Point;
pt.x = 3;
pt.y = 4;  // 정상
```

물론 이 경우에도 선언할 때 객체를 한꺼번에 만드는 게 더 낫습니다(아이템 9).

```
const pt: Point = {
  x: 3,
  y: 4,
};
```

작은 객체들을 조합해서 큰 객체를 만들어야 하는 경우에도 여러 단계를 거치는 것은 좋지 않은 생각입니다.

```
const pt = {x: 3, y: 4};
const id = {name: 'Pythagoras'};
const namedPoint = {};
Object.assign(namedPoint, pt, id);
namedPoint.name;
        // ~~~ '{}' 형식에 'name' 속성이 없습니다.
```

다음과 같이 '객체 전개 연산자' ...를 사용하면 큰 객체를 한꺼번에 만들어 낼 수 있습니다.

```
const namedPoint = {...pt, ...id};
namedPoint.name;  // 정상, 타입이 string
```

객체 전개 연산자를 사용하면 타입 걱정 없이 필드 단위로 객체를 생성할 수도 있습니다. 이때 모든 업데이트마다 새 변수를 사용하여 각각 새로운 타입을 얻도록 하는 게 중요합니다.

```
const pt0 = {};
const pt1 = {...pt0, x: 3};
const pt: Point = {...pt1, y: 4};  // 정상
```

이 방법은 간단한 객체를 만들기 위해 우회하기는 했지만, 객체에 속성을 추가하고 타입스크립트가 새로운 타입을 추론할 수 있게 해 유용합니다.

타입에 안전한 방식으로 조건부 속성을 추가하려면, 속성을 추가하지 않는
null 또는 {}으로 객체 전개를 사용하면 됩니다.

```
declare let hasMiddle: boolean;
const firstLast = {first: 'Harry', last: 'Truman'};
const president = {...firstLast, ...(hasMiddle ? {middle: 'S'} : {})};
```

편집기에서 president 심벌에 마우스를 올려 보면, 타입이 선택적 속성을 가진
것으로 추론된다는 것을 확인할 수 있습니다.

```
const president: {
  middle?: string;
  first: string;
  last: string;
}
```

전개 연산자로 한꺼번에 여러 속성을 추가할 수도 있습니다.

```
declare let hasDates: boolean;
const nameTitle = {name: 'Khufu', title: 'Pharaoh'};
const pharaoh = {
  ...nameTitle,
  ...(hasDates ? {start: -2589, end: -2566} : {})
};
```

편집기에서 pharaoh 심벌에 마우스를 올려 보면, 이제는 타입이 유니온으로 추
론됩니다.

```
const pharaoh: {
  start: number;
  end: number;
  name: string;
  title: string;
} | {
  name: string;
  title: string;
}
```

start와 end가 선택적 필드이기를 원했다면 이런 결과가 당황스러울 수 있습니
다. 이 타입에서는 start를 읽을 수 없습니다.

```
pharaoh.start
    // ~~~~ '{ name: string; title: string; }' 형식에
    //      'start' 속성이 없습니다.
```

이 경우는 start와 end가 항상 함께 정의됩니다. 이 점을 고려하면 유니온을 사용하는 게 가능한 값의 집합을 더 정확히 표현할 수 있습니다(아이템 32). 그런데 유니온보다는 선택적 필드가 다루기에는 더 쉬울 수 있습니다. 선택적 필드 방식으로 표현하려면 다음처럼 헬퍼 함수를 사용하면 됩니다.

```
function addOptional<T extends object, U extends object>(
  a: T, b: U | null
): T & Partial<U> {
  return {...a, ...b};
}

const pharaoh = addOptional(
  nameTitle,
  hasDates ? {start: -2589, end: -2566} : null
);
pharaoh.start  // 정상, 타입이 number | undefined
```

가끔 객체나 배열을 변환해서 새로운 객체나 배열을 생성하고 싶을 수 있습니다. 이런 경우 루프 대신 내장된 함수형 기법 또는 로대시(Lodash) 같은 유틸리티 라이브러리를 사용하는 것이 '한꺼번에 객체 생성하기' 관점에서 보면 옳습니다. 아이템 27에서 더 자세히 다룹니다.

**요약**

- 속성을 제각각 추가하지 말고 한꺼번에 객체로 만들어야 합니다. 안전한 타입으로 속성을 추가하려면 객체 전개({...a, ...b})를 사용하면 됩니다.
- 객체에 조건부로 속성을 추가하는 방법을 익히도록 합니다.

## 아이템 24 일관성 있는 별칭 사용하기

어떤 값에 새 이름을 할당하는 예제를 보겠습니다.

```
const borough = {name: 'Brooklyn', location: [40.688, -73.979]};
const loc = borough.location;
```

borough.location 배열에 loc이라는 별칭(alias)을 만들었습니다. 별칭의 값을
변경하면 원래 속성값에서도 변경됩니다.

```
> loc[0] = 0;
> borough.location
[0, -73.979]
```

그런데 별칭을 남발해서 사용하면 제어 흐름을 분석하기 어렵습니다. 모든 언
어의 컴파일러 개발자들은 무분별한 별칭 사용으로 골치를 썩고 있습니다. 타
입스크립트에서도 마찬가지로 별칭을 신중하게 사용해야 합니다. 그래야 코드
를 잘 이해할 수 있고, 오류도 쉽게 찾을 수 있습니다.
    다각형을 표현하는 자료구조를 가정해 보겠습니다.

```
interface Coordinate {
  x: number;
  y: number;
}

interface BoundingBox {
  x: [number, number];
  y: [number, number];
}

interface Polygon {
  exterior: Coordinate[];
  holes: Coordinate[][];
  bbox?: BoundingBox;
}
```

다각형의 기하학적 구조는 exterior와 holes 속성으로 정의됩니다. bbox는 필
수가 아닌 최적화 속성입니다. bbox 속성을 사용하면 어떤 점이 다각형에 포함
되는지 빠르게 체크할 수 있습니다.

```
function isPointInPolygon(polygon: Polygon, pt: Coordinate) {
  if (polygon.bbox) {
    if (pt.x < polygon.bbox.x[0] || pt.x > polygon.bbox.x[1] ||
```

```
        pt.y < polygon.bbox.y[0] || pt.y > polygon.bbox.y[1]) {
      return false;
    }
  }

  // ...
}
```

이 코드는 잘 동작하지만(타입 체크도 통과) 반복되는 부분이 존재합니다. 특히 ploygon.bbox는 3줄에 걸쳐 5번이나 등장합니다. 다음 코드는 중복을 줄이기 위해 임시 변수를 뽑아낸 모습입니다.

```
function isPointInPolygon(polygon: Polygon, pt: Coordinate) {
  const box = polygon.bbox;
  if (polygon.bbox) {
    if (pt.x < box.x[0] || pt.x > box.x[1] ||
    //      ~~~                ~~~ 객체가 'undefined'일 수 있습니다.
        pt.y < box.y[0] || pt.y > box.y[1]) {
    //      ~~~                ~~~ 객체가 'undefined'일 수 있습니다.
      return false;
    }
  }
  // ...
}
```

(strictNullChecks를 활성화했다고 가정했습니다.)

이 코드는 동작하지만 편집기에서 오류로 표시됩니다. 그 이유는 polygon.bbox를 별도의 box라는 별칭을 만들었고, 첫 번째 예제에서는 잘 동작했던 제어 흐름 분석을 방해했기 때문입니다.

어떤 동작이 이루어졌는지 box와 polygon.bbox의 타입을 조사해 보겠습니다.

```
function isPointInPolygon(polygon: Polygon, pt: Coordinate) {
  polygon.bbox     // 타입이 BoundingBox | undefined
  const box = polygon.bbox;
  box              // 타입이 BoundingBox | undefined
  if (polygon.bbox) {
    polygon.bbox // 타입이 BoundingBox
    box          // 타입이 BoundingBox | undefined
  }
}
```

속성 체크는 polygon.bbox의 타입을 정제했지만 box는 그렇지 않았기 때문에 오류가 발생했습니다. 이러한 오류는 "별칭은 일관성 있게 사용한다"는 기본 원칙(golden rule)을 지키면 방지할 수 있습니다.

속성 체크에 box를 사용하도록 코드를 바꿔 보겠습니다.

```
function isPointInPolygon(polygon: Polygon, pt: Coordinate) {
  const box = polygon.bbox;
  if (box) {
    if (pt.x < box.x[0] || pt.x > box.x[1] ||
        pt.y < box.y[0] || pt.y > box.y[1]) {  // 정상
      return false;
    }
  }
  // ...
}
```

타입 체커의 문제는 해결되었지만 코드를 읽는 사람에게는 문제가 남아 있습니다. box와 bbox는 같은 값인데 다른 이름을 사용한 것입니다(아이템 36).

객체 비구조화를 이용하면 보다 간결한 문법으로 일관된 이름을 사용할 수 있습니다. 배열과 중첩된 구조에서도 역시 사용할 수 있습니다.

```
function isPointInPolygon(polygon: Polygon, pt: Coordinate) {
  const {bbox} = polygon;
  if (bbox) {
    const {x, y} = bbox;
    if (pt.x < x[0] || pt.x > x[1] ||
        pt.y < y[0] || pt.y > y[1]) {
      return false;
    }
  }
  // ...
}
```

그러나 객체 비구조화를 이용할 때는 두 가지를 주의해야 합니다.

• 전체 bbox 속성이 아니라 x와 y가 선택적 속성일 경우에 속성 체크가 더 필요합니다. 따라서 타입의 경계에 null 값을 추가하는 것이 좋습니다(아이템 31).

- bbox에는 선택적 속성이 적합했지만 holes는 그렇지 않습니다. holes가 선택적이라면, 값이 없거나 빈 배열([])이었을 겁니다. 차이가 없는데 이름을 구별한 것입니다. 빈 배열은 'holes 없음'을 나타내는 좋은 방법입니다.

별칭은 타입 체커뿐만 아니라 런타임에도 혼동을 야기할 수 있습니다.

```
const {bbox} = polygon;
if (!bbox) {
  calculatePolygonBbox(polygon);  // polygon.bbox가 채워집니다.
  // 이제 polygon.bbox와 bbox는 다른 값을 참조합니다!
}
```

타입스크립트의 제어 흐름 분석은 지역 변수에는 꽤 잘 동작합니다. 그러나 객체 속성에서는 주의해야 합니다.

```
function fn(p: Polygon) { /* ... */ }

polygon.bbox      // 타입이 BoundingBox | undefined
if (polygon.bbox) {
  polygon.bbox    // 타입이 BoundingBox
  fn(polygon);
  polygon.bbox    // 타입이 BoundingBox
}
```

fn(polygon) 호출은 polygon.bbox를 제거할 가능성이 있으므로 타입을 BoundingBox | undefined로 되돌리는 것이 안전할 것입니다. 그러나 함수를 호출할 때마다 속성 체크를 반복해야 하기 때문에 좋지 않습니다. 그래서 타입스크립트는 함수가 타입 정제를 무효화하지 않는다고 가정합니다. 그러나 실제로는 무효화될 가능성이 있습니다. polygon.bbox로 사용하는 대신 bbox 지역 변수로 뽑아내서 사용하면 bbox의 타입은 정확히 유지되지만, polygon.bbox의 값과 같게 유지되지 않을 수 있습니다.

**요약**

- 별칭은 타입스크립트가 타입을 좁히는 것을 방해합니다. 따라서 변수에 별칭을 사용할 때는 일관되게 사용해야 합니다.

- 비구조화 문법을 사용해서 일관된 이름을 사용하는 것이 좋습니다.
- 함수 호출이 객체 속성의 타입 정제를 무효화할 수 있다는 점을 주의해야 합니다. 속성보다 지역 변수를 사용하면 타입 정제를 믿을 수 있습니다.

## 아이템 25 비동기 코드에는 콜백 대신 async 함수 사용하기

과거의 자바스크립트에서는 비동기 동작을 모델링하기 위해 콜백을 사용했습니다. 그렇기 때문에 악명 높은 '콜백 지옥(callback hell)'[1]을 필연적으로 마주할 수밖에 없었습니다.

```
fetchURL(url1, function(response1) {
  fetchURL(url2, function(response2) {
    fetchURL(url3, function(response3) {
      // ...
      console.log(1);
    });
    console.log(2);
  });
  console.log(3);
});
console.log(4);

// 로그:
// 4
// 3
// 2
// 1
```

로그에서 보면 알 수 있듯이, 실행의 순서는 코드의 순서와 반대입니다. 이러한 콜백이 중첩된 코드는 직관적으로 이해하기 어렵습니다. 요청들을 병렬로 실행하거나 오류 상황을 빠져나오고 싶다면 더욱 혼란스러워집니다.

ES2015는 콜백 지옥을 극복하기 위해 프로미스(promise) 개념을 도입했습니다. 프로미스는 미래에 가능해질 어떤 것을 나타냅니다(future라고 부르기도 합니다). 다음은 프로미스를 사용해 앞의 코드를 수정한 것입니다.

---

1 (옮긴이) 파멸의 피라미드(pyramid of doom)라고도 부릅니다.

```
const page1Promise = fetch(url1);
page1Promise.then(response1 => {
  return fetch(url2);
}).then(response2 => {
  return fetch(url3);
}).then(response3 => {
  // ...
}).catch(error => {
  // ...
});
```

코드의 중첩도 적어졌고 실행 순서도 코드 순서와 같아졌습니다. 또한 오류를 처리하기도, Promise.all 같은 고급 기법을 사용하기도 더 쉬워졌습니다.

ES2017에서는 async와 await 키워드를 도입하여 콜백 지옥을 더욱 간단하게 처리할 수 있게 되었습니다.

```
async function fetchPages() {
  const response1 = await fetch(url1);
  const response2 = await fetch(url2);
  const response3 = await fetch(url3);
  // ...
}
```

await 키워드는 각각의 프로미스가 처리(resolve)될 때까지 fetchPages 함수의 실행을 멈춥니다. async 함수 내에서 await 중인 프로미스가 거절(reject)되면 예외를 던집니다. 이를 통해 일반적인 try/catch 구문을 사용할 수 있습니다.

```
async function fetchPages() {
  try {
    const response1 = await fetch(url1);
    const response2 = await fetch(url2);
    const response3 = await fetch(url3);
    // ...
  } catch (e) {
    // ...
  }
}
```

ES5 또는 더 이전 버전을 대상으로 할 때, 타입스크립트 컴파일러는 async와 await가 동작하도록 정교한 변환을 수행합니다. 다시 말해, 타입스크립트는 런타임에 관계없이 async/await를 사용할 수 있습니다.

콜백보다는 프로미스나 async/await를 사용해야 하는 이유는 다음과 같습니다.

- 콜백보다는 프로미스가 코드를 작성하기 쉽습니다.
- 콜백보다는 프로미스가 타입을 추론하기 쉽습니다.

예를 들어, 병렬로 페이지를 로드하고 싶다면 Promise.all을 사용해서 프로미스를 조합하면 됩니다.

```
async function fetchPages() {
  const [response1, response2, response3] = await Promise.all([
    fetch(url1), fetch(url2), fetch(url3)
  ]);
  // ...
}
```

이런 경우는 await와 구조 분해 할당이 찰떡궁합입니다.

타입스크립트는 세 가지 response 변수 각각의 타입을 Response로 추론합니다. 그러나 콜백 스타일로 동일한 코드를 작성하려면 더 많은 코드와 타입 구문이 필요합니다.

```
function fetchPagesCB() {
  let numDone = 0;
  const responses: string[] = [];
  const done = () => {
    const [response1, response2, response3] = responses;
    // ...
  };
  const urls = [url1, url2, url3];
  urls.forEach((url, i) => {
    fetchURL(url, r => {
      responses[i] = url;
      numDone++;
      if (numDone === urls.length) done();
    });
  });
}
```

이 코드에 오류 처리를 포함하거나 Promise.all 같은 일반적인 코드로 확장하는 것은 쉽지 않습니다.

한편 입력된 프로미스들 중 첫 번째가 처리될 때 완료되는 Promise.race도 타입 추론과 잘 맞습니다. Promise.race를 사용하여 프로미스에 타임아웃을 추가하는 방법은 흔하게 사용되는 패턴입니다.

```typescript
function timeout(millis: number): Promise<never> {
  return new Promise((resolve, reject) => {
    setTimeout(() => reject('timeout'), millis);
  });
}

async function fetchWithTimeout(url: string, ms: number) {
  return Promise.race([fetch(url), timeout(ms)]);
}
```

타입 구문이 없어도 fetchWithTimeout의 반환 타입은 Promise<Response>로 추론됩니다. 추론이 동작하는 이유를 살펴보면 흥미로운 점을 발견할 수 있습니다. Promise.race의 반환 타입은 입력 타입들의 유니온이고, 이번 경우는 Promise<Response | never>가 됩니다. 그러나 never(공집합)와의 유니온은 아무런 효과가 없으므로, 결과가 Promise<Response>로 간단해집니다. 프로미스를 사용하면 타입스크립트의 모든 타입 추론이 제대로 동작합니다.

가끔 프로미스를 직접 생성해야 할 때, 특히 setTimeout과 같은 콜백 API를 래핑할 경우가 있습니다. 그러나 선택의 여지가 있다면 일반적으로는 프로미스를 생성하기보다는 async/await를 사용해야 합니다. 그 이유는 다음 두 가지입니다.

• 일반적으로 더 간결하고 직관적인 코드가 됩니다.
• async 함수는 항상 프로미스를 반환하도록 강제됩니다.

```typescript
// function getNumber(): Promise<number>
async function getNumber() {
  return 42;
}
```

async 화살표 함수를 만들 수도 있습니다.

```
const getNumber = async () => 42;  // 타입이 () => Promise<number>
```

프로미스를 직접 생성하면 다음과 같습니다.

```
const getNumber = () => Promise.resolve(42);  // 타입이 () => Promise<number>
```

즉시 사용 가능한 값에도 프로미스를 반환하는 것이 이상하게 보일 수 있지만, 실제로는 비동기 함수로 통일하도록 강제하는 데 도움이 됩니다. 함수는 항상 동기 또는 항상 비동기로 실행되어야 하며 절대 혼용해서는 안 됩니다. 예를 들어 fetchURL 함수에 캐시를 추가하기 위해 다음처럼 시도해 봤다고 가정해 보겠습니다.

```
// 이렇게 하지 맙시다!
const _cache: {[url: string]: string} = {};
function fetchWithCache(url: string, callback: (text: string) => void) {
  if (url in _cache) {
    callback(_cache[url]);
  } else {
    fetchURL(url, text => {
      _cache[url] = text;
      callback(text);
    });
  }
}
```

코드가 최적화된 것처럼 보일지 몰라도, 캐시된 경우 콜백 함수가 동기로 호출되기 때문에 fetchWithCache 함수는 이제 사용하기가 무척 어려워집니다.

```
let requestStatus: 'loading' | 'success' | 'error';
function getUser(userId: string) {
  fetchWithCache(`/user/${userId}`, profile => {
    requestStatus = 'success';
  });
  requestStatus = 'loading';
}
```

getUser를 호출한 후에 requestStatus의 값은 온전히 profile이 캐시되었는지 여부에 달렸습니다. 캐시되어 있지 않다면 requestStatus는 조만간 'success'가 됩니다. 캐시되어 있다면 'success'가 되고 나서 바로 'loading'으로 다시 돌아가 버립니다.

async를 두 함수에 모두 사용하면 일관적인 동작을 강제하게 됩니다.

```
const _cache: {[url: string]: string} = {};
async function fetchWithCache(url: string) {
  if (url in _cache) {
    return _cache[url];
  }
  const response = await fetch(url);
  const text = await response.text();
  _cache[url] = text;
  return text;
}

let requestStatus: 'loading' | 'success' | 'error';
async function getUser(userId: string) {
  requestStatus = 'loading';
  const profile = await fetchWithCache(`/user/${userId}`);
  requestStatus = 'success';
}
```

이제 requestStatus가 'success'로 끝나는 것이 명백해졌습니다. 콜백이나 프로미스를 사용하면 실수로 반(half)동기 코드를 작성할 수 있지만, async를 사용하면 항상 비동기 코드를 작성하는 셈입니다.

async 함수에서 프로미스를 반환하면 또 다른 프로미스로 래핑되지 않습니다. 반환 타입은 Promise<Promise<T>>가 아닌 Promise<T>가 됩니다. 타입스크립트를 사용하면 타입 정보가 명확히 드러나기 때문에 비동기 코드의 개념을 잡는 데 도움이 됩니다.

```
// function getJSON(url: string): Promise<any>
async function getJSON(url: string) {
  const response = await fetch(url);
  const jsonPromise = response.json();  // 타입이 Promise<any>
  return jsonPromise;
}
```

**요약**

- 콜백보다는 프로미스를 사용하는 게 코드 작성과 타입 추론 면에서 유리합니다.
- 가능하면 프로미스를 생성하기보다는 async와 await를 사용하는 것이 좋습니다. 간결하고 직관적인 코드를 작성할 수 있고 모든 종류의 오류를 제거할 수 있습니다.
- 어떤 함수가 프로미스를 반환한다면 async로 선언하는 것이 좋습니다.

## 아이템 26 타입 추론에 문맥이 어떻게 사용되는지 이해하기

타입스크립트는 타입을 추론할 때 단순히 값만 고려하지는 않습니다. 값이 존재하는 곳의 문맥까지도 살핍니다. 그런데 문맥을 고려해 타입을 추론하면 가끔 이상한 결과가 나옵니다. 이때 타입 추론에 문맥이 어떻게 사용되는지 이해하고 있다면 제대로 대처할 수 있습니다.

자바스크립트는 코드의 동작과 실행 순서를 바꾸지 않으면서 표현식을 상수로 분리해 낼 수 있습니다. 예를 들어, 다음 두 문장은 동일합니다.

```
// 인라인 형태
setLanguage('JavaScript');

// 참조 형태
let language = 'JavaScript';
setLanguage(language);
```

타입스크립트에서는 다음 리팩터링이 여전히 동작합니다.

```
function setLanguage(language: string) { /* ... */ }

setLanguage('JavaScript');  // 정상

let language = 'JavaScript';
setLanguage(language);       // 정상
```

이제 문자열 타입을 더 특정해서 문자열 리터럴 타입의 유니온으로 바꾼다고 가정해 보겠습니다(아이템 33에서 자세히 다룹니다).

```
type Language = 'JavaScript' | 'TypeScript' | 'Python';
function setLanguage(language: Language) { /* ... */ }

setLanguage('JavaScript');  // 정상

let language = 'JavaScript';
setLanguage(language);
        // ~~~~~~~~ 'string' 형식의 인수는
        //              'Language' 형식의 매개변수에 할당될 수 없습니다.
```

인라인(inline) 형태에서 타입스크립트는 함수 선언을 통해 매개변수가 Language 타입이어야 한다는 것을 알고 있습니다. 해당 타입에 문자열 리터럴 'JavaScript'는 할당 가능하므로 정상입니다. 그러나 이 값을 변수로 분리해 내면, 타입스크립트는 할당 시점에 타입을 추론합니다. 이번 경우는 string으로 추론했고, Language 타입으로 할당이 불가능하므로 오류가 발생했습니다.[2]

이런 문제를 해결하는 두 가지 방법이 있습니다. 첫 번째 해법은 타입 선언에서 language의 가능한 값을 제한하는 것입니다.

```
let language: Language = 'JavaScript';
setLanguage(language);  // 정상
```

만약 language의 값에 'Typescript'(대문자 'S'여야 합니다) 같은 오타가 있었다면 오류를 표시해 주는 장점도 있습니다.

두 번째 해법은 language를 상수로 만드는 것입니다.

```
const language = 'JavaScript';
setLanguage(language);  // 정상
```

const를 사용하여 타입 체커에게 language는 변경할 수 없다고 알려 줍니다. 따라서 타입스크립트는 language에 대해서 더 정확한 타입인 문자열 리터럴 "JavaScript"로 추론할 수 있습니다. "JavaScript"는 Language에 할당할 수 있

---

2  어떤 언어는 변수의 최종 사용처에 기반하여 타입을 추론하기도 합니다. 그러나 이런 방법 역시 혼란스럽습니다. 타입스크립트 창시자인 아네르스 하일스베르(Anders Hejlsberg)는 이를 '먼 곳의 소름끼치는 일(spooky action at a distance)'이라고 했습니다. 타입스크립트는 일반적으로 값이 처음 등장할 때 타입을 결정합니다. 아이템 41에서 이 규칙에 대한 중요한 예외 상황을 다룹니다.

으므로 타입 체크를 통과합니다. 물론, language를 재할당해야 한다면 타입 선언이 필요합니다(아이템 21에서 자세히 다룹니다).

그런데 이 과정에서 사용되는 문맥으로부터 값을 분리했습니다. 문맥과 값을 분리하면 추후에 근본적인 문제를 발생시킬 수 있습니다. 이제부터 이러한 문맥의 소실로 인해 오류가 발생하는 몇 가지 경우와, 이를 어떻게 해결하는지 하나하나 살펴보겠습니다.

## 튜플 사용 시 주의점

문자열 리터럴 타입과 마찬가지로 튜플 타입에서도 문제가 발생합니다. 이동이 가능한 지도를 보여 주는 프로그램을 작성한다고 생각해 보겠습니다.

```
// 매개변수는 (latitude, longitude) 쌍입니다.
function panTo(where: [number, number]) { /* ... */ }

panTo([10, 20]);  // 정상

const loc = [10, 20];
panTo(loc);
//    ~~~ 'number[]' 형식의 인수는
//        '[number, number]' 형식의 매개변수에 할당될 수 없습니다.
```

이전 예제처럼 여기서도 문맥과 값을 분리했습니다. 첫 번째 경우는 [10, 20]이 튜플 타입 [number, number]에 할당 가능합니다. 두 번째 경우는 타입스크립트가 loc의 타입을 number[]로 추론합니다(즉, 길이를 알 수 없는 숫자의 배열). 많은 배열이 이와 맞지 않는 수의 요소를 가지므로 튜플 타입에 할당할 수 없습니다.

그러면 any를 사용하지 않고 오류를 고칠 수 있는 방법을 생각해 보겠습니다. any 대신 const로 선언하면 된다는 답이 떠오를 수도 있겠지만 loc은 이미 const로 선언한 상태입니다. 그보다는 타입스크립트가 의도를 정확히 파악할 수 있도록 타입 선언을 제공하는 방법을 시도해 보겠습니다.

```
const loc: [number, number] = [10, 20];
panTo(loc);  // 정상
```

any를 사용하지 않고 오류를 고칠 수 있는 또 다른 방법은 '상수 문맥'을 제공하는 것입니다. const는 단지 값이 가리키는 참조가 변하지 않는 얕은(shallow) 상수인 반면, as const는 그 값이 내부까지(deeply) 상수라는 사실을 타입스크립트에게 알려 줍니다.

```
const loc = [10, 20] as const;
panTo(loc);
//     ~~~ 'readonly [10, 20]' 형식은 'readonly'이며
//         변경 가능한 형식 '[number, number]'에 할당할 수 없습니다.
```

편집기에서 loc에 마우스를 올려 보면, 타입은 이제 number[]가 아니라 readonly [10, 20]으로 추론됨을 알 수 있습니다. 그런데 안타깝게도 이 추론은 '너무 과하게' 정확합니다. panTo의 타입 시그니처는 where의 내용이 불변이라고 보장하지 않습니다. 즉, loc 매개변수가 readonly 타입이므로 동작하지 않습니다.

따라서 any를 사용하지 않고 오류를 고칠 수 있는 최선의 해결책은 panTo 함수에 readonly 구문을 추가하는 것입니다.

```
function panTo(where: readonly [number, number]) { /* ... */ }
const loc = [10, 20] as const;
panTo(loc);  // 정상
```

타입 시그니처를 수정할 수 없는 경우라면 타입 구문을 사용해야 합니다.

as const는 문맥 손실과 관련한 문제를 깔끔하게 해결할 수 있지만, 한 가지 단점을 가지고 있습니다. 만약 타입 정의에 실수가 있다면(예를 들어, 튜플에 세 번째 요소를 추가한다면) 오류는 타입 정의가 아니라 호출되는 곳에서 발생한다는 것입니다. 특히 여러 겹 중첩된 객체에서 오류가 발생한다면 근본적인 원인을 파악하기 어렵습니다.

```
const loc = [10, 20, 30] as const;  // 실제 오류는 여기서 발생합니다.
panTo(loc);
//     ~~~ 'readonly [10, 20, 30]' 형식의 인수는
//         'readonly [number, number]' 형식의 매개변수에 할당될 수 없습니다.
//         'length' 속성의 형식이 호환되지 않습니다.
//         '3' 형식은 '2' 형식에 할당할 수 없습니다.
```

## 객체 사용 시 주의점

문맥에서 값을 분리하는 문제는 문자열 리터럴이나 튜플을 포함하는 큰 객체에서 상수를 뽑아낼 때도 발생합니다.

```
type Language = 'JavaScript' | 'TypeScript' | 'Python';
interface GovernedLanguage {
  language: Language;
  organization: string;
}

function complain(language: GovernedLanguage) { /* ... */ }

complain({ language: 'TypeScript', organization: 'Microsoft' });  // 정상

const ts = {
  language: 'TypeScript',
  organization: 'Microsoft',
};
complain(ts);
//        ~~ '{ language: string; organization: string; }' 형식의 인수는
//           'GovernedLanguage' 형식의 매개변수에 할당될 수 없습니다.
//           'language' 속성의 형식이 호환되지 않습니다.
//           'string' 형식은 'Language' 형식에 할당할 수 없습니다.
```

ts 객체에서 language의 타입은 string으로 추론됩니다. 이 문제는 타입 선언을 추가하거나(const ts: GovernedLanguage = ...) 상수 단언(as const)을 사용해 해결합니다(아이템 9).

## 콜백 사용 시 주의점

콜백을 다른 함수로 전달할 때, 타입스크립트는 콜백의 매개변수 타입을 추론하기 위해 문맥을 사용합니다.

```
function callWithRandomNumbers(fn: (n1: number, n2: number) => void) {
  fn(Math.random(), Math.random());
}

callWithRandomNumbers((a, b) => {
  a;  // 타입이 number
  b;  // 타입이 number
```

```
    console.log(a + b);
});
```

callWithRandom의 타입 선언으로 인해 a와 b의 타입이 number로 추론됩니다. 콜백을 상수로 뽑아내면 문맥이 소실되고 noImplicitAny 오류가 발생하게 됩니다.

```
const fn = (a, b) => {
        // ~    'a' 매개변수에는 암시적으로 'any' 형식이 포함됩니다.
        //    ~ 'b' 매개변수에는 암시적으로 'any' 형식이 포함됩니다.
    console.log(a + b);
}
callWithRandomNumbers(fn);
```

이런 경우는 매개변수에 타입 구문을 추가해서 해결할 수 있습니다.

```
const fn = (a: number, b: number) => {
    console.log(a + b);
}
callWithRandomNumbers(fn);
```

또는 가능할 경우 전체 함수 표현식에 타입 선언을 적용하는 것입니다(자세한 내용은 아이템 12에서 다뤘습니다).

### 요약

- 타입 추론에서 문맥이 어떻게 쓰이는지 주의해서 살펴봐야 합니다.
- 변수를 뽑아서 별도로 선언했을 때 오류가 발생한다면 타입 선언을 추가해야 합니다.
- 변수가 정말로 상수라면 상수 단언(as const)을 사용해야 합니다. 그러나 상수 단언을 사용하면 정의한 곳이 아니라 사용한 곳에서 오류가 발생하므로 주의해야 합니다.

## 아이템 27 함수형 기법과 라이브러리로 타입 흐름 유지하기

파이썬, C, 자바 등에서 볼 수 있는 표준 라이브러리가 자바스크립트에는 포함되어 있지 않습니다. 수년간 많은 라이브러리들은 표준 라이브러리의 역할을 대신하기 위해 노력해 왔습니다. 제이쿼리(jQuery)는 DOM과의 상호작용뿐만 아니라 객체와 배열을 순회하고 매핑하는 기능을 제공했습니다. 언더스코어 (Underscore)는 주로 일반적인 유틸리티 함수를 제공하는 데 초점을 맞추었고, 이러한 노력을 바탕으로 로대시(Lodash)가 만들어졌습니다. 람다(Ramda) 같은 최근의 라이브러리는 함수형 프로그래밍의 개념을 자바스크립트 세계에 도입하고 있습니다.

이러한 라이브러리들의 일부 기능(map, flatMap, filter, reduce 등)은 순수 자바스크립트로 구현되어 있습니다. 이러한 기법(그리고 로대시에서 제공되는 다른 것들)은 루프를 대체할 수 있기 때문에 자바스크립트에서 유용하게 사용되는데, 타입스크립트와 조합하여 사용하면 더욱 빛을 발합니다. 그 이유는 타입 정보가 그대로 유지되면서 타입 흐름(flow)이 계속 전달되도록 하기 때문입니다. 반면에 직접 루프를 구현하면 타입 체크에 대한 관리도 직접 해야 합니다.

예를 들어, 어떤 CSV 데이터를 파싱한다고 생각해 보겠습니다. 순수 자바스크립트에서는 절차형(imperative) 프로그래밍 형태로 구현할 수 있습니다.

```
const csvData = "...";
const rawRows = csvData.split('\n');
const headers = rawRows[0].split(',');

const rows = rawRows.slice(1).map(rowStr => {
  const row = {};
  rowStr.split(',').forEach((val, j) => {
    row[headers[j]] = val;
  });
  return row;
});
```

함수형 마인드를 조금이라도 가진 자바스크립트 개발자라면 reduce를 사용해서 행 객체를 만드는 방법을 선호할 수도 있습니다.

```
const rows = rawRows.slice(1)
  .map(rowStr => rowStr.split(',').reduce(
```

```
    (row, val, i) => (row[headers[i]] = val, row),
    {}));
```

이 코드는 절차형 코드에 비해 세 줄(약 20개의 글자)을 절약했지만 보는 사람에 따라 더 복잡하게 느껴질 수도 있습니다. 키와 값 배열로 취합(zipping)해서 객체로 만들어 주는, 로대시의 `zipObject` 함수를 이용하면 코드를 더욱 짧게 만들 수 있습니다.

```
import _ from 'lodash';
const rows = rawRows.slice(1)
    .map(rowStr => _.zipObject(headers, rowStr.split(',')));
```

코드가 매우 짧아졌습니다. 그런데 자바스크립트에서는 프로젝트에 서드파티 라이브러리 종속성을 추가할 때 신중해야 합니다. 만약 서드파티 라이브러리 기반으로 코드를 짧게 줄이는 데 시간이 많이 든다면, 서드파티 라이브러리를 사용하지 않는 게 낫기 때문입니다.

그러나 같은 코드를 타입스크립트로 작성하면 서드파티 라이브러리를 사용하는 것이 무조건 유리합니다. 타입 정보를 참고하며 작업할 수 있기 때문에 서드파티 라이브러리 기반으로 바꾸는 데 시간이 훨씬 단축됩니다.

한편, CSV 파서의 절차형 버전과 함수형 버전 모두 같은 오류를 발생시킵니다.

```
const rowsA = rawRows.slice(1).map(rowStr => {
  const row = {};
  rowStr.split(',').forEach((val, j) => {
    row[headers[j]] = val;
 // ~~~~~~~~~~~~~~~ '{}' 형식에서 'string' 형식의 매개변수가 포함된
 //                 인덱스 시그니처를 찾을 수 없습니다.
  });
  return row;
});
const rowsB = rawRows.slice(1)
  .map(rowStr => rowStr.split(',').reduce(
      (row, val, i) => (row[headers[i]] = val, row),
             // ~~~~~~~~~~~~~~~ '{}' 형식에서 'string' 형식의 매개변수가
             //                 포함된 인덱스 시그니처를 찾을 수 없습니다.
      {}));
```

두 버전 모두 {}의 타입으로 {[column: string]: string} 또는 Record<string, string>을 제공하면 오류가 해결됩니다.

반면 로대시 버전은 별도의 수정 없이도 타입 체커를 통과합니다.

```
const rows = rawRows.slice(1)
    .map(rowStr => _.zipObject(headers, rowStr.split(',')));
    // 타입이 _.Dictionary<string>[]
```

Dictionary는 로대시의 타입 별칭입니다. Dictionary<string>은 {[key: string]: string} 또는 Record<string, string>과 동일합니다. 여기서 중요한 점은 타입 구문이 없어도 rows의 타입이 정확하다는 것입니다.

데이터의 가공(munging)이 정교해질수록 이러한 장점은 더욱 분명해집니다. 예를 들어, 모든 NBA 팀의 선수 명단을 가지고 있다고 가정해 보겠습니다.

```
interface BasketballPlayer {
  name: string;
  team: string;
  salary: number;
}
declare const rosters: {[team: string]: BasketballPlayer[]};
```

루프를 사용해 단순(flat) 목록을 만들려면 배열에 concat을 사용해야 합니다. 다음 코드는 동작이 되지만 타입 체크는 되지 않습니다.

```
let allPlayers = [];
 // ~~~~~~~~~~ 'allPlayers' 변수는 형식을 확인할 수 없는 경우
 //           일부 위치에서 암시적으로 'any[]' 형식입니다.
for (const players of Object.values(rosters)) {
  allPlayers = allPlayers.concat(players);
          // ~~~~~~~~~~ 'allPlayers' 변수에는 암시적으로
          //           'any[]' 형식이 포함됩니다.
}
```

이 오류를 고치려면 allPlayers에 타입 구문을 추가해야 합니다.

```
let allPlayers: BasketballPlayer[] = [];
for (const players of Object.values(rosters)) {
  allPlayers = allPlayers.concat(players);  // 정상
}
```

그러나 더 나은 해법은 Array.prototype.flat을 사용하는 것입니다.

```
const allPlayers = Object.values(rosters).flat();
// 정상, 타입이 BasketballPlayer[]
```

flat 메서드는 다차원 배열을 평탄화해(flatten) 줍니다. 타입 시그니처는 T[][] => T[] 같은 형태입니다. 이 버전이 가장 간결하고 타입 구문도 필요 없습니다. 또한 allPlayers 변수가 향후에 변경되지 않도록 let 대신 const를 사용할 수 있습니다.

allPlayers를 가지고 각 팀별로 연봉 순으로 정렬해서 최고 연봉 선수의 명단을 만든다고 가정해 보겠습니다.

로대시 없는 방법은 다음과 같습니다. 함수형 기법을 쓰지 않은 부분은 타입 구문이 필요합니다.

```
const teamToPlayers: {[team: string]: BasketballPlayer[]} = {};
for (const player of allPlayers) {
  const {team} = player;
  teamToPlayers[team] = teamToPlayers[team] || [];
  teamToPlayers[team].push(player);
}

for (const players of Object.values(teamToPlayers)) {
  players.sort((a, b) => b.salary - a.salary);
}

const bestPaid = Object.values(teamToPlayers).map(players => players[0]);
bestPaid.sort((playerA, playerB) => playerB.salary - playerA.salary);
console.log(bestPaid);
```

결과는 다음과 같습니다.

```
[
  { team: 'GSW', salary: 37457154, name: 'Stephen Curry' },
  { team: 'HOU', salary: 35654150, name: 'Chris Paul' },
  { team: 'LAL', salary: 35654150, name: 'LeBron James' },
  { team: 'OKC', salary: 35654150, name: 'Russell Westbrook' },
  { team: 'DET', salary: 32088932, name: 'Blake Griffin' },
  ...
]
```

로대시를 사용해서 동일한 작업을 하는 코드를 구현하면 다음과 같습니다.

```
const bestPaid = _(allPlayers)
  .groupBy(player => player.team)
  .mapValues(players => _.maxBy(players, p => p.salary)!)
  .values()
  .sortBy(p => -p.salary)
  .value()  // 타입이 BasketballPlayer[]
```

길이가 절반으로 줄었고, 보기에도 깔끔하며, null 아님 단언문(타입 체커는 _.maxBy로 전달된 players 배열이 비어 있지 않은지 알 수 없습니다)을 딱 한 번만 사용했습니다. 또한 로대시와 언더스코어의 개념인 '체인'을 사용했기 때문에, 더 자연스러운 순서로 일련의 연산을 작성할 수 있었습니다. 만약 체인을 사용하지 않는다면 다음 예제처럼 뒤에서부터 연산이 수행됩니다.

```
_.c(_.b(_.a(v)))
```

체인을 사용하면 다음처럼 연산자의 등장 순서와 실행 순서가 동일하게 됩니다.

```
_(v).a().b().c().value()
```

_(v)는 값을 '래핑(wrap)'하고, .value()는 '언래핑(unwrap)'합니다.

래핑된 값의 타입을 보기 위해 체인의 각 함수 호출을 조사할 수 있고, 결과는 항상 정확합니다.

로대시의 어떤 기발한 단축 기법이라도 타입스크립트로 정확하게 모델링될 수 있습니다. 그런데 내장된 Array.prototype.map 대신 _.map을 사용하려는 이유가 무엇일까요? 한 가지 이유는 콜백을 전달하는 대신 속성의 이름을 전달할 수 있기 때문입니다. 예를 들어 다음 세 가지 종류의 호출은 모두 같은 결과를 냅니다.

```
const namesA = allPlayers.map(player => player.name)      // 타입이 string[]
const namesB = _.map(allPlayers, player => player.name)   // 타입이 string[]
const namesC = _.map(allPlayers, 'name');                 // 타입이 string[]
```

타입스크립트 타입 시스템이 정교하기 때문에 앞의 예제처럼 다양한 동작을 정확히 모델링할 수 있습니다. 사실 함수 내부적으로는 문자열 리터럴 타입과 인덱스 타입의 조합으로만 이루어져 있기 때문에 타입이 자연스럽게 도출됩니다(아이템 14). 만약 C++ 또는 자바에 익숙하다면 이런 종류의 타입 추론이 마법처럼 느껴질 수 있습니다.

```typescript
const salaries = _.map(allPlayers, 'salary');  // 타입이 number[]
const teams = _.map(allPlayers, 'team');       // 타입이 string[]
const mix = _.map(allPlayers, Math.random() < 0.5 ? 'name' : 'salary');
                                               // 타입이 (string | number)[]
```

내장된 함수형 기법들과 로대시 같은 라이브러리에 타입 정보가 잘 유지되는 것은 우연이 아닙니다. 함수 호출 시 전달된 매개변수 값을 건드리지 않고 매번 새로운 값을 반환함으로써, 새로운 타입으로 안전하게 반환할 수 있습니다(아이템 20). 넓게 보면, 타입스크립트의 많은 부분이 자바스크립트 라이브러리의 동작을 정확히 모델링하기 위해서 개발되었습니다. 그러므로 라이브러리를 사용할 때 타입 정보가 잘 유지되는 점을 십분 활용해야 타입스크립트의 원래 목적을 달성할 수 있습니다.

**요약**

* 타입 흐름을 개선하고, 가독성을 높이고, 명시적인 타입 구문의 필요성을 줄이기 위해 직접 구현하기보다는 내장된 함수형 기법과 로대시 같은 유틸리티 라이브러리를 사용하는 것이 좋습니다.

# 타입 설계

> 누가 순서도를 보여 주면서 테이블을 감추면 나는 여전히 갸우뚱할 것이다.
> 하지만 테이블을 보여 준다면 순서도는 별로 필요하지 않다. 보지 않더라도
> 명백할 것이기 때문이다.
>
> —《맨먼스 미신(The Mythical Man Month)》(인사이트, 2015)

《맨먼스 미신》의 저자 프레드 브룩스의 이 말은 오래 되었지만, 지금까지도 유효합니다. 연산이 이루어지는 데이터나 데이터 타입을 알 수 없다면 코드를 이해하기 어렵습니다. 타입 시스템의 큰 장점 중 하나는 데이터 타입을 명확히 알 수 있어 코드를 이해하기 쉽다는 것입니다.

다른 장들에서는 타입스크립트 타입의 실질적인 사항을 다루고 있습니다. 타입을 사용하고, 추론하고, 선언문을 작성하는 것들입니다. 그런데 4장에서는 타입 자체의 설계에 대해 다룹니다. 참고로 4장의 예제들은 모두 타입스크립트를 염두에 두고 작성했지만, 대부분 다른 언어에도 적용될 수 있는 아이디어입니다.

4장을 이해하고 타입을 제대로 작성한다면, 인용문에서 비유한 것처럼 테이블(코드의 타입)뿐만 아니라 순서도(코드의 로직) 역시 쉽게 이해할 수 있을 겁니다.

## 아이템 28 유효한 상태만 표현하는 타입을 지향하기

타입을 잘 설계하면 코드는 직관적으로 작성할 수 있습니다. 그러나 타입 설계가 엉망이라면 어떠한 기억이나 문서도 도움이 되지 못합니다. 코드는 뒤죽박죽이 되고 버그는 창궐하게 됩니다.

효과적으로 타입을 설계하려면, 유효한 상태만 표현할 수 있는 타입을 만들어 내는 것이 가장 중요합니다. 아이템 28은 이런 관점에서 타입 설계가 잘못된 상황을 알아보고, 예제를 통해 잘못된 설계를 바로잡아 볼 것입니다.

웹 애플리케이션을 만든다고 가정해 보겠습니다. 애플리케이션에서 페이지를 선택하면, 페이지의 내용을 로드하고 화면에 표시합니다. 페이지의 상태는 다음처럼 설계했습니다.

```
interface State {
  pageText: string;
  isLoading: boolean;
  error?: string;
}
```

페이지를 그리는 renderPage 함수를 작성할 때는 상태 객체의 필드를 전부 고려해서 상태 표시를 분기해야 합니다.

```
function renderPage(state: State) {
  if (state.error) {
    return `Error! Unable to load ${currentPage}: ${state.error}`;
  } else if (state.isLoading) {
    return `Loading ${currentPage}...`;
  }
  return `<h1>${currentPage}</h1>\n${state.pageText}`;
}
```

코드를 살펴보면 분기 조건이 명확히 분리되어 있지 않다는 것을 알 수 있습니다. isLoading이 true이고 동시에 error 값이 존재하면 로딩 중인 상태인지 오류가 발생한 상태인지 명확히 구분할 수 없습니다. 필요한 정보가 부족하기 때문입니다.

한편 페이지를 전환하는 changePage 함수는 다음과 같습니다.

```
async function changePage(state: State, newPage: string) {
  state.isLoading = true;
  try {
    const response = await fetch(getUrlForPage(newPage));
    if (!response.ok) {
      throw new Error(`Unable to load ${newPage}: ${response.statusText}`);
    }
    const text = await response.text();
    state.isLoading = false;
    state.pageText = text;
  } catch (e) {
    state.error = '' + e;
  }
}
```

changePage에는 많은 문제점이 있습니다. 몇 가지 정리해 보면 다음과 같습니다.

- 오류가 발생했을 때 state.isLoading을 false로 설정하는 로직이 빠져 있습니다.
- state.error를 초기화하지 않았기 때문에, 페이지 전환 중에 로딩 메시지 대신 과거의 오류 메시지를 보여 주게 됩니다.
- 페이지 로딩 중에 사용자가 페이지를 바꿔 버리면 어떤 일이 벌어질지 예상하기 어렵습니다. 새 페이지에 오류가 뜨거나, 응답이 오는 순서에 따라 두 번째 페이지가 아닌 첫 번째 페이지로 전환될 수도 있습니다.

문제는 바로 상태 값의 두 가지 속성이 동시에 정보가 부족하거나(요청이 실패한 것인지 여전히 로딩 중인지 알 수 없습니다), 두 가지 속성이 충돌(오류이면서 동시에 로딩 중일 수 있습니다)할 수 있다는 것입니다. State 타입은 isLoading이 true이면서 동시에 error 값이 설정되는 무효한 상태를 허용합니다. 무효한 상태가 존재하면 render()와 changePage() 둘 다 제대로 구현할 수 없게 됩니다.

다음은 애플리케이션의 상태를 좀 더 제대로 표현한 방법입니다.

```
interface RequestPending {
  state: 'pending';
}
```

```
interface RequestError {
  state: 'error';
  error: string;
}
interface RequestSuccess {
  state: 'ok';
  pageText: string;
}
type RequestState = RequestPending | RequestError | RequestSuccess;

interface State {
  currentPage: string;
  requests: {[page: string]: RequestState};
}
```

여기서는 네트워크 요청 과정 각각의 상태를 명시적으로 모델링하는 태그된
유니온(또는 구별된 유니온)이 사용되었습니다. 이번 예제는 상태를 나타내는
타입의 코드 길이가 서너 배 길어지긴 했지만, 무효한 상태를 허용하지 않도록
크게 개선되었습니다. 현재 페이지는 발생하는 모든 요청의 상태로서, 명시적
으로 모델링되었습니다. 그 결과로 개선된 renderPage와 changePage 함수는 쉽
게 구현할 수 있습니다.

```
function renderPage(state: State) {
  const {currentPage} = state;
  const requestState = state.requests[currentPage];
  switch (requestState.state) {
    case 'pending':
      return `Loading ${currentPage}...`;
    case 'error':
      return `Error! Unable to load ${currentPage}: ${requestState.error}`;
    case 'ok':
      return `<h1>${currentPage}</h1>\n${requestState.pageText}`;
  }
}

async function changePage(state: State, newPage: string) {
  state.requests[newPage] = {state: 'pending'};
  state.currentPage = newPage;
  try {
    const response = await fetch(getUrlForPage(newPage));
    if (!response.ok) {
```

```
        throw new Error(`Unable to load ${newPage}: ${response.statusText}`);
    }
    const pageText = await response.text();
    state.requests[newPage] = {state: 'ok', pageText};
  } catch (e) {
    state.requests[newPage] = {state: 'error', error: '' + e};
  }
}
```

이번 아이템의 처음에 등장했던 renderPage와 changePage의 모호함은 완전히 사라졌습니다. 현재 페이지가 무엇인지 명확하며, 모든 요청은 정확히 하나의 상태로 맞아 떨어집니다. 요청이 진행 중인 상태에서 사용자가 페이지를 변경하더라도 문제없습니다. 무효가 된 요청이 실행되긴 하겠지만 UI에는 영향을 미치지 않습니다.

앞의 웹 애플리케이션 예제보다 간단하지만 끔찍한 예를 들어 보겠습니다. 2009년 6월 1일 대서양에서 추락한 에어프랑스 447 항공편이었던 에어버스 330 비행기 사례입니다. 에어버스는 전자 조종식 항공기로, 조종사의 제어가 물리적으로 비행 장치에 전달되기 전에 컴퓨터 시스템을 거치게 됩니다. 사고 후 2년이 지나서야 추락한 비행기의 블랙박스가 복구되었습니다. 추락을 일으킨 많은 원인이 밝혀졌는데, 주요 원인은 바로 잘못된 상태 설계였습니다.

에어버스 330의 조종석에는 기장과 부기장을 위한 분리된 제어 세트가 있습니다. 사이드 스틱은 비행기의 전진 방향(받음각, angle of attack)을 제어합니다. 뒤로 당기면 비행기가 올라가고, 앞으로 밀면 아래로 내려가는 방식입니다. 에어버스 330은 두 개의 사이드 스틱이 독립적으로 움직이는 이중 입력 모드 시스템을 사용했습니다. 타입스크립트로 이중 입력 모드 상태를 모델링해 보면 다음과 같습니다.

```
interface CockpitControls {
  /** 왼쪽 사이드 스틱의 각도, 0 = 중립, + = 앞으로 */
  leftSideStick: number;
  /** 오른쪽 사이드 스틱의 각도, 0 = 중립, + = 앞으로 */
  rightSideStick: number;
}
```

이 데이터 구조가 주어진 상태에서 현재 스틱의 설정을 계산하는 getStickSetting 함수를 작성한다고 가정해 보겠습니다.

일단 기장(왼쪽 스틱)이 제어하고 있다고 가정하면 다음처럼 구현할 수 있습니다.

```
function getStickSetting(controls: CockpitControls) {
  return controls.leftSideStick;
}
```

부기장(오른쪽 스틱)이 제어하고 있는 상태라면 기장의 스틱 상태는 중립일 겁니다. 결과적으로 기장이든 부기장이든 둘 중 하나의 스틱 값 중에서 중립이 아닌 값을 사용해야 합니다.

```
function getStickSetting(controls: CockpitControls) {
  const {leftSideStick, rightSideStick} = controls;
  if (leftSideStick === 0) {
    return rightSideStick;
  }
  return leftSideStick;
}
```

그러나 이 코드에는 문제가 있습니다. 왼쪽 스틱의 로직과 동일하게 오른쪽 스틱이 중립일 때 왼쪽 스틱 값을 사용해야 합니다. 그러므로 오른쪽 스틱에 대한 체크를 코드에 추가해야 합니다.

```
function getStickSetting(controls: CockpitControls) {
  const {leftSideStick, rightSideStick} = controls;
  if (leftSideStick === 0) {
    return rightSideStick;
  } else if (rightSideStick === 0) {
    return leftSideStick;
  }
  // ???
}
```

두 스틱이 모두 중립이 아닌 경우를 고려해 보겠습니다. 다행히 두 스틱이 비슷한 값이라면 스틱의 각도를 평균해서 계산할 수 있습니다.

```typescript
function getStickSetting(controls: CockpitControls) {
  const {leftSideStick, rightSideStick} = controls;
  if (leftSideStick === 0) {
    return rightSideStick;
  } else if (rightSideStick === 0) {
    return leftSideStick;
  }
  if (Math.abs(leftSideStick - rightSideStick) < 5) {
    return (leftSideStick + rightSideStick) / 2;
  }
  // ???
}
```

그러나 두 스틱의 각도가 매우 다른 경우는 해결하기 어렵습니다. 그렇다고 해결책 없이 조종사에게 오류를 띄운다는 것은 현실적으로 불가능한 일입니다. 비행 중이기 때문에 스틱의 각도는 어떻게든 설정되어야 합니다.

한편, 비행기가 폭풍에 휘말리자 부기장은 조용히 사이드 스틱을 뒤로 당겼습니다. 고도는 올라갔지만 결국은 속력이 떨어져서, 스톨(양력을 잃고 힘없이 떨어지는) 상태가 되었고 곧이어 비행기는 추락하기 시작했습니다.

조종사들은 비행 중 스톨 상태에 빠지면, 스틱을 앞으로 밀어 비행기가 하강하면서 속력을 다시 높이도록 훈련받습니다. 기장은 훈련대로 스틱을 앞으로 밀었습니다. 그러나 부기장은 여전히 스틱을 뒤로 당기고 있었습니다. 이때 에어버스의 계산 함수는 다음과 같은 모습입니다.

```typescript
function getStickSetting(controls: CockpitControls) {
  return (controls.leftSideStick + controls.rightSideStick) / 2;
}
```

기장이 스틱을 힘껏 앞으로 밀어 봤자 부기장이 뒤로 당기고 있었기에, 평균값에는 변함이 없습니다. 따라서 에어버스는 아무것도 하지 않게 됩니다. 기장은 비행기가 하강하지 않는 이유를 알 수 없었을 겁니다. 부기장이 무슨 일이 벌어지고 있는지 깨달았을 때는 이미 속력을 회복할 수 없을 정도로 고도가 너무 낮았고, 결국 바다로 추락해 228명 탑승객 전원의 목숨을 빼앗고 말았습니다.

이 모든 이야기의 요점은, 주어진 입력으로 getStickSetting을 구현하는 제대로 된 방법이 없다는 것입니다. getStickSetting 함수는 실패할 수밖에 없었습니다. 대부분의 비행기는 두 개의 스틱이 기계적으로 연결되어 있습니다. 부기장이 뒤로 당긴다면, 기장의 스틱도 뒤로 당겨집니다. 기계적으로 연결된 스틱의 상태는 표현이 간단합니다.

```
interface CockpitControls {
  /** 스틱의 각도, 0 = 중립, + = 앞으로 */
  stickAngle: number;
}
```

4장의 처음에 보았던 프레드 브룩스의 인용문에 따라, 이제는 순서도(코드의 로직)가 분명해졌습니다. 사실 getStickSetting 함수는 전혀 필요 없습니다.

타입을 설계할 때는 어떤 값들을 포함하고 어떤 값들을 제외할지 신중하게 생각해야 합니다. 유효한 상태를 표현하는 값만 허용한다면 코드를 작성하기 쉬워지고 타입 체크가 용이해집니다. 유효한 상태만 허용하는 것은 매우 일반적인 원칙입니다. 반면 특정한 상황에서 지켜야 할 원칙들도 있는데, 4장의 다른 아이템들에서 다루겠습니다.

### 요약

- 유효한 상태와 무효한 상태를 둘 다 표현하는 타입은 혼란을 초래하기 쉽고 오류를 유발하게 됩니다.
- 유효한 상태만 표현하는 타입을 지향해야 합니다. 코드가 길어지거나 표현하기 어렵지만 결국은 시간을 절약하고 고통을 줄일 수 있습니다.

## 아이템 29 사용할 때는 너그럽게, 생성할 때는 엄격하게

아이템 29의 제목은 TCP와 관련해서 존 포스텔(Jon Postel)이 쓴 견고성 원칙(robustness principle) 또는 포스텔의 법칙(Postel's Law)에서 따왔습니다.

> TCP 구현체는 견고성의 일반적 원칙을 따라야 한다. 당신의 작업은 엄격하게 하고, 다른 사람의 작업은 너그럽게 받아들여야 한다.

함수의 시그니처에도 비슷한 규칙을 적용해야 합니다. 함수의 매개변수는 타입의 범위가 넓어도 되지만, 결과를 반환할 때는 일반적으로 타입의 범위가 더 구체적이어야 합니다.

예를 들어 3D 매핑 API는 카메라의 위치를 지정하고 경계 박스의 뷰포트를 계산하는 방법을 제공합니다.

```typescript
declare function setCamera(camera: CameraOptions): void;
declare function viewportForBounds(bounds: LngLatBounds): CameraOptions;
```

카메라의 위치를 잡기 위해 viewportForBounds의 결과가 setCamera로 바로 전달될 수 있다면 편리할 것입니다.

CameraOptions와 LngLat 타입의 정의를 살펴보겠습니다.

```typescript
interface CameraOptions {
  center?: LngLat;
  zoom?: number;
  bearing?: number;
  pitch?: number;
}
type LngLat =
  { lng: number; lat: number; } |
  { lon: number; lat: number; } |
  [number, number];
```

일부 값은 건드리지 않으면서 동시에 다른 값을 설정할 수 있어야 하므로 Camera Options의 필드는 모두 선택적입니다. 유사하게 LngLat 타입도 setCamera의 매개변수 범위를 넓혀 줍니다. 매개변수로 {lng, lat} 객체, {lon, lat} 객체, 또는 순서만 맞다면 [lng, lat] 쌍을 넣을 수도 있습니다. 이러한 편의성을 제공하여 함수 호출을 쉽게 할 수 있습니다.

viewportForBounds 함수는 또 다른 자유로운 타입을 매개변수로 받습니다.

```typescript
type LngLatBounds =
  {northeast: LngLat, southwest: LngLat} |
  [LngLat, LngLat] |
  [number, number, number, number];
```

이름이 주어진 모서리, 위도/경도 쌍, 또는 순서만 맞다면 4-튜플을 사용하여 경계를 지정할 수 있습니다. LngLat는 세 가지 형태를 받을 수 있기 때문에,

LngLatBounds의 가능한 형태는 19가지[1] 이상으로 매우 자유로운 타입입니다.

이제 GeoJSON 기능을 지원하도록 뷰포트를 조절하고, 새 뷰포트를 URL에 저장하는 함수를 작성해 보겠습니다(calculateBoundingBox의 정의는 아이템 35 참조).

```
function focusOnFeature(f: Feature) {
  const bounds = calculateBoundingBox(f);
  const camera = viewportForBounds(bounds);
  setCamera(camera);
  const {center: {lat, lng}, zoom} = camera;
               // ~~~      ... 형식에 'lat' 속성이 없습니다.
               //       ~~~ ... 형식에 'lng' 속성이 없습니다.
  zoom;  // 타입이 number | undefined
  window.location.search = `?v=@${lat},${lng}z${zoom}`;
}
```

이 예제의 오류는 lat과 lng 속성이 없고 zoom 속성만 존재하기 때문에 발생했지만, 타입이 number | undefined로 추론되는 것 역시 문제입니다. 근본적인 문제는 viewportForBounds의 타입 선언이 사용될 때뿐만 아니라 만들어질 때에도 너무 자유롭다는 것입니다. camera 값을 안전한 타입으로 사용하는 유일한 방법은 유니온 타입의 각 요소별로 코드를 분기하는 것입니다(아이템 22).

수많은 선택적 속성을 가지는 반환 타입과 유니온 타입은 viewportForBounds를 사용하기 어렵게 만듭니다. 매개변수 타입의 범위가 넓으면 사용하기 편리하지만, 반환 타입의 범위가 넓으면 불편합니다. 즉, 사용하기 편리한 API일수록 반환 타입이 엄격합니다.

유니온 타입의 요소별 분기를 위한 한 가지 방법은, 좌표를 위한 기본 형식을 구분하는 것입니다. 배열과 배열 같은 것(array-like)의 구분을 위해 자바스크립트의 관례에 따라(아이템 16), LngLat와 LngLatLike를 구분할 수 있습니다. 또한 setCamera 함수가 매개변수로 받을 수 있도록, 완전하게 정의된 Camera 타입과 Camera 타입이 부분적으로 정의된 버전을 구분할 수도 있습니다.

---

1   (옮긴이) LngLat 두 개의 조합은 3×3 = 9가지가 됩니다. 따라서 3×3 + 3×3 + 1 = 19

```
interface LngLat { lng: number; lat: number; };
type LngLatLike = LngLat | { lon: number; lat: number; } |
                  [number, number];

interface Camera {
  center: LngLat;
  zoom: number;
  bearing: number;
  pitch: number;
}
interface CameraOptions extends Omit<Partial<Camera>, 'center'> {
  center?: LngLatLike;
}
type LngLatBounds =
  {northeast: LngLatLike, southwest: LngLatLike} |
  [LngLatLike, LngLatLike] |
  [number, number, number, number];

declare function setCamera(camera: CameraOptions): void;
declare function viewportForBounds(bounds: LngLatBounds): Camera;
```

Camera가 너무 엄격하므로 조건을 완화하여 느슨한 CameraOptions 타입으로 만들었습니다(아이템 14).

setCamera 매개변수 타입의 center 속성에 LngLatLike 객체를 허용해야 하기 때문에 Partial<Camera>를 사용하면 코드가 동작하지 않습니다. 그리고 LngLatLike가 LngLat의 부분 집합이 아니라 상위집합이기 때문에 CameraOptions extends Partial<Camera>를 사용할 수 없습니다(아이템 7). 너무 복잡해 보인다면 약간의 반복 작업을 해야겠지만 명시적으로 타입을 추출해서 다음처럼 작성할 수도 있습니다.

```
interface CameraOptions {
  center?: LngLatLike;
  zoom?: number;
  bearing?: number;
  pitch?: number;
}
```

앞에서 설명한 CameraOptions를 선언하는 두 가지 방식 모두 focusOnFeature 함수가 타입 체커를 통과할 수 있게 합니다.

```
function focusOnFeature(f: Feature) {
  const bounds = calculateBoundingBox(f);
  const camera = viewportForBounds(bounds);
  setCamera(camera);
  const {center: {lat, lng}, zoom} = camera;  // 정상
  zoom;                                        // 타입이 number
  window.location.search = `?v=@${lat},${lng}z${zoom}`;
}
```

이번에는 zoom의 타입이 number|undefined가 아니라 number입니다. 이제 view
portForBounds 함수를 사용하기 훨씬 쉬워졌습니다. 그리고 bounds를 생성하
는 다른 함수가 있다면 LngLatBounds와 LngLatBoundsLike를 구분할 수 있도록
새로운 기본 형식을 도입해야 합니다.

앞에 등장한 것처럼 경계 박스의 형태를 19가지나 허용하는 것은 좋은 설계
가 아닙니다. 그러나 다양한 타입을 허용해야만 하는 라이브러리의 타입 선언
을 작성하고 있다면, 어쩔 수 없이 다양한 타입을 허용해야 하는 경우가 생깁
니다. 하지만 그때도 19가지 반환 타입이 나쁜 설계라는 사실을 잊어서는 안
됩니다.

**요약**

- 보통 매개변수 타입은 반환 타입에 비해 범위가 넓은 경향이 있습니다. 선
  택적 속성과 유니온 타입은 반환 타입보다 매개변수 타입에 더 일반적입
  니다.
- 매개변수와 반환 타입의 재사용을 위해서 기본 형태(반환 타입)와 느슨한
  형태(매개변수 타입)를 도입하는 것이 좋습니다.

## 아이템 30 문서에 타입 정보를 쓰지 않기

다음 코드에서 잘못된 부분을 찾아보겠습니다.

```
/**
 * 전경색(foreground) 문자열을 반환합니다.
 * 0 개 또는 1 개의 매개변수를 받습니다.
 * 매개변수가 없을 때는 표준 전경색을 반환합니다.
```

```
 * 매개변수가 있을 때는 특정 페이지의 전경색을 반환합니다.
 */
function getForegroundColor(page?: string) {
  return page === 'login' ? {r: 127, g: 127, b: 127} : {r: 0, g: 0, b: 0};
}
```

코드와 주석의 정보가 맞지 않습니다. 둘 중 어느 것이 옳은지 판단하기에는 정보가 부족하며, 잘못된 상태라는 것만은 분명합니다. 저의 교수님은 "코드와 주석이 맞지 않는다면, 둘 다 잘못된 것이다!"라고 말씀하시곤 했습니다.

앞의 예제에서 의도된 동작이 코드에 제대로 반영되고 있다고 가정하면, 주석에는 세 가지 문제점이 있습니다.

• 함수가 string 형태의 색깔을 반환한다고 적혀 있지만 실제로는 {r, g, b} 객체를 반환합니다.
• 주석에는 함수가 0개 또는 1개의 매개변수를 받는다고 설명하고 있지만, 타입 시그니처만 보아도 명확하게 알 수 있는 정보입니다.
• 불필요하게 장황합니다. 함수 선언과 구현체보다 주석이 더 깁니다.

타입스크립트의 타입 구문 시스템은 간결하고, 구체적이며, 쉽게 읽을 수 있도록 설계되었습니다. 타입 시스템 개발자들은 수십 년의 경험을 가진 언어 전문가입니다. 함수의 입력과 출력의 타입을 코드로 표현하는 것이 주석보다 더 나은 방법이라는 것은 자명합니다.

그리고 타입 구문은 타입스크립트 컴파일러가 체크해 주기 때문에, 절대로 구현체와의 정합성이 어긋나지 않습니다. 코드를 살펴보면 getForegroundColor 함수는 과거에 문자열을 반환했지만 추후에 객체를 반환하도록 바뀌었고, 코드를 변경한 사람이 주석 갱신하는 것을 깜빡한 것으로 보입니다.

누군가 강제하지 않는 이상 주석은 코드와 동기화되지 않습니다. 그러나 타입 구문은 타입스크립트 타입 체커가 타입 정보를 동기화하도록 강제합니다. 주석 대신 타입 정보를 작성한다면 코드가 변경된다 하더라도 정보가 정확히 동기화됩니다.

주석은 다음과 같이 개선할 수 있습니다.

```
/** 애플리케이션 또는 특정 페이지의 전경색을 가져옵니다. */
function getForegroundColor(page?: string): Color {
  // ...
}
```

특정 매개변수를 설명하고 싶다면 JSDoc의 @param 구문을 사용하면 됩니다. JSDoc은 아이템 48에서 자세히 다룹니다.

값을 변경하지 않는다고 설명하는 주석도 좋지 않습니다. 또한 매개변수를 변경하지 않는다는 주석도 사용하지 않는 것이 좋습니다.

```
/** nums를 변경하지 않습니다. */
function sort(nums: number[]) { /* ... */ }
```

그 대신, readonly로 선언하여(아이템 17) 타입스크립트가 규칙을 강제할 수 있게 하면 됩니다.

```
function sort(nums: readonly number[]) { /* ... */ }
```

주석에 적용한 규칙은 변수명에도 그대로 적용할 수 있습니다. 변수명에 타입 정보를 넣지 않도록 합니다. 예를 들어 변수명을 ageNum으로 하는 것보다는 age로 하고, 그 타입이 number임을 명시하는 게 좋습니다.

그러나 단위가 있는 숫자들은 예외입니다. 단위가 무엇인지 확실하지 않다면 변수명 또는 속성 이름에 단위를 포함할 수 있습니다. 예를 들어 timeMs는 time보다 훨씬 명확하고 temperatureC는 temperature보다 훨씬 명확합니다. 아이템 37에서는 안전한 타입으로 단위를 모델링할 수 있는 '상표'를 설명합니다.

## 요약

- 주석과 변수명에 타입 정보를 적는 것은 피해야 합니다. 타입 선언이 중복되는 것으로 끝나면 다행이지만 최악의 경우는 타입 정보에 모순이 발생하게 됩니다.
- 타입이 명확하지 않은 경우는 변수명에 단위 정보를 포함하는 것을 고려하는 것이 좋습니다(예를 들어 timeMs 또는 temperatureC).

# 아이템 31 타입 주변에 null 값 배치하기

strictNullChecks 설정을 처음 켜면, null이나 undefined 값 관련된 오류들이 갑자기 나타나기 때문에, 오류를 걸러 내는 if 구문을 코드 전체에 추가해야 한다고 생각할 수 있습니다. 왜냐하면 어떤 변수가 null이 될 수 있는지 없는지를 타입만으로는 명확하게 표현하기 어렵기 때문입니다. 예를 들어 B 변수가 A 변수의 값으로부터 비롯되는 값이라면, A가 null이 될 수 없을 때 B 역시 null이 될 수 없고, 그 반대로 A가 null이 될 수 있다면 B 역시 null이 될 수 있습니다. 이러한 관계들은 겉으로 드러나지 않기 때문에 사람과 타입 체커 모두에게 혼란스럽습니다.

값이 전부 null이거나 전부 null이 아닌 경우로 분명히 구분된다면, 값이 섞여 있을 때보다 다루기 쉽습니다. 타입에 null을 추가하는 방식으로 이러한 경우를 모델링할 수 있습니다.

숫자들의 최솟값과 최댓값을 계산하는 extent 함수를 가정해 보겠습니다.

```
function extent(nums: number[]) {
  let min, max;
  for (const num of nums) {
    if (!min) {
      min = num;
      max = num;
    } else {
      min = Math.min(min, num);
      max = Math.max(max, num);
    }
  }
  return [min, max];
}
```

이 코드는 타입 체커를 통과하고(strictNullChecks 없이), 반환 타입은 number[]로 추론됩니다. 그러나 여기에는 버그와 함께 설계적 결함이 있습니다.

• 최솟값이나 최댓값이 0인 경우, 값이 덧씌워져 버립니다. 예를 들어, extent([0, 1, 2])의 결과는 [0, 2]가 아니라 [1, 2]가 됩니다.
• nums 배열이 비어 있다면 함수는 [undefined, undefined]를 반환합니다.

undefined를 포함하는 객체는 다루기 어렵고 절대 권장하지 않습니다. 코드를 살펴보면 min과 max가 동시에 둘 다 undefined이거나 둘 다 undefined가 아니라는 것을 알 수 있겠지만, 이러한 정보는 타입 시스템에서 표현할 수 없습니다.

strictNullChecks 설정을 켜면 앞의 두 가지 문제점이 드러납니다.

```
function extent(nums: number[]) {
  let min, max;
  for (const num of nums) {
    if (!min) {
      min = num;
      max = num;
    } else {
      min = Math.min(min, num);
      max = Math.max(max, num);
                    // ~~~ 'number | undefined' 형식의 인수는
                    //      'number' 형식의 매개변수에 할당될 수 없습니다.
    }
  }
  return [min, max];
}
```

extent의 반환 타입이 (number | undefined)[]로 추론되어서 설계적 결함이 분명해졌습니다. 이제는 extent를 호출하는 곳마다 타입 오류의 형태로 나타납니다.

```
const [min, max] = extent([0, 1, 2]);
const span = max - min;
           // ~~~    ~~~ 개체가 'undefined'인 것 같습니다.
```

extent 함수의 오류는 undefined를 min에서만 제외했고 max에서는 제외하지 않았기 때문에 발생했습니다. 두 개의 변수는 동시에 초기화되지만, 이러한 정보는 타입 시스템에서 표현할 수 없습니다. max에 대한 체크를 추가해서 오류를 해결할 수도 있지만 버그가 두 배로 늘어날 겁니다.

더 나은 해법을 찾아보겠습니다. min과 max를 한 객체 안에 넣고 null이거나 null이 아니게 하면 됩니다.

```
function extent(nums: number[]) {
  let result: [number, number] | null = null;
  for (const num of nums) {
    if (!result) {
      result = [num, num];
    } else {
      result = [Math.min(num, result[0]), Math.max(num, result[1])];
    }
  }
  return result;
}
```

이제는 반환 타입이 [number, number] | null이 되어서 사용하기가 더 수월해 졌습니다. null 아님 단언(!)을 사용하면 min과 max를 얻을 수 있습니다.

```
const [min, max] = extent([0, 1, 2])!;
const span = max - min;  // 정상
```

null 아님 단언 대신 단순 if 구문으로 체크할 수도 있습니다.

```
const range = extent([0, 1, 2]);
if (range) {
  const [min, max] = range;
  const span = max - min;  // 정상
}
```

extent의 결괏값으로 단일 객체를 사용함으로써 설계를 개선했고, 타입스크립 트가 null 값 사이의 관계를 이해할 수 있도록 했으며 버그도 제거했습니다. if (!result) 체크는 이제 제대로 동작합니다.

null과 null이 아닌 값을 섞어서 사용하면 클래스에서도 문제가 생깁니다. 예를 들어, 사용자와 그 사용자의 포럼 게시글을 나타내는 클래스를 가정해 보 겠습니다.

```
class UserPosts {
  user: UserInfo | null;
  posts: Post[] | null;

  constructor() {
    this.user = null;
```

```
      this.posts = null;
  }

  async init(userId: string) {
    return Promise.all([
      async () => this.user = await fetchUser(userId),
      async () => this.posts = await fetchPostsForUser(userId)
    ]);
  }

  getUserName() {
    // ...?
  }
}
```

두 번의 네트워크 요청이 로드되는 동안 user와 posts 속성은 null 상태입니다. 어떤 시점에는 둘 다 null이거나, 둘 중 하나만 null이거나, 둘 다 null이 아닐 것입니다. 총 네 가지 경우가 존재합니다. 속성값의 불확실성이 클래스의 모든 메서드에 나쁜 영향을 미칩니다. 결국 null 체크가 난무하고 버그를 양산하게 됩니다.

설계를 개선해 보겠습니다. 필요한 데이터가 모두 준비된 후에 클래스를 만들도록 바꿔 보겠습니다.

```
class UserPosts {
  user: UserInfo;
  posts: Post[];

  constructor(user: UserInfo, posts: Post[]) {
    this.user = user;
    this.posts = posts;
  }

  static async init(userId: string): Promise<UserPosts> {
    const [user, posts] = await Promise.all([
      fetchUser(userId),
      fetchPostsForUser(userId)
    ]);
    return new UserPosts(user, posts);
  }

  getUserName() {
```

```
    return this.user.name;
  }
}
```

이제 UserPosts 클래스는 완전히 null이 아니게 되었고, 메서드를 작성하기 쉬워졌습니다. 물론 이 경우에도 데이터가 부분적으로 준비되었을 때 작업을 시작해야 한다면, null과 null이 아닌 경우의 상태를 다루어야 합니다.

　(null인 경우가 필요한 속성은 프로미스로 바꾸면 안 됩니다. 코드가 매우 복잡해지며 모든 메서드가 비동기로 바뀌어야 합니다. 프로미스는 데이터를 로드하는 코드를 단순하게 만들어 주지만, 데이터를 사용하는 클래스에서는 반대로 코드가 복잡해지는 효과를 내기도 합니다.)

### 요약

- 한 값의 null 여부가 다른 값의 null 여부에 암시적으로 관련되도록 설계하면 안 됩니다.
- API 작성 시에는 반환 타입을 큰 객체로 만들고 반환 타입 전체가 null이거나 null이 아니게 만들어야 합니다. 사람과 타입 체커 모두에게 명료한 코드가 될 것입니다.
- 클래스를 만들 때는 필요한 모든 값이 준비되었을 때 생성하여 null이 존재하지 않도록 하는 것이 좋습니다.
- strictNullChecks를 설정하면 코드에 많은 오류가 표시되겠지만, null 값과 관련된 문제점을 찾아낼 수 있기 때문에 반드시 필요합니다.

## 아이템 32 유니온의 인터페이스보다는 인터페이스의 유니온을 사용하기

유니온 타입의 속성을 가지는 인터페이스를 작성 중이라면, 혹시 인터페이스의 유니온 타입을 사용하는 게 더 알맞지는 않을지 검토해 봐야 합니다.

　벡터를 그리는 프로그램을 작성 중이고, 특정한 기하학적(geometry) 타입을 가지는 계층의 인터페이스를 정의한다고 가정해 보겠습니다.

```
interface Layer {
  layout: FillLayout | LineLayout | PointLayout;
  paint: FillPaint | LinePaint | PointPaint;
}
```

layout 속성은 모양이 그려지는 방법과 위치(둥근 모서리, 직선)를 제어하는 반면, paint 속성은 스타일(파란선, 굵은선, 얇은선, 점선)을 제어합니다.

layout이 LineLayout 타입이면서 paint 속성이 FillPaint 타입인 것은 말이 되지 않습니다. 이런 조합을 허용한다면 라이브러리에서는 오류가 발생하기 십상이고 인터페이스를 다루기도 어려울 것입니다.

더 나은 방법으로 모델링하려면 각각 타입의 계층을 분리된 인터페이스로 둬야 합니다.

```
interface FillLayer {
  layout: FillLayout;
  paint: FillPaint;
}
interface LineLayer {
  layout: LineLayout;
  paint: LinePaint;
}
interface PointLayer {
  layout: PointLayout;
  paint: PointPaint;
}
type Layer = FillLayer | LineLayer | PointLayer;
```

이런 형태로 Layer를 정의하면 layout과 paint 속성이 잘못된 조합으로 섞이는 경우를 방지할 수 있습니다. 이 코드에서는 아이템 28의 조언에 따라 유효한 상태만을 표현하도록 타입을 정의했습니다.

이러한 패턴의 가장 일반적인 예시는 태그된 유니온(또는 구분된 유니온)입니다. Layer의 경우 속성 중의 하나는 문자열 리터럴 타입의 유니온이 됩니다.

```
interface Layer {
  type: 'fill' | 'line' | 'point';
  layout: FillLayout | LineLayout | PointLayout;
  paint: FillPaint | LinePaint | PointPaint;
}
```

type: 'fill'과 함께 LineLayout과 PointPaint 타입이 쓰이는 것은 말이 되지 않습니다. 이러한 경우를 방지하기 위해 Layer를 인터페이스의 유니온으로 변환해 보겠습니다.

```
interface FillLayer {
  type: 'fill';
  layout: FillLayout;
  paint: FillPaint;
}
interface LineLayer {
  type: 'line';
  layout: LineLayout;
  paint: LinePaint;
}
interface PointLayer {
  type: 'paint';
  layout: PointLayout;
  paint: PointPaint;
}
type Layer = FillLayer | LineLayer | PointLayer;
```

type 속성은 '태그'이며 런타임에 어떤 타입의 Layer가 사용되는지 판단하는 데 쓰입니다. 타입스크립트는 태그를 참고하여 Layer의 타입의 범위를 좁힐 수도 있습니다.

```
function drawLayer(layer: Layer) {
  if (layer.type === 'fill') {
    const {paint} = layer;   // 타입이 FillPaint
    const {layout} = layer;  // 타입이 FillLayout
  } else if (layer.type === 'line') {
    const {paint} = layer;   // 타입이 LinePaint
    const {layout} = layer;  // 타입이 LineLayout
  } else {
    const {paint} = layer;   // 타입이 PointPaint
    const {layout} = layer;  // 타입이 PointLayout
  }
}
```

각 타입의 속성들 간의 관계를 제대로 모델링하면, 타입스크립트가 코드의 정확성을 체크하는 데 도움이 됩니다. 다만 타입 분기 후 layer가 포함된 동일한 코드가 반복되는 것이 어수선해 보입니다.

태그된 유니온은 타입스크립트 타입 체커와 잘 맞기 때문에 타입스크립트 코드 어디에서나 찾을 수 있습니다. 이 패턴을 잘 기억해서 필요할 때 적용할 수 있도록 해야 합니다. 어떤 데이터 타입을 태그된 유니온으로 표현할 수 있다면, 보통은 그렇게 하는 것이 좋습니다. 또는 여러 개의 선택적 필드가 동시에 값이 있거나 동시에 undefined인 경우도 태그된 유니온 패턴이 잘 맞습니다.

다음 코드의 타입을 보겠습니다.

```
interface Person {
  name: string;
  // 다음은 둘 다 동시에 있거나 동시에 없습니다.
  placeOfBirth?: string;
  dateOfBirth?: Date;
}
```

타입 정보를 담고 있는 주석은 문제가 될 소지가 매우 높습니다(아이템 30). placeOfBirth와 dateOfBirth 필드는 실제로 관련되어 있지만, 타입 정보에는 어떠한 관계도 표현되지 않았습니다.

두 개의 속성을 하나의 객체로 모으는 것이 더 나은 설계입니다. 이 방법은 null 값을 경계로 두는 방법과 비슷합니다(아이템 31).

```
interface Person {
  name: string;
  birth?: {
    place: string;
    date: Date;
  }
}
```

이제 place만 있고 date가 없는 경우에는 오류가 발생합니다.

```
 const alanT: Person = {
   name: 'Alan Turing',
   birth: {
// ~~~~ 'date' 속성이 '{ place: string; }' 형식에 없지만
//      '{ place: string; date: Date; }' 형식에서 필수입니다.
     place: 'London'
   }
 }
```

Person 객체를 매개변수로 받는 함수는 birth 하나만 체크하면 됩니다.

```
function eulogize(p: Person) {
  console.log(p.name);
  const {birth} = p;
  if (birth) {
    console.log(`was born on ${birth.date} in ${birth.place}.`);
  }
}
```

타입의 구조를 손 댈 수 없는 상황(예를 들어 API의 결과)이면, 앞서 다룬 인터페이스의 유니온을 사용해서 속성 사이의 관계를 모델링할 수 있습니다.

```
interface Name {
  name: string;
}

interface PersonWithBirth extends Name {
  placeOfBirth: string;
  dateOfBirth: Date;
}

type Person = Name | PersonWithBirth;
```

이제 중첩된 객체에서도 동일한 효과를 볼 수 있습니다.

```
function eulogize(p: Person) {
  if ('placeOfBirth' in p) {
    p                      // 타입이 PersonWithBirth
    const {dateOfBirth} = p  // 정상, 타입이 Date
  }
}
```

앞의 두 경우 모두 타입 정의를 통해 속성 간의 관계를 더 명확하게 만들 수 있습니다.

## 요약

• 유니온 타입의 속성을 여러 개 가지는 인터페이스에서는 속성 간의 관계가 분명하지 않기 때문에 실수가 자주 발생하므로 주의해야 합니다.

- 유니온의 인터페이스보다 인터페이스의 유니온이 더 정확하고 타입스크립트가 이해하기도 좋습니다.
- 타입스크립트가 제어 흐름을 분석할 수 있도록 타입에 태그를 넣는 것을 고려해야 합니다. 태그된 유니온은 타입스크립트와 매우 잘 맞기 때문에 자주 볼 수 있는 패턴입니다.

## 아이템 33 string 타입보다 더 구체적인 타입 사용하기

string 타입의 범위는 매우 넓습니다. "x"나 "y" 같은 한 글자도, '모비 딕'(*Moby Dick*, "Call me Ishmael..."로 시작하는 약 120만 글자의 소설)의 전체 내용도 string 타입입니다. string 타입으로 변수를 선언하려 한다면, 혹시 그보다 더 좁은 타입이 적절하지는 않을지 검토해 보아야 합니다.

음악 컬렉션을 만들기 위해 앨범의 타입을 정의한다고 가정해 보겠습니다.

```
interface Album {
  artist: string;
  title: string;
  releaseDate: string;    // YYYY-MM-DD
  recordingType: string;  // 예를 들어, "live" 또는 "studio"
}
```

string 타입이 남발된 모습입니다. 게다가 주석에 타입 정보를 적어 둔 걸 보면 (아이템 30) 현재 인터페이스가 잘못되었다는 것을 알 수 있습니다. 다음 예시처럼 Album 타입에 엉뚱한 값을 설정할 수 있습니다.

```
const kindOfBlue: Album = {
  artist: 'Miles Davis',
  title: 'Kind of Blue',
  releaseDate: 'August 17th, 1959',  // 날짜 형식이 다릅니다.
  recordingType: 'Studio',           // 오타(대문자 S)
};                                   // 정상
```

releaseDate 필드의 값은 주석에 설명된 형식과 다르며, recordingType 필드의 값 "Studio"는 소문자 대신 대문자가 쓰였습니다. 그러나 이 두 값 모두 문자열이고, 해당 객체는 Album 타입에 할당 가능하며 타입 체커를 통과합니다.

또한 string 타입의 범위가 넓기 때문에 제대로 된 Album 객체를 사용하더라도 매개변수 순서가 잘못된 것이 오류로 드러나지 않습니다

```typescript
function recordRelease(title: string, date: string) { /* ... */ }
recordRelease(kindOfBlue.releaseDate, kindOfBlue.title);  // 오류여야 하지만 정상
```

recordRelease 함수의 호출에서 매개변수들의 순서가 바뀌었지만, 둘 다 문자열이기 때문에 타입 체커가 정상으로 인식합니다. 앞의 예제처럼 string 타입이 남용된 코드를 "문자열을 남발하여 선언되었다(stringly typed)"고 표현하기도 합니다.

앞의 오류를 방지하기 위해 타입의 범위를 좁히는 방법을 생각해 보겠습니다. 억지스러운 예시일 수 있지만, 가수 이름이나 앨범 제목으로 '모비 딕'의 전체 텍스트가 쓰일 수도 있는 일입니다. 그러므로 artist나 title 같은 필드에는 string 타입이 적절합니다. 그러나 releaseDate 필드는 Date 객체를 사용해서 날짜 형식으로만 제한하는 것이 좋습니다. recordingType 필드는 "live"와 "studio", 단 두 개의 값으로 유니온 타입을 정의할 수 있습니다(enum을 사용할 수도 있지만 일반적으로는 추천하지 않습니다. 아이템 53 참고).

```typescript
type RecordingType = 'studio' | 'live';

interface Album {
  artist: string;
  title: string;
  releaseDate: Date;
  recordingType: RecordingType;
}
```

앞의 코드처럼 바꾸면 타입스크립트는 오류를 더 세밀하게 체크합니다.

```typescript
 const kindOfBlue: Album = {
   artist: 'Miles Davis',
   title: 'Kind of Blue',
   releaseDate: new Date('1959-08-17'),
   recordingType: 'Studio'
// ~~~~~~~~~~~~~ '"Studio"' 형식은 'RecordingType' 형식에 할당할 수 없습니다.
 };
```

이러한 방식에는 세 가지 장점이 더 있습니다.

첫 번째, 타입을 명시적으로 정의함으로써 다른 곳으로 값이 전달되어도 타입 정보가 유지됩니다. 예를 들어, 특정 레코딩 타입의 앨범을 찾는 함수를 작성한다면 다음처럼 정의할 수 있습니다.

```
function getAlbumsOfType(recordingType: string): Album[] {
  // ...
}
```

getAlbumsOfType 함수를 호출하는 곳에서 recordingType의 값이 string 타입이어야 한다는 것 외에는 다른 정보가 없습니다. 주석으로 써놓은 "studio" 또는 "live"는 Album의 정의에 숨어 있고, 함수를 사용하는 사람은 recordingType이 "studio" 또는 "live"여야 한다는 것을 알 수 없습니다.

두 번째, 타입을 명시적으로 정의하고 해당 타입의 의미를 설명하는 주석을 붙여 넣을 수 있습니다(아이템 48).

```
/** 이 녹음은 어떤 환경에서 이루어졌는지?  */
type RecordingType = 'live' | 'studio';
```

getAlbumsOfType이 받는 매개변수를 string 대신 RecordingType으로 바꾸면, 함수를 사용하는 곳에서 RecordingType의 설명을 볼 수 있습니다(그림 4-1).

```
                                    type RecordingType = "live" | "studio"
                                    What type of environment was this recording made in?
function getAlbumsOfType(recordingType: RecordingType): Album[] {
```

그림 4-1 string 대신 명명된 타입을 사용하면 타입에 설명을 붙일 수 있고 편집기에서 확인할 수 있습니다.

세 번째, keyof 연산자로 더욱 세밀하게 객체의 속성 체크가 가능해집니다. (keyof 관련 내용이 이번 아이템 마지막까지 이어지므로 집중하시길 바랍니다.)

함수의 매개변수에 string을 잘못 사용하는 일은 흔합니다. 어떤 배열에서 한 필드의 값만 추출하는 함수를 작성한다고 생각해 보겠습니다. 실제로 언더스코어(Underscore) 라이브러리에는 pluck이라는 함수가 있습니다.

```
function pluck(records, key) {
  return records.map(r => r[key]);
}
```

pluck 함수의 시그니처를 다음처럼 작성할 수 있습니다.

```
function pluck(records: any[], key: string): any[] {
  return records.map(r => r[key]);
}
```

타입 체크가 되긴 하지만 any 타입이 있어서 정밀하지 못합니다. 특히 반환 값에 any를 사용하는 것은 매우 좋지 않은 설계입니다(아이템 38). 먼저, 타입 시그니처를 개선하는 첫 단계로 제너릭 타입을 도입해 보겠습니다.

```
function pluck<T>(records: T[], key: string): any[] {
  return records.map(r => r[key]);
                   // ~~~~~~ '{}' 형식에 인덱스 시그니처가 없으므로
                   //        요소에 암시적으로 'any' 형식이 있습니다.
}
```

이제 타입스크립트는 key의 타입이 string이기 때문에 범위가 너무 넓다는 오류를 발생시킵니다. Album의 배열을 매개변수로 전달하면 기존의 string 타입의 넓은 범위와 반대로, key는 단 네 개의 값("artist", "title", "releaseDate", "recordingType")만이 유효합니다. 다음 예시는 keyof Album 타입으로 얻게 되는 결과입니다.

```
type K = keyof Album;
// 타입이 "artist" | "title" | "releaseDate" | "recordingType"
```

그러므로 string을 keyof T로 바꾸면 됩니다.

```
function pluck<T>(records: T[], key: keyof T) {
  return records.map(r => r[key]);
}
```

이 코드는 타입 체커를 통과합니다. 또한 타입스크립트가 반환 타입을 추론할 수 있게 해 줍니다. pluck 함수에 마우스를 올려 보면, 추론된 타입을 알 수 있습니다.

```
function pluck<T>(records: T[], key: keyof T): T[keyof T][]
```

T[keyof T]는 T 객체 내의 가능한 모든 값의 타입입니다.

그런데 key의 값으로 하나의 문자열을 넣게 되면, 그 범위가 너무 넓어서 적절한 타입이라고 보기 어렵습니다. 예를 들어 보겠습니다.

```
const releaseDates = pluck(albums, 'releaseDate'); // 타입이 (string | Date)[]
```

releaseDates의 타입은 (string | Date)[]가 아니라 Date[]이어야 합니다. keyof T는 string에 비하면 훨씬 범위가 좁기는 하지만 그래도 여전히 넓습니다. 따라서 범위를 더 좁히기 위해서, keyof T의 부분 집합(아마도 단일 값)으로 두 번째 제너릭 매개변수를 도입해야 합니다.

```
function pluck<T, K extends keyof T>(records: T[], key: K): T[K][] {
  return records.map(r => r[key]);
}
```

(아이템 14에서 extends에 대해서 다룹니다.)

이제 타입 시그니처가 완벽해졌습니다. pluck을 여러 가지 방법으로 호출하면서 제대로 반환 타입이 추론되는지, 무효한 매개변수를 방지할 수 있는지 확인해 볼 수 있습니다.

```
pluck(albums, 'releaseDate');     // 타입이 Date[]
pluck(albums, 'artist');          // 타입이 string[]
pluck(albums, 'recordingType');   // 타입이 RecordingType[]
pluck(albums, 'recordingDate');
         // ~~~~~~~~~~~~~~~ '"recordingDate"' 형식의 인수는
         //                 ... 형식의 매개변수에 할당될 수 없습니다.
```

매개변수 타입이 정밀해진 덕분에 언어 서비스는 Album의 키에 자동 완성 기능을 제공할 수 있게 해 줍니다(그림 4-2).

string은 any와 비슷한 문제를 가지고 있습니다. 따라서 잘못 사용하게 되면 무효한 값을 허용하고 타입 간의 관계도 감추어 버립니다. 이러한 문제점은 타입 체커를 방해하고 실제 버그를 찾지 못하게 만듭니다. 타입스크립트에서 string의 부분 집합을 정의할 수 있는 기능은 자바스크립트 코드에 타입 안전

그림 4-2 string 대신 keyof Album의 매개변수 타입을 사용하면 편집기의 자동 완성 기능도 개선됩니다.

성을 크게 높입니다. 보다 정확한 타입을 사용하면 오류를 방지하고 코드의 가독성도 향상시킬 수 있습니다.

**요약**

- '문자열을 남발하여 선언된' 코드를 피합시다. 모든 문자열을 할당할 수 있는 string 타입보다는 더 구체적인 타입을 사용하는 것이 좋습니다.
- 변수의 범위를 보다 정확하게 표현하고 싶다면 string 타입보다는 문자열 리터럴 타입의 유니온을 사용하면 됩니다. 타입 체크를 더 엄격히 할 수 있고 생산성을 향상시킬 수 있습니다.
- 객체의 속성 이름을 함수 매개변수로 받을 때는 string보다 keyof T를 사용하는 것이 좋습니다.

## 아이템 34 부정확한 타입보다는 미완성 타입을 사용하기

타입 선언을 작성하다 보면 코드의 동작을 더 구체적으로 또는 덜 구체적으로 모델링하게 되는 상황을 맞닥뜨리게 됩니다. 일반적으로 타입이 구체적일수록 버그를 더 많이 잡고 타입스크립트가 제공하는 도구를 활용할 수 있게 됩니다. 그러나 타입 선언의 정밀도를 높이는 일에는 주의를 기울여야 합니다. 실수가 발생하기 쉽고 잘못된 타입은 차라리 타입이 없는 것보다 못할 수 있기 때문입니다.

아이템 31에서 보았던 GeoJSON 형식의 타입 선언을 작성한다고 가정해 보겠습니다. GeoJSON 정보는 각각 다른 형태의 좌표 배열을 가지는 몇 가지 타입 중 하나가 될 수 있습니다.

```
interface Point {
  type: 'Point';
  coordinates: number[];
}
interface LineString {
  type: 'LineString';
  coordinates: number[][];
}
interface Polygon {
  type: 'Polygon';
  coordinates: number[][][];
}
type Geometry = Point | LineString | Polygon;  // 다른 것들도 추가될 수 있습니다.
```

큰 문제는 없지만 좌표에 쓰이는 number[]가 약간 추상적입니다. 여기서 number[]는 경도와 위도를 나타내므로 튜플 타입으로 선언하는 게 낫습니다.

```
type GeoPosition = [number, number];
interface Point {
  type: 'Point';
  coordinates: GeoPosition;
}
// ...
```

타입을 더 구체적으로 개선했기 때문에 더 나은 코드가 된 것 같습니다. 커뮤니티에 자랑하고 싶을 수 있습니다. 코드를 공개한 후에 '좋아요' 개수가 올라갈 것을 기대했겠지만, 안타깝게도 새로운 코드가 빌드를 깨뜨린다며 불평하는 사용자들의 모습만 보게 될 겁니다. 코드에는 위도와 경도만을 명시했지만, GeoJSON의 위치 정보에는 세 번째 요소인 고도가 있을 수 있고 또 다른 정보가 있을 수도 있습니다. 결과적으로 타입 선언을 세밀하게 만들고자 했지만 시도가 너무 과했고 오히려 타입이 부정확해졌습니다. 현재의 타입 선언을 그대로 사용하려면 사용자들은 타입 단언문을 도입하거나 as any를 추가해서 타입 체커를 완전히 무시해야 합니다.

이번에는 JSON으로 정의된 Lisp와 비슷한 언어의 타입 선언을 작성한다고 생각해 보겠습니다.

```
12
"red"
```

```
["+", 1, 2]                              // 3
["/", 20, 2]                             // 10
["case", [">", 20, 10], "red", "blue"]   // "red"
["rgb", 255, 0, 127]                     // "#FF007F"
```

맵박스(Mapbox) 라이브러리는 이런 시스템을 사용하여 수많은 기기에서 지도 기능의 형태를 결정합니다. 다음은 이런 동작을 모델링해 볼 수 있는 입력값의 전체 종류입니다.

1. 모두 허용
2. 문자열, 숫자, 배열 허용
3. 문자열, 숫자, 알려진 함수 이름으로 시작하는 배열 허용
4. 각 함수가 받는 매개변수의 개수가 정확한지 확인
5. 각 함수가 받는 매개변수의 타입이 정확한지 확인

처음의 두 개 옵션은 간단합니다.

```
type Expression1 = any;
type Expression2 = number | string | any[];
```

또한 표현식의 유효성을 체크하는 테스트 세트를 도입해 보겠습니다. 타입을 구체적으로 만들수록 정밀도가 손상되는 것을 방지하는 데 도움이 됩니다(아이템 52).

```
 const tests: Expression2[] = [
    10,
    "red",
    true,
// ~~~~ 'true' 형식은 'Expression2' 형식에 할당할 수 없습니다.
    ["+", 10, 5],
    ["case", [">", 20, 10], "red", "blue", "green"],  // 값이 너무 많습니다.
    ["**", 2, 31],              // "**"는 함수가 아니므로 오류가 발생해야 합니다.
    ["rgb", 255, 128, 64],
    ["rgb", 255, 0, 127, 0]  // 값이 너무 많습니다.
 ];
```

정밀도를 한 단계 더 끌어 올리기 위해서 튜플의 첫 번째 요소에 문자열 리터럴 타입의 유니온을 사용해 보겠습니다.

```
type FnName = '+' | '-' | '*' | '/' | '>' | '<' | 'case' | 'rgb';
type CallExpression = [FnName, ...any[]];
type Expression3 = number | string | CallExpression;

const tests: Expression3[] = [
  10,
  "red",
  true,
// ~~~~ 'true' 형식은 'Expression3' 형식에 할당할 수 없습니다.
  ["+", 10, 5],
  ["case", [">", 20, 10], "red", "blue", "green"],
  ["**", 2, 31],
  // ~~~~~~~~~~ '"**"' 형식은 'FnName' 형식에 할당할 수 없습니다.
  ["rgb", 255, 128, 64]
];
```

정밀도를 유지하면서 오류를 하나 더 잡았습니다.

각 함수의 매개변수 개수가 정확한지 확인하기 위해 모든 함수 호출을 확인
할 수도 있지만 재귀적으로 동작하기 때문에 좋은 방법은 아닙니다. 타입스크
립트 3.6에서는 함수의 매개변수 개수를 알아내기 위해 최소한 하나의 인터페
이스를 추가해야 합니다. 여러 인터페이스를 호출 표현식으로 한번에 묶을 수
는 없기 때문에, 각 인터페이스를 나열해서 호출 표현식을 작성합니다. 고정
길이 배열은 튜플 타입으로 가장 간단히 표현할 수 있기 때문에, 어색해 보일
수는 있지만 다음 코드처럼 구현할 수 있습니다.

```
type Expression4 = number | string | CallExpression;

type CallExpression = MathCall | CaseCall | RGBCall;

interface MathCall {
  0: '+' | '-' | '/' | '*' | '>' | '<';
   1: Expression4;
  2: Expression4;
  length: 3;
}

interface CaseCall {
  0: 'case';
  1: Expression4;
  2: Expression4;
  3: Expression4;
```

```
    length: 4 | 6 | 8 | 10 | 12 | 14 | 16 // 등등
}

interface RGBCall {
  0: 'rgb';
  1: Expression4;
  2: Expression4;
  3: Expression4;
  length: 4;
}

const tests: Expression4[] = [
  10,
  "red",
  true,
// ~~~~ 'true' 형식은 'Expression4' 형식에 할당할 수 없습니다.
  ["+", 10, 5],
  ["case", [">", 20, 10], "red", "blue", "green"],
        // ~~~~~~~~~~~~~
        // '["case", [">", ...], ...]' 형식은 'string' 형식에 할당할 수 없습니다.
  ["**", 2, 31],
        // ~  ~~ 'number' 형식은 'string' 형식에 할당할 수 없습니다.
  ["rgb", 255, 128, 64],
  ["rgb", 255, 128, 64, 73]
        // ~~~  ~~~  ~~  ~~ 'number' 형식은 'string' 형식에 할당할 수 없습니다.
];
```

이제 무효한 표현식에서 전부 오류가 발생합니다. 이 코드에서는 타입스크립트 인터페이스를 사용해서 '짝수 길이의 배열' 같은 것을 표현할 수 있습니다. 그러나 오류가 나면 엉뚱한 메시지를 출력하며, **에 대한 오류는 오히려 이전 버전보다 메시지가 부정확해집니다.

타입 정보가 더 정밀해졌지만 결과적으로 이전 버전보다 개선되었다고 보기는 어렵습니다. 잘못 사용된 코드에서 오류가 발생하기는 하지만 오류 메시지는 더 난해해졌습니다. 언어 서비스는 타입 체크 못지않게 타입스크립트 경험에서 중요한 부분(아이템 6)이므로, 타입 선언으로 인한 오류 메시지를 살펴보고 타입 선언이 동작해야 하는 곳에는 자동 완성을 적용하는 것이 좋습니다. 새 타입 선언은 더 구체적이지만 자동 완성을 방해하므로 타입스크립트 개발 경험을 해치게 됩니다.

타입 선언의 복잡성으로 인해 버그가 발생할 가능성도 높아졌습니다. 예를 들어 Expression4는 모든 수학 연산자에 두 개의 매개변수가 필요하지만, 맵박스 표현식에서는 +와 *가 더 많은 매개변수를 받을 수 있습니다. 또한 입력을 음수로 바꿔 주는 −는 한 개의 매개변수만 필요합니다. Expression4는 이러한 경우들에 잘못된 오류를 표시하게 됩니다.

```
const okExpressions: Expression4[] = [
  ['-', 12],
    // ~~ 'number' 형식은 'string' 형식에 할당할 수 없습니다.
  ['+', 1, 2, 3],
    // ~  ~  ~ 'number' 형식은 'string' 형식에 할당할 수 없습니다.
  ['*', 2, 3, 4],
    // ~  ~  ~ 'number' 형식은 'string' 형식에 할당할 수 없습니다.
];
```

코드를 더 정밀하게 만들려던 시도가 너무 과했고 그로 인해 코드가 오히려 더 부정확해졌습니다. 이렇게 부정확함을 바로잡는 방법을 쓰는 대신, 테스트 세트를 추가하여 놓친 부분이 없는지 확인해도 됩니다. 일반적으로 복잡한 코드는 더 많은 테스트가 필요하고 타입의 관점에서도 마찬가지입니다.

타입을 정제(refine)할 때, '불쾌한 골짜기(uncanny valley)'[2] 은유를 생각해 보면 도움이 될 수 있습니다. 일반적으로 any 같은 매우 추상적인 타입은 정제하는 것이 좋습니다. 그러나 타입이 구체적으로 정제된다고 해서 정확도가 무조건 올라가지는 않습니다. 타입에 의존하기 시작하면 부정확함으로 인해 발생하는 문제는 더 커질 것입니다.

### 요약

- 타입 안전성에서 불쾌한 골짜기는 피해야 합니다. 타입이 없는 것보다 잘못된 게 더 나쁩니다.
- 정확하게 타입을 모델링할 수 없다면, 부정확하게 모델링하지 말아야 합니다. 또한 any와 unknown를 구별해서 사용해야 합니다.

---

2 (옮긴이) 불쾌한 골짜기란 로봇 공학과 인공 지능에서 많이 쓰이는 용어인데, 어설프게 인간과 비슷한 로봇에서 느끼는 불쾌함을 뜻합니다. 저자의 의도는 타입 선언에서 어설프게 완벽을 추구하려다가 오히려 역효과가 발생하는 것을 주의하자는 것입니다.

- 타입 정보를 구체적으로 만들수록 오류 메시지와 자동 완성 기능에 주의를 기울여야 합니다. 정확도뿐만 아니라 개발 경험과도 관련됩니다.

## 아이템 35 데이터가 아닌, API와 명세를 보고 타입 만들기

이 장의 다른 아이템들에서는 타입을 잘 설계하면 어떠한 이점이 있는지, 반대로 설계가 잘못되면 무엇이 잘못될 수 있는지에 대해서 다루었습니다. 잘 설계된 타입은 타입스크립트 사용을 즐겁게 해 주는 반면, 잘못 설계된 타입은 비극을 불러옵니다. 이러한 양면성 때문에 타입 설계를 잘 해야 한다는 압박감이 느껴질 수 있습니다. 이런 상황에서 타입을 직접 작성하지 않고 자동으로 생성할 수 있다면 매우 유용할 겁니다.

파일 형식, API, 명세(specification) 등 우리가 다루는 타입 중 최소한 몇 개는 프로젝트 외부에서 비롯된 것입니다. 이러한 경우는 타입을 직접 작성하지 않고 자동으로 생성할 수 있습니다. 여기서 핵심은, 예시 데이터가 아니라 명세를 참고해 타입을 생성한다는 것입니다. 명세를 참고해 타입을 생성하면 타입스크립트는 사용자가 실수를 줄일 수 있게 도와줍니다. 반면에 예시 데이터를 참고해 타입을 생성하면 눈앞에 있는 데이터들만 고려하게 되므로 예기치 않은 곳에서 오류가 발생할 수 있습니다.

아이템 31에서 Feature의 경계 상자를 계산하는 calculateBoundingBox 함수를 사용했습니다. 실제 구현은 다음과 같은 모습입니다.

```
function calculateBoundingBox(f: Feature): BoundingBox | null {
  let box: BoundingBox | null = null;

  const helper = (coords: any[]) => {
    // ...
  };

  const {geometry} = f;
  if (geometry) {
    helper(geometry.coordinates);
  }

  return box;
}
```

Feature 타입은 명시적으로 정의된 적이 없습니다. 아이템 31에 등장한 focus OnFeature 함수 예제를 사용하여 작성해 볼 수 있습니다. 그러나 공식 Geo JSON 명세[3]를 사용하는 것이 더 낫습니다. 다행히도 DefinitelyTyped에는 이미 타입스크립트 타입 선언이 존재합니다. 따라서 다음과 같이 익숙한 방법을 이용해 추가할 수 있습니다.

```
$ npm install --save-dev @types/geojson
+ @types/geojson@7946.0.7
```

GeoJSON 선언을 넣는 순간, 타입스크립트는 오류를 발생시킵니다.

```
import {Feature} from 'geojson';

function calculateBoundingBox(f: Feature): BoundingBox | null {
  let box: BoundingBox | null = null;

  const helper = (coords: any[]) => {
    // ...
  };

  const {geometry} = f;
  if (geometry) {
    helper(geometry.coordinates);
              // ~~~~~~~~~~~
              // 'Geometry' 형식에 'coordinates' 속성이 없습니다.
              // 'GeometryCollection' 형식에
              // 'coordinates' 속성이 없습니다.
  }

  return box;
}
```

geometry에 coordinates 속성이 있다고 가정한 게 문제입니다. 이러한 관계는 점, 선, 다각형을 포함한 많은 도형에서는 맞는 개념입니다. 그러나 GeoJSON 은 다양한(heterogeneous) 도형의 모음인 GeometryCollection일 수도 있습니다. 다른 도형 타입들과 다르게 GeometryCollection에는 coordinates 속성이 없습니다.

---

3  GeoJSON은 RFC 7946으로도 알려져 있습니다. *http://geojson.org*

geometry가 GeometryCollection 타입인 Feature를 사용해서 calculateBound
ingBox를 호출하면 undefined의 0 속성을 읽을 수 없다는 오류를 발생합니다.

이 오류를 고치는 한 가지 방법은 다음 코드처럼 GeometryCollection을 명시
적으로 차단하는 것입니다.

```
const {geometry} = f;
if (geometry) {
  if (geometry.type === 'GeometryCollection') {
    throw new Error('GeometryCollections are not supported.');
  }
  helper(geometry.coordinates);  // 정상
}
```

타입스크립트는 타입을 체크하는 방법으로 도형의 타입을 정제할 수 있으므로
정제된 타입에 한해서 geometry.coordinates의 참조를 허용하게 됩니다. 차단
된 GeometryCollection 타입의 경우, 사용자에게 명확한 오류 메시지를 제공합
니다.

그러나 GeometryCollection 타입을 차단하기보다는 모든 타입을 지원하는
것이 더 좋은 방법이기 때문에 조건을 분기해서 헬퍼 함수를 호출하면 모든 타
입을 지원할 수 있습니다.

```
const geometryHelper = (g: Geometry) => {
  if (geometry.type === 'GeometryCollection') {
    geometry.geometries.forEach(geometryHelper);
  } else {
    helper(geometry.coordinates);  // 정상
  }
}

const {geometry} = f;
if (geometry) {
  geometryHelper(geometry);
}
```

그동안 GeoJSON을 사용해온 경험을 바탕으로 GeoJSON의 타입 선언을 직접
작성했을 수도 있습니다. 아마도 직접 작성한 타입 선언에는 GeometryCollec
tion 같은 예외 상황이 포함되지 않았을 테고 완벽할 수도 없습니다. 반면, 명

세를 기반으로 타입을 작성한다면 현재까지 경험한 데이터뿐만 아니라 사용 가능한 모든 값에 대해서 작동한다는 확신을 가질 수 있습니다.

API 호출에도 비슷한 고려 사항들이 적용됩니다. API의 명세로부터 타입을 생성할 수 있다면 그렇게 하는 것이 좋습니다. 특히 GraphQL처럼 자체적으로 타입이 정의된 API에서 잘 동작합니다.

GraphQL API는 타입스크립트와 비슷한 타입 시스템을 사용하여, 가능한 모든 쿼리와 인터페이스를 명세하는 스키마로 이루어집니다. 우리는 이러한 인터페이스를 사용해서 특정 필드를 요청하는 쿼리를 작성합니다. 예를 들어, GitHub GraphQL API를 사용해서 저장소에 대한 정보를 얻는 코드는 다음처럼 작성할 수 있습니다.

```
query {
  repository(owner: "Microsoft", name: "TypeScript") {
    createdAt
    description
  }
}
```

결과는 다음과 같습니다.

```
{
  "data": {
    "repository": {
      "createdAt": "2014-06-17T15:28:39Z",
      "description":
        "TypeScript is a superset of JavaScript that compiles to JavaScript."
    }
  }
}
```

GraphQL의 장점은 특정 쿼리에 대해 타입스크립트 타입을 생성할 수 있다는 것입니다. GeoJSON 예제와 마찬가지로 GraphQL을 사용한 방법도 타입에 null이 가능한지 여부를 정확하게 모델링할 수 있습니다.

다음 예제는 GitHub 저장소에서 오픈 소스 라이선스를 조회하는 쿼리입니다.

```
query getLicense($owner:String!, $name:String!){
  repository(owner:$owner, name:$name) {
```

```
    description
    licenseInfo {
      spdxId
      name
    }
  }
}
```

$owner와 $name은 타입이 정의된 GraphQL 변수입니다. 타입 문법이 타입스크립트와 매우 비슷합니다. String은 GraphQL의 타입입니다. 타입스크립트에서는 string이 됩니다(아이템 10). 그리고 타입스크립트에서 string 타입은 null이 불가능하지만 GraphQL의 String 타입에서는 null이 가능합니다. 타입 뒤의 !는 null이 아님을 명시합니다.

GraphQL 쿼리를 타입스크립트 타입으로 변환해 주는 많은 도구가 존재합니다. 그중 하나는 Apollo입니다. 다음은 Apollo를 어떻게 사용하는지 보여 줍니다.

```
$ apollo client:codegen \
    --endpoint https://api.github.com/graphql \
    --includes license.graphql \
    --target typescript
Loading Apollo Project
Generating query files with 'typescript' target - wrote 2 files
```

쿼리에서 타입을 생성하려면 GraphQL 스키마가 필요합니다. Apollo는 api.github.com/graphql로부터 스키마를 얻습니다. 실행의 결과는 다음과 같습니다.

```
export interface getLicense_repository_licenseInfo {
  __typename: "License";
  /** Short identifier specified by <https://spdx.org/licenses> */
  spdxId: string | null;
  /** The license full name specified by <https://spdx.org/licenses> */
  name: string;
}

export interface getLicense_repository {
  __typename: "Repository";
  /** The description of the repository. */
```

```
    description: string | null;
    /** The license associated with the repository */
    licenseInfo: getLicense_repository_licenseInfo | null;
}

export interface getLicense {
    /** Lookup a given repository by the owner and repository name. */
    repository: getLicense_repository | null;
}

export interface getLicenseVariables {
    owner: string;
    name: string;
}
```

주목할 만한 점은 다음과 같습니다.

- 쿼리 매개변수(getLicenseVariables)와 응답(getLicense) 모두 인터페이스 가 생성되었습니다.
- null 가능 여부는 스키마로부터 응답 인터페이스로 변환되었습니다. repo sitory, description, licenseInfo, spdxId 속성은 null이 가능한 반면, name 과 쿼리에 사용된 변수들은 그렇지 않습니다.
- 편집기에서 확인할 수 있도록 주석은 JSDoc으로 변환되었습니다(아이템 48). 이 주석들은 GraphQL 스키마로부터 생성되었습니다.

자동으로 생성된 타입 정보는 API를 정확히 사용할 수 있도록 도와줍니다. 쿼 리가 바뀐다면 타입도 자동으로 바뀌며 스키마가 바뀐다면 타입도 자동으로 바뀝니다. 타입은 단 하나의 원천 정보인 GraphQL 스키마로부터 생성되기 때 문에 타입과 실제 값이 항상 일치합니다.

만약 명세 정보나 공식 스키마가 없다면 데이터로부터 타입을 생성해야 합 니다. 이를 위해 quicktype 같은 도구를 사용할 수 있습니다. 그러나 생성된 타 입이 실제 데이터와 일치하지 않을 수 있다는 점을 주의해야 합니다. 예외적인 경우가 존재할 수 있습니다.

우리는 이미 자동 타입 생성의 이점을 누리고 있습니다. 브라우저 DOM API 에 대한 타입 선언은 공식 인터페이스로부터 생성되었습니다(아이템 55). 이를 통해 복잡한 시스템을 정확히 모델링하고 타입스크립트가 오류나 코드상의 의도치 않은 실수를 잡을 수 있게 합니다.

**요약**

- 코드의 구석 구석까지 타입 안전성을 얻기 위해 API 또는 데이터 형식에 대한 타입 생성을 고려해야 합니다.
- 데이터에 드러나지 않는 예외적인 경우들이 문제가 될 수 있기 때문에 데이터보다는 명세로부터 코드를 생성하는 것이 좋습니다.

## 아이템 36 해당 분야의 용어로 타입 이름 짓기

> 컴퓨터 과학에서 어려운 일은 단 두 가지뿐이다. 캐시 무효화와 이름 짓기.
>
> —필 칼튼(Phil Karlton)

지금까지 타입의 형태와 값의 집합에 대해 수없이 다루었지만, 타입의 이름을 짓는 것에 대해서는 거의 언급하지 않았습니다. 그러나 이름 짓기 역시 타입 설계에서 중요한 부분입니다. 엄선된 타입, 속성, 변수의 이름은 의도를 명확히 하고 코드와 타입의 추상화 수준을 높여 줍니다. 잘못 선택한 타입 이름은 코드의 의도를 왜곡하고 잘못된 개념을 심어 주게 됩니다.

동물들의 데이터베이스를 구축한다고 가정해 보겠습니다. 이를 표현하기 위한 인터페이스는 다음과 같습니다.

```
interface Animal {
  name: string;
  endangered: boolean;
  habitat: string;
}

const leopard: Animal = {
  name: 'Snow Leopard',
  endangered: false,
  habitat: 'tundra',
};
```

이 코드에는 네 가지 문제가 있습니다.

- name은 매우 일반적인 용어입니다. 동물의 학명인지 일반적인 명칭인지 알 수 없습니다.
- endangered 속성이 멸종 위기를 표현하기 위해 boolean 타입을 사용한 것이 이상합니다. 이미 멸종된 동물을 true로 해야 하는지 판단할 수 없습니다. endangered 속성의 의도를 '멸종 위기 또는 멸종'으로 생각한 것일지도 모릅니다.
- 서식지를 나타내는 habitat 속성은 너무 범위가 넓은 string 타입(아이템 33)일 뿐만 아니라 서식지라는 뜻 자체도 불분명하기 때문에 다른 속성들보다도 훨씬 모호합니다.
- 객체의 변수명이 leopard이지만, name 속성의 값은 'Snow Leopard'입니다. 객체의 이름과 속성의 name이 다른 의도로 사용된 것인지 불분명합니다.

이 예제의 문제를 해결하려면, 속성에 대한 정보가 모호하기 때문에 해당 속성을 작성한 사람을 찾아서 의도를 물어 봐야 합니다. 그러나 해당 속성을 작성한 사람은 아마도 회사에 이미 없거나 코드를 기억하지 못할 겁니다. 또는 속성을 작성한 사람을 찾기 위해 기록을 뒤졌을 때, 작성한 사람이 바로 본인이라는 것을 알게 되는 최악의 상황이 펼쳐질 수도 있습니다.

반면, 다음 코드의 타입 선언은 의미가 분명합니다.

```
interface Animal {
  commonName: string;
  genus: string;
  species: string;
  status: ConservationStatus;
  climates: KoppenClimate[];
}
type ConservationStatus = 'EX' | 'EW' | 'CR' | 'EN' | 'VU' | 'NT' | 'LC';
type KoppenClimate = |
  'Af' | 'Am' | 'As' | 'Aw' |
  'BSh' | 'BSk' | 'BWh' | 'BWk' |
  'Cfa' | 'Cfb' | 'Cfc' | 'Csa' | 'Csb' | 'Csc' | 'Cwa' | 'Cwb' | 'Cwc' |
  'Dfa' | 'Dfb' | 'Dfc' | 'Dfd' |
  'Dsa' | 'Dsb' | 'Dsc' | 'Dwa' | 'Dwb' | 'Dwc' | 'Dwd' |
```

```
 'EF' | 'ET';
const snowLeopard: Animal = {
  commonName: 'Snow Leopard',
  genus: 'Panthera',
  species: 'Uncia',
  status: 'VU',                    // 취약종(vulnerable)
  climates: ['ET', 'EF', 'Dfd'],  // 고산대(alpine) 또는 아고산대(subalpine)
};
```

이 코드는 다음 세 가지를 개선했습니다.

* name은 commonName, genus, species 등 더 구체적인 용어로 대체했습니다.
* endangered는 동물 보호 등급에 대한 IUCN의 표준 분류 체계인 Conserva
  tionStatus 타입의 status로 변경되었습니다.
* habitat은 기후를 뜻하는 climates로 변경되었으며, 쾨펜 기후 분류(Köppen
  climate classification)를 사용합니다.

이번 예제는 데이터를 훨씬 명확하게 표현하고 있습니다. 그리고 정보를 찾기
위해 사람에 의존할 필요가 없습니다. 쾨펜 기후 분류 체계를 공부하거나 동물
보호 상태의 구체적 의미를 파악하려면, 온라인에서 무수히 많은 정보를 찾을
수 있을겁니다.

코드로 표현하고자 하는 모든 분야에는 주제를 설명하기 위한 전문 용어들
이 있습니다. 자체적으로 용어를 만들어 내려고 하지 말고, 해당 분야에 이미
존재하는 용어를 사용해야 합니다. 이런 용어들은 수 년, 수십 년, 수 세기에 걸
쳐 다듬어져 왔으며 현장에서 실제로 사용되고 있을 겁니다. 이런 용어들을 사
용하면 사용자와 소통에 유리하며 타입의 명확성을 올릴 수 있습니다.

전문 분야의 용어는 정확하게 사용해야 합니다. 특정 용어를 다른 의미로 잘
못 쓰게 되면, 직접 만들어 낸 용어보다 더 혼란을 주게 됩니다.

타입, 속성, 변수에 이름을 붙일 때 명심해야 할 세 가지 규칙이 있습니다.

* 동일한 의미를 나타낼 때는 같은 용어를 사용해야 합니다. 글을 쓸 때나 말
  을 할 때, 같은 단어를 반복해서 사용하면 지루할 수 있기 때문에 동의어(의
  미가 같지만 다른 단어)를 사용합니다. 동의어를 사용하면 글을 읽을 때는

좋을 수 있지만, 코드에서는 좋지 않습니다. 정말로 의미적으로 구분이 되어야 하는 경우에만 다른 용어를 사용해야 합니다.

- data, info, thing, item, object, entity 같은 모호하고 의미 없는 이름은 피해야 합니다. 만약 entity라는 용어가 해당 분야에서 특별한 의미를 가진다면 괜찮습니다. 그러나 귀찮다고 무심코 의미 없는 이름을 붙여서는 안 됩니다.
- 이름을 지을 때는 포함된 내용이나 계산 방식이 아니라 데이터 자체가 무엇인지를 고려해야 합니다. 예를 들어, INodeList보다는 Directory가 더 의미 있는 이름입니다. Directory는 구현의 측면이 아니라 개념적인 측면에서 디렉터리를 생각하게 합니다. 좋은 이름은 추상화의 수준을 높이고 의도치 않은 충돌의 위험성을 줄여 줍니다.

### 요약

- 가독성을 높이고, 추상화 수준을 올리기 위해서 해당 분야의 용어를 사용해야 합니다.
- 같은 의미에 다른 이름을 붙이면 안 됩니다. 특별한 의미가 있을 때만 용어를 구분해야 합니다.

## 아이템 37 공식 명칭에는 상표를 붙이기

구조적 타이핑(아이템 4)의 특성 때문에 가끔 코드가 이상한 결과를 낼 수 있습니다. 다음 코드를 보겠습니다.

```
interface Vector2D {
  x: number;
  y: number;
}
function calculateNorm(p: Vector2D) {
  return Math.sqrt(p.x * p.x + p.y * p.y);
}

calculateNorm({x: 3, y: 4});  // 정상, 결과는 5
const vec3D = {x: 3, y: 4, z: 1};
calculateNorm(vec3D);          // 정상! 결과는 동일하게 5
```

이 코드는 구조적 타이핑 관점에서는 문제가 없기는 하지만, 수학적으로 따지면 2차원 벡터를 사용해야 이치에 맞습니다.

calculateNorm 함수가 3차원 벡터를 허용하지 않게 하려면 공식 명칭(nominal typing)을 사용하면 됩니다. 공식 명칭을 사용하는 것은, 타입이 아니라 값의 관점에서 Vector2D라고 말하는 것입니다. 공식 명칭 개념을 타입스크립트에서 흉내 내려면 '상표(brand)'를 붙이면 됩니다(비유를 들자면 스타벅스가 아니라 커피[4]).

```
interface Vector2D {
  _brand: '2d';
  x: number;
  y: number;
}
function vec2D(x: number, y: number): Vector2D {
  return {x, y, _brand: '2d'};
}
function calculateNorm(p: Vector2D) {
  return Math.sqrt(p.x * p.x + p.y * p.y);  // 기존과 동일합니다.
}

calculateNorm(vec2D(3, 4));  // 정상, 5를 반환합니다.
const vec3D = {x: 3, y: 4, z: 1};
calculateNorm(vec3D);
          // ~~~~ '_brand' 속성이 ... 형식에 없습니다.
```

상표(_brand)를 사용해서 calculateNorm 함수가 Vector2D 타입만 받는 것을 보장합니다. 그러나 vec3D 값에 _brand: '2d'라고 추가하는 것 같은 악의적인 사용을 막을 수는 없습니다. 다만 단순한 실수를 방지하기에는 충분합니다.

상표 기법은 타입 시스템에서 동작하지만 런타임에 상표를 검사하는 것과 동일한 효과를 얻을 수 있습니다. 타입 시스템이기 때문에 런타임 오버헤드를 없앨 수 있고 추가 속성을 붙일 수 없는 string이나 number 같은 내장 타입도 상표화할 수 있습니다.

예를 들어, 절대 경로를 사용해 파일 시스템에 접근하는 함수를 가정해 보겠

---

4 (옮긴이) 객체와 클래스의 관계를 생각하면 됩니다. 스타벅스는 현실에 존재하는 구체적 개념이고 커피는 추상적인 개념입니다.

습니다. 런타임에는 절대 경로('/')로 시작하는지 체크하기 쉽지만, 타입 시스템에서는 절대 경로를 판단하기 어렵기 때문에 상표 기법을 사용합니다.

```
type AbsolutePath = string & {_brand: 'abs'};
function listAbsolutePath(path: AbsolutePath) {
  // ...
}
function isAbsolutePath(path: string): path is AbsolutePath {
  return path.startsWith('/');
}
```

string 타입이면서 _brand 속성을 가지는 객체를 만들 수는 없습니다. AbsolutePath는 온전히 타입 시스템의 영역입니다.

만약 path 값이 절대 경로와 상대 경로 둘 다 될 수 있다면, 타입을 정제해 주는 타입 가드를 사용해서 오류를 방지할 수 있습니다.

```
function f(path: string) {
  if (isAbsolutePath(path)) {
    listAbsolutePath(path);
  }
  listAbsolutePath(path);
              // ~~~~ 'string' 형식의 인수는 'AbsolutePath' 형식의
              //      매개변수에 할당될 수 없습니다.
}
```

if 체크로 타입을 정제하는 방식은 매개변수 path가 절대 경로인지 또는 상대 경로인지에 따라 분기하기 때문에 분기하는 이유를 주석으로 붙이기에도 좋습니다. 단, 주석이 오류를 방지해 주는 것은 아니라는 점은 주의해야 하겠습니다. 반면, 로직을 분기하는 대신 오류가 발생한 곳에 path as AbsolutePath를 사용해서 오류를 제거할 수도 있지만 단언문은 지양해야 합니다. 단언문을 쓰지 않고 AbsolutePath 타입을 얻기 위한 유일한 방법은 AbsolutePath 타입을 매개변수로 받거나 타입이 맞는지 체크하는 것뿐입니다.

상표 기법은 타입 시스템 내에서 표현할 수 없는 수많은 속성들을 모델링하는 데 사용되기도 합니다. 예를 들어, 목록에서 한 요소를 찾기 위해 이진 검색을 하는 경우를 보겠습니다.

```
function binarySearch<T>(xs: T[], x: T): boolean {
  let low = 0, high = xs.length - 1;
  while (high >= low) {
    const mid = low + Math.floor((high - low) / 2);
    const v = xs[mid];
    if (v === x) return true;
    [low, high] = x > v ? [mid + 1, high] : [low, mid - 1];
  }
  return false;
}
```

이진 검색은 이미 정렬된 상태를 가정하기 때문에, 목록이 이미 정렬되어 있다면 문제가 없습니다. 하지만 목록이 정렬되어 있지 않다면 잘못된 결과가 나옵니다. 타입스크립트 타입 시스템에서는 목록이 정렬되어 있다는 의도를 표현하기 어렵습니다. 따라서 다음 예제처럼 상표 기법을 사용해 보겠습니다.

```
type SortedList<T> = T[] & {_brand: 'sorted'};

function isSorted<T>(xs: T[]): xs is SortedList<T> {
  for (let i = 1; i < xs.length; i++) {
    if (xs[i] < xs[i - 1]) {
      return false;
    }
  }
  return true;
}

function binarySearch<T>(xs: SortedList<T>, x: T): boolean {
  // ...
}
```

binarySearch를 호출하려면, 정렬되었다는 상표가 붙은 SortedList 타입의 값을 사용하거나 isSorted를 호출하여 정렬되었음을 증명해야 합니다. isSorted에서 목록 전체를 루프 도는 것이 효율적인 방법은 아니지만 적어도 안전성은 확보할 수 있습니다.

앞의 예제는 타입 체커를 유용하게 사용하는 일반적인 패턴입니다. 예를 들어, 객체의 메서드를 호출하는 경우 null이 아닌 객체를 받거나 조건문을 사용해서 해당 객체가 null이 아닌지 체크하는 코드와 동일한 형태입니다.

number 타입에도 상표를 붙일 수 있습니다. 예를 들어, 단위를 붙여 보겠습니다.

```
type Meters = number & {_brand: 'meters'};
type Seconds = number & {_brand: 'seconds'};

const meters = (m: number) => m as Meters;
const seconds = (s: number) => s as Seconds;

const oneKm = meters(1000);  // 타입이 Meters
const oneMin = seconds(60);  // 타입이 Seconds
```

number 타입에 상표를 붙여도 산술 연산 후에는 상표가 없어지기 때문에 실제로 사용하기에는 무리가 있습니다.

```
const tenKm = oneKm * 10;  // 타입이 number
const v = oneKm / oneMin;  // 타입이 number
```

그러나 코드에 여러 단위가 혼합된 많은 수의 숫자가 들어 있는 경우, 숫자의 단위를 문서화하는 괜찮은 방법일 수 있습니다.

## 요약

- 타입스크립트는 구조적 타이핑(덕 타이핑)을 사용하기 때문에, 값을 세밀하게 구분하지 못하는 경우가 있습니다. 값을 구분하기 위해 공식 명칭이 필요하다면 상표를 붙이는 것을 고려해야 합니다.
- 상표 기법은 타입 시스템에서 동작하지만 런타임에 상표를 검사하는 것과 동일한 효과를 얻을 수 있습니다.

# 5장

# any 다루기

전통적으로 프로그래밍 언어들의 타입 시스템은 완전히 정적이거나 완전히 동적으로 확실히 구분되어 있었습니다. 그러나 타입스크립트의 타입 시스템은 선택적(optional)이고 점진적(gradual)이기 때문에 정적이면서도 동적인 특성을 동시에 가집니다. 따라서 타입스크립트는 프로그램의 일부분에만 타입 시스템을 적용할 수 있습니다.

프로그램의 일부분에만 타입 시스템을 적용할 수 있다는 특성 덕분에 점진적인 마이그레이션(자바스크립트 코드를 타입스크립트로 전환)이 가능합니다 (아이템 8). 마이그레이션을 할 때 코드의 일부분에 타입 체크를 비활성화시켜주는 any 타입이 중요한 역할을 합니다. 또한 any를 현명하게 사용하는 방법을 익혀야만 효과적인 타입스크립트 코드를 작성할 수 있습니다. any가 매우 강력한 힘을 가지므로 남용하게 될 소지가 높기 때문입니다. 5장에서는 any의 장점은 살리면서 단점을 줄이는 방법들을 살펴보겠습니다.

## 아이템 38 any 타입은 가능한 한 좁은 범위에서만 사용하기

먼저, 함수와 관련된 any의 사용법을 살펴보겠습니다.

```
function processBar(b: Bar) { /* ... */ }

function f() {
```

```
  const x = expressionReturningFoo();
  processBar(x);
  //          ~ 'Foo' 형식의 인수는 'Bar' 형식의 매개변수에 할당될 수 없습니다.
}
```

문맥상으로 x라는 변수가 동시에 Foo 타입과 Bar 타입에 할당 가능하다면, 오류를 제거하는 방법은 두 가지입니다.

```
function f1() {
  const x: any = expressionReturningFoo();  // 이렇게 하지 맙시다.
  processBar(x);
}

function f2() {
  const x = expressionReturningFoo();
  processBar(x as any);                      // 이게 낫습니다.
}
```

두 가지 해결책 중에서 f1에 사용된 x: any보다 f2에 사용된 x as any 형태가 권장됩니다. 그 이유는 any 타입이 processBar 함수의 매개변수에서만 사용된 표현식이므로 다른 코드에는 영향을 미치지 않기 때문입니다. f1에서는 함수의 마지막까지 x의 타입이 any인 반면, f2에서는 processBar 호출 이후에 x가 그대로 Foo 타입입니다.

만일 f1 함수가 x를 반환한다면 문제가 커집니다. 예를 들어 보겠습니다.

```
function f1() {
  const x: any = expressionReturningFoo();
  processBar(x);
  return x;
}

function g() {
  const foo = f1();  // 타입이 any
  foo.fooMethod();    // 이 함수 호출은 체크되지 않습니다!
}
```

g 함수 내에서 f1이 사용되므로 f1의 반환 타입인 any 타입이 foo의 타입에 영향을 미칩니다. 이렇게 함수에서 any를 반환하면 그 영향력은 프로젝트 전반에 전염병처럼 퍼지게 됩니다. 반면 any의 사용 범위를 좁게 제한하는 f2 함수를

사용한다면 any 타입이 함수 바깥으로 영향을 미치지 않습니다.

비슷한 관점에서, 타입스크립트가 함수의 반환 타입을 추론할 수 있는 경우에도 함수의 반환 타입을 명시하는 것이 좋습니다. 함수의 반환 타입을 명시하면 any 타입이 함수 바깥으로 영향을 미치는 것을 방지할 수 있습니다. 함수의 반환 타입과 관련된 내용은 아이템 19에서 자세히 다룹니다.

f1과 f2 함수를 다시 한번 살펴보겠습니다. f1은 오류를 제거하기 위해 x를 any 타입으로 선언했습니다. 한편 f2는 오류를 제거하기 위해 x가 사용되는 곳에 as any 단언문을 사용했습니다. 여기서 @ts-ignore를 사용하면 any를 사용하지 않고 오류를 제거할 수 있습니다.

```
function f1() {
  const x = expressionReturningFoo();
  // @ts-ignore
  processBar(x);
  return x;
}
```

@ts-ignore를 사용한 다음 줄의 오류가 무시됩니다. 그러나 근본적인 원인을 해결한 것이 아니기 때문에 다른 곳에서 더 큰 문제가 발생할 수도 있습니다. 타입 체커가 알려 주는 오류는 문제가 될 가능성이 높은 부분이므로 근본적인 원인을 찾아 적극적으로 대처하는 것이 바람직합니다.

이번에는 객체와 관련한 any의 사용법을 살펴보겠습니다. 어떤 큰 객체 안의 한 개 속성이 타입 오류를 가지는 상황을 예로 들어 보겠습니다.

```
const config: Config = {
  a: 1,
  b: 2,
  c: {
    key: value
 // ~~~ 'foo' 속성이 'Foo' 타입에 필요하지만 'Bar' 타입에는 없습니다.
  }
};
```

단순히 생각하면 config 객체 전체를 as any로 선언해서 오류를 제거할 수 있습니다.

```
const config: Config = {
  a: 1,
  b: 2,
  c: {
    key: value
  }
} as any;   // 이렇게 하지 맙시다!
```

객체 전체를 any로 단언하면 다른 속성들(a와 b) 역시 타입 체크가 되지 않는 부작용이 생깁니다. 그러므로 다음 코드처럼 최소한의 범위에만 any를 사용하는 것이 좋습니다.

```
const config: Config = {
  a: 1,
  b: 2,   // 이 속성은 여전히 체크됩니다.
  c: {
    key: value as any
  }
};
```

## 요약

* 의도치 않은 타입 안전성의 손실을 피하기 위해서 any의 사용 범위를 최소한으로 좁혀야 합니다.
* 함수의 반환 타입이 any인 경우 타입 안정성이 나빠집니다. 따라서 any 타입을 반환하면 절대 안 됩니다.
* 강제로 타입 오류를 제거하려면 any 대신 @ts-ignore 사용하는 것이 좋습니다.

## 아이템 39 any를 구체적으로 변형해서 사용하기

any는 자바스크립트에서 표현할 수 있는 모든 값을 아우르는 매우 큰 범위의 타입입니다. any 타입에는 모든 숫자, 문자열, 배열, 객체, 정규식, 함수, 클래스, DOM 엘리먼트는 물론 null과 undefined까지도 포함됩니다. 반대로 말하면, 일반적인 상황에서는 any보다 더 구체적으로 표현할 수 있는 타입이 존재할 가능성이 높기 때문에 더 구체적인 타입을 찾아 타입 안전성을 높이도록 해야 합니다.

예를 들어, any 타입의 값을 그대로 정규식이나 함수에 넣는 것은 권장되지 않습니다.

```
function getLengthBad(array: any) {  // 이렇게 하지 맙시다!
  return array.length;
}

function getLength(array: any[]) {
  return array.length;
}
```

앞의 예제에서 any를 사용하는 getLengthBad보다는 any[]를 사용하는 get Length가 더 좋은 함수입니다. 그 이유는 세 가지입니다.

• 함수 내의 array.length 타입이 체크됩니다.
• 함수의 반환 타입이 any 대신 number로 추론됩니다.
• 함수 호출될 때 매개변수가 배열인지 체크됩니다.

배열이 아닌 값을 넣어서 실행해 보면, getLength는 제대로 오류를 표시하지만 getLengthBad는 오류를 잡아내지 못하는 것을 볼 수 있습니다.

```
getLengthBad(/123/);  // 오류 없음, undefined를 반환합니다.
getLength(/123/);
            // ~~~~ 'RegExp' 형식의 인수는
            //      'any[]' 형식의 매개변수에 할당될 수 없습니다.
```

함수의 매개변수를 구체화할 때, (요소의 타입에 관계없이) 배열의 배열 형태 라면 any[][]처럼 선언하면 됩니다. 그리고 함수의 매개변수가 객체이긴 하지 만 값을 알 수 없다면 {[key: string]: any}처럼 선언하면 됩니다.

```
function hasTwelveLetterKey(o: {[key: string]: any}) {
  for (const key in o) {
    if (key.length === 12) {
      return true;
    }
  }
  return false;
}
```

앞의 예제처럼 함수의 매개변수가 객체지만 값을 알 수 없다면 {[key: string]: any} 대신 모든 비기본형(non-primitive) 타입을 포함하는 object 타입을 사용할 수도 있습니다. object 타입은 객체의 키를 열거할 수는 있지만 속성에 접근할 수 없다는 점에서 {[key: string]: any}와 약간 다릅니다.

```
function hasTwelveLetterKey(o: object) {
  for (const key in o) {
    if (key.length === 12) {
      console.log(key, o[key]);
                // ~~~~~ '{}' 형식에 인덱스 시그니처가 없으므로
                //       요소에 암시적으로 'any' 형식이 있습니다.
      return true;
    }
  }
  return false;
}
```

객체지만 속성에 접근할 수 없어야 한다면 unknown 타입이 필요한 상황일 수 있습니다. unknown 타입은 아이템 42에서 다루겠습니다.

함수의 타입에도 단순히 any를 사용해서는 안 됩니다. 최소한으로나마 구체화할 수 있는 세 가지 방법이 있습니다.

```
type Fn0 = () => any;              // 매개변수 없이 호출 가능한 모든 함수
type Fn1 = (arg: any) => any;      // 매개변수 1개
type FnN = (...args: any[]) => any; // 모든 개수의 매개변수
                                   // "Function" 타입과 동일합니다.
```

앞의 예제에 등장한 세 가지 함수 타입 모두 any보다는 구체적입니다. 마지막 줄을 잘 살펴보면 ...args[1]의 타입을 any[]로 선언했습니다. any로 선언해도 동작하지만 any[]로 선언하면 배열 형태라는 것을 알 수 있어 더 구체적입니다.

```
const numArgsBad = (...args: any) => args.length;    // any를 반환합니다.
const numArgsGood = (...args: any[]) => args.length; // number를 반환합니다.
```

이 예제가 any[] 타입을 사용하는 가장 일반적인 경우입니다.

---

1 (옮긴이) ... 문법은 ES6에 도입된 나머지 매개변수(rest parameter)와 전개 연산자(spread operator)입니다. 타입스크립트는 ES6 문법을 포함하므로 사용 가능합니다.

**요약**

- any를 사용할 때는 정말로 모든 값이 허용되어야만 하는지 면밀히 검토해야 합니다.
- any보다 더 정확하게 모델링할 수 있도록 any[] 또는 {[id: string]: any} 또는 () => any처럼 구체적인 형태를 사용해야 합니다.

## 아이템 40 함수 안으로 타입 단언문 감추기

함수를 작성하다 보면, 외부로 드러난 타입 정의는 간단하지만 내부 로직이 복잡해서 안전한 타입으로 구현하기 어려운 경우가 많습니다. 함수의 모든 부분을 안전한 타입으로 구현하는 것이 이상적이지만, 불필요한 예외 상황까지 고려해 가며 타입 정보를 힘들게 구성할 필요는 없습니다. 함수 내부에는 타입 단언을 사용하고 함수 외부로 드러나는 타입 정의를 정확히 명시하는 정도로 끝내는 게 낫습니다. 프로젝트 전반에 위험한 타입 단언문이 드러나 있는 것보다, 제대로 타입이 정의된 함수 안으로 타입 단언문을 감추는 것이 더 좋은 설계입니다.

예를 들어, 어떤 함수가 자신의 마지막 호출을 캐시하도록 만든다고 가정해 보겠습니다. 함수 캐싱은 리액트 같은 프레임워크에서 실행 시간이 오래 걸리는 함수 호출을 개선하는 일반적인 기법입니다.[2] 어떤 함수든 캐싱할 수 있도록 래퍼 함수 cacheLast를 만들어 보겠습니다. cacheLast의 선언은 쉽게 만들 수 있습니다.

```
declare function cacheLast<T extends Function>(fn: T): T;
```

구현체는 다음과 같습니다.

```
declare function shallowEqual(a: any, b: any): boolean;
function cacheLast<T extends Function>(fn: T): T {
  let lastArgs: any[]|null = null;
  let lastResult: any;
```

---

2  리액트를 사용하고 있다면 실제로는 직접 구현하지 말고, 내장 함수 useMemo 훅을 사용해야 합니다.

```
        return function(...args: any[]) {
          // ~~~~~~~~~~~~~~~~~~~~~~~~~~~~~~~~~
          // '(...args: any[]) => any' 형식은 'T' 형식에 할당할 수 없습니다.
        if (!lastArgs || !shallowEqual(lastArgs, args)) {
          lastResult = fn(...args);
          lastArgs = args;
        }
        return lastResult;
      };
}
```

타입스크립트는 반환문에 있는 함수와 원본 함수 T 타입이 어떤 관련이 있는지 알지 못하기 때문에 오류가 발생했습니다. 그러나 결과적으로 원본 함수 T 타입과 동일한 매개변수로 호출되고 반환값 역시 예상한 결과가 되기 때문에, 타입 단언문을 추가해서 오류를 제거하는 것이 큰 문제가 되지는 않습니다.

```
function cacheLast<T extends Function>(fn: T): T {
  let lastArgs: any[]|null = null;
  let lastResult: any;
  return function(...args: any[]) {
    if (!lastArgs || !shallowEqual(lastArgs, args)) {
      lastResult = fn(...args);
      lastArgs = args;
    }
    return lastResult;
  } as unknown as T;
}
```

실제로 함수를 실행해 보면 잘 동작합니다. 함수 내부에는 any가 꽤 많이 보이지만 타입 정의에는 any가 없기 때문에, cacheLast를 호출하는 쪽에서는 any가 사용됐는지 알지 못합니다.

> ⚠️ 앞의 코드에는 사실 두 가지 문제가 있습니다. 함수를 연속으로 호출하는 경우에 this의 값이 동일한지 체크하지 않습니다. 또한 원본 함수가 객체처럼 속성 값을 가지고 있었다면 래퍼 함수에는 속성 값이 없기 때문에 타입이 달라집니다. 그러나 일부 예외적인 상황을 제외한다면 cacheLast 함수는 괜찮게 구현되었습니다. 여기서는 예를 들기 위해 간단한 구현체를 보인 것이고, 실제로는 안전한 타입으로 cacheLast를 구현할 수 있습니다.

한편, 앞 예제에 나온 shallowEqual은 두 개의 배열을 매개변수로 받아서 비교하는 함수이며 타입 정의와 구현이 간단합니다. 그러나 객체를 매개변수로 하는 shallowObjectEqual은 타입 정의는 간단하지만 구현이 조금 복잡합니다. 먼저 shallowObjectEqual의 타입 정의를 보겠습니다.

```
declare function shallowObjectEqual<T extends object>(a: T, b: T): boolean;
```

객체 매개변수 a와 b가 동일한 키를 가진다는 보장이 없기 때문에 구현할 때는 주의해야 합니다(아이템 54).

```
declare function shallowEqual(a: any, b: any): boolean;
function shallowObjectEqual<T extends object>(a: T, b: T): boolean {
  for (const [k, aVal] of Object.entries(a)) {
    if (!(k in b) || aVal !== b[k]) {
                            // ~~~~ '{}' 형식에 인덱스 시그니처가 없으므로
                            //      요소에 암시적으로 'any' 형식이 있습니다.
      return false;
    }
  }
  return Object.keys(a).length === Object.keys(b).length;
}
```

if 구문의 k in b 체크로 b 객체에 k 속성이 있다는 것을 확인했지만 b[k] 부분에서 오류가 발생하는 것이 이상합니다(타입스크립트의 문맥 활용 능력이 부족한 것으로 보입니다). 어쨌든 실제 오류가 아니라는 것을 알고 있기 때문에 any로 단언하는 수밖에 없습니다.

```
function shallowObjectEqual<T extends object>(a: T, b: T): boolean {
  for (const [k, aVal] of Object.entries(a)) {
    if (!(k in b) || aVal !== (b as any)[k]) {
      return false;
    }
  }
  return Object.keys(a).length === Object.keys(b).length;
}
```

b as any 타입 단언문은 안전하며(k in b 체크를 했으므로), 결국 정확한 타입으로 정의되고 제대로 구현된 함수가 됩니다. 객체가 같은지 체크하기 위해 객

체 순회와 단언문이 코드에 직접 들어가는 것보다, 앞의 코드처럼 별도의 함수로 분리해 내는 것이 훨씬 좋은 설계입니다.

**요약**

• 타입 선언문은 일반적으로 타입을 위험하게 만들지만 상황에 따라 필요하기도 하고 현실적인 해결책이 되기도 합니다. 불가피하게 사용해야 한다면, 정확한 정의를 가지는 함수 안으로 숨기도록 합니다.

## 아이템 41 any의 진화를 이해하기

타입스크립트에서 일반적으로 변수의 타입은 변수를 선언할 때 결정됩니다. 그 후에 정제될 수 있지만(예를 들어 null인지 체크해서), 새로운 값이 추가되도록 확장할 수는 없습니다. 그러나 any 타입과 관련해서 예외인 경우가 존재합니다.

자바스크립트에서 일정 범위의 숫자들을 생성하는 함수를 예로 들어 보겠습니다.

```
function range(start, limit) {
  const out = [];
  for (let i = start; i < limit; i++) {
    out.push(i);
  }
  return out;
}
```

이 코드를 타입스크립트로 변환하면 예상한 대로 정확히 동작합니다.

```
function range(start: number, limit: number) {
  const out = [];
  for (let i = start; i < limit; i++) {
    out.push(i);
  }
  return out;  // 반환 타입이 number[]로 추론됨.
}
```

그러나 자세히 살펴보면 한 가지 이상한 점을 발견할 수 있습니다. out의 타입이 처음에는 any 타입 배열인 []로 초기화되었는데, 마지막에는 number[]로 추론되고 있습니다.

코드에 out이 등장하는 세 가지 위치를 조사해 보면 이유를 알 수 있습니다.

```
function range(start: number, limit: number) {
  const out = [];  // 타입이 any[]
  for (let i = start; i < limit; i++) {
    out.push(i);   // out의 타입이 any[]
  }
  return out;      // 타입이 number[]
}
```

out의 타입은 any[]로 선언되었지만 number 타입의 값을 넣는 순간부터 타입은 number[]로 진화(evolve)합니다.

타입의 진화는 타입 좁히기(아이템 22)와 다릅니다. 배열에 다양한 타입의 요소를 넣으면 배열의 타입이 확장되며 진화합니다.

```
const result = [];  // 타입이 any[]
result.push('a');
result              // 타입이 string[]
result.push(1);
result              // 타입이 (string | number)[]
```

또한 조건문에서는 분기에 따라 타입이 변할 수도 있습니다. 다음 코드에서는 배열이 아닌 단순 값으로 예를 들어 보았습니다.

```
let val;    // 타입이 any
if (Math.random() < 0.5) {
  val = /hello/;
  val       // 타입이 RegExp
} else {
  val = 12;
  val       // 타입이 number
}
val         // 타입이 number | RegExp
```

변수의 초깃값이 null인 경우도 any의 진화가 일어납니다. 보통은 try/catch 블록 안에서 변수를 할당하는 경우에 나타납니다.

```
let val = null;  // 타입이 any
try {
  somethingDangerous();
  val = 12;
  val             // 타입이 number
} catch (e) {
  console.warn('alas!');
}
val               // 타입이 number | null
```

any 타입의 진화는 noImplicitAny가 설정된 상태에서 변수의 타입이 암시적 any인 경우에만 일어납니다. 그러나 다음처럼 명시적으로 any를 선언하면 타입이 그대로 유지됩니다.

```
let val: any;  // 타입이 any
if (Math.random() < 0.5) {
  val = /hello/;
  val             // 타입이 any
} else {
  val = 12;
  val             // 타입이 any
}
val               // 타입이 any
```

> ✅ 타입의 진화는 값을 할당하거나 배열에 요소를 넣은 후에만 일어나기 때문에, 편집기에서는 이상하게 보일 수 있습니다. 할당이 일어난 줄의 타입을 조사해 봐도 여전히 any 또는 any[]로 보일 겁니다.

다음 코드처럼, 암시적 any 상태인 변수에 어떠한 할당도 하지 않고 사용하려고 하면 암시적 any 오류가 발생하게 됩니다.

```
function range(start: number, limit: number) {
  const out = [];
  //    ~~~ 'out' 변수는 형식을 확인할 수 없는 경우
  //        일부 위치에서 암시적으로 'any[]' 형식입니다.
  if (start === limit) {
    return out;
    //     ~~~ 'out' 변수에는 암시적으로 'any[]' 형식이 포함됩니다.
  }
  for (let i = start; i < limit; i++) {
```

```
    out.push(i);
  }
  return out;
}
```

any 타입의 진화는 암시적 any 타입에 어떤 값을 할당할 때만 발생합니다. 그리고 어떤 변수가 암시적 any 상태일 때 값을 읽으려고 하면 오류가 발생합니다.

암시적 any 타입은 함수 호출을 거쳐도 진화하지 않습니다. 다음 코드에서 forEach 안의 화살표 함수는 추론에 영향을 미치지 않습니다.

```
function makeSquares(start: number, limit: number) {
  const out = [];
     // ~~~ 'out' 변수는 일부 위치에서 암시적으로 'any[]' 형식입니다.
  range(start, limit).forEach(i => {
    out.push(i * i);
  });
  return out;
     // ~~~ 'out' 변수에는 암시적으로 'any[]' 형식이 포함됩니다.
}
```

앞의 코드와 같은 경우라면 루프로 순회하는 대신, 배열의 map과 filter 메서드를 통해 단일 구문으로 배열을 생성하여 any 전체를 진화시키는 방법을 생각해 볼 수 있습니다. 아이템 23과 27을 참고하길 바랍니다.

any가 진화하는 방식은 일반적인 변수가 추론되는 원리와 동일합니다. 예를 들어, 진화한 배열의 타입이 (string|number)[]라면, 원래 number[] 타입이어야 하지만 실수로 string이 섞여서 잘못 진화한 것일 수 있습니다. 타입을 안전하게 지키기 위해서는 암시적 any를 진화시키는 방식보다 명시적 타입 구문을 사용하는 것이 더 좋은 설계입니다.

## 요약

• 일반적인 타입들은 정제되기만 하는 반면, 암시적 any와 any[] 타입은 진화할 수 있습니다. 이러한 동작이 발생하는 코드를 인지하고 이해할 수 있어야 합니다.

• any를 진화시키는 방식보다 명시적 타입 구문을 사용하는 것이 안전한 타입을 유지하는 방법입니다.

# 아이템 42 모르는 타입의 값에는 any 대신 unknown을 사용하기

이번에는 unknown에 대해서 알아보겠습니다. unknown에는 함수의 반환값과 관련된 형태, 변수 선언과 관련된 형태, 단언문과 관련된 형태가 있는데, 이를 순차적으로 알아보겠습니다. 그리고 unknown과 유사하지만 조금 다른 형태도 살펴보겠습니다.

먼저 함수의 반환값과 관련된 unknown을 알아보겠습니다. YAML 파서인 parseYAML 함수를 작성한다고 가정해 보겠습니다(YAML은 JSON은 물론 JSON 문법의 상위집합까지 표현할 수 있는 강력한 표현력을 가지고 있습니다). JSON.parse의 반환 타입과 동일하게 parseYAML 메서드의 반환 타입을 any로 만들어 보겠습니다.

```
function parseYAML(yaml: string): any {
  // ...
}
```

아이템 38에서 설명했듯이 함수의 반환 타입으로 any를 사용하는 것은 좋지 않은 설계입니다.

대신 parseYAML를 호출한 곳에서 반환값을 원하는 타입으로 할당하는 것이 이상적입니다.

```
interface Book {
  name: string;
  author: string;
}
const book: Book = parseYAML(`
  name: Wuthering Heights
  author: Emily Brontë
`);
```

그러나 함수의 반환값에 타입 선언을 강제할 수 없기 때문에, 호출한 곳에서 타입 선언을 생략하게 되면 book 변수는 암시적 any 타입이 되고, 사용되는 곳마다 타입 오류가 발생하게 됩니다.

```
const book = parseYAML(`
  name: Jane Eyre
  author: Charlotte Brontë
`);
alert(book.title);  // 오류 없음, 런타임에 "undefined" 경고
book('read');       // 오류 없음, 런타임에 "TypeError: book은 함수가 아닙니다" 예외 발생
```

대신 parseYAML이 unknown 타입을 반환하게 만드는 것이 더 안전합니다.

```
function safeParseYAML(yaml: string): unknown {
  return parseYAML(yaml);
}
const book = safeParseYAML(`
  name: The Tenant of Wildfell Hall
  author: Anne Brontë
`);
alert(book.title);
    // ~~~~ 개체가 'unknown' 형식입니다.
book("read");
// ~~~~~~~~~~~~ 개체가 'unknown' 형식입니다.
```

unknown 타입을 이해하기 위해서는 할당 가능성의 관점에서 any를 생각해 볼 필요가 있습니다. any가 강력하면서도 위험한 이유는 다음 두 가지 특징으로 부터 비롯됩니다.

- 어떠한 타입이든 any 타입에 할당 가능하다.
- any 타입은 어떠한 타입으로도 할당 가능하다.[3]

'타입을 값의 집합으로 생각하기(아이템 7)'의 관점에서, 한 집합은 다른 모든 집합의 부분 집합이면서 동시에 상위집합이 될 수 없기 때문에, 분명히 any는 타입 시스템과 상충되는 면을 가지고 있습니다. 이러한 점이 any의 강력함의 원천이면서 동시에 문제를 일으키는 원인이 됩니다. 타입 체커는 집합 기반이기 때문에 any를 사용하면 타입 체커가 무용지물이 된다는 것을 주의해야 합니다.

unknown은 any 대신 쓸 수 있는 타입 시스템에 부합하는 타입입니다. un

---

3  never 타입은 예외

known 타입은 앞에서 언급한 any의 첫 번째 속성(어떠한 타입이든 unknown에 할당 가능)을 만족하지만, 두 번째 속성(unknown은 오직 unknown과 any에만 할당 가능)은 만족하지 않습니다. 반면 never 타입은 unknown과 정반대입니다. 첫 번째 속성(어떤 타입도 never에 할당할 수 없음)은 만족하지 않지만, 두 번째 속성(어떠한 타입으로도 할당 가능)은 만족합니다.

한편 unknown 타입인 채로 값을 사용하면 오류가 발생합니다. unknown인 값에 함수 호출을 하거나 연산을 하려고 해도 마찬가지입니다. unknown 상태로 사용하려고 하면 오류가 발생하기 때문에, 적절한 타입으로 변환하도록 강제할 수 있습니다.

```
const book = safeParseYAML(`
  name: Villette
  author: Charlotte Brontë
`) as Book;
alert(book.title);
        // ~~~~ 'Book' 형식에 'title' 속성이 없습니다.
book('read');
// ~~~~~~~~~~~ 이 식은 호출할 수 없습니다.
```

함수의 반환 타입인 unknown 그대로 값을 사용할 수 없기 때문에 Book으로 타입 단언을 해야 합니다. 애초에 반환값이 Book이라고 기대하며 함수를 호출하기 때문에 단언문은 문제가 되지 않습니다. 그리고 Book 타입 기준으로 타입 체크가 되기 때문에, unknown 타입 기준으로 오류를 표시했던 예제보다 오류의 정보가 더 정확합니다.

다음으로 변수 선언과 관련된 unknown을 알아보겠습니다. 어떠한 값이 있지만 그 타입을 모르는 경우에 unknown을 사용합니다. 앞서 예로 든 parseYAML 외에 다른 예시들도 있습니다. 예를 들어, GeoJSON 사양에서 Feature의 properties 속성은 JSON 직렬화(serialization)가 가능한 모든 것을 담는 잡동사니 주머니(grab-bag) 같은 존재입니다. 그래서 타입을 예상할 수 없기 때문에 unknown을 사용합니다.

```
interface Feature {
  id?: string | number;
  geometry: Geometry;
```

```
  properties: unknown;
}
```

타입 단언문이 unknown에서 원하는 타입으로 변환하는 유일한 방법은 아닙니다. instanceof를 체크한 후 unknown에서 원하는 타입으로 변환할 수 있습니다.

```
function processValue(val: unknown) {
  if (val instanceof Date) {
    val  // 타입이 Date
  }
}
```

또한 사용자 정의 타입 가드도 unknown에서 원하는 타입으로 변환할 수 있습니다.

```
function isBook(val: unknown): val is Book {
  return (
    typeof(val) === 'object' && val !== null &&
    'name' in val && 'author' in val
  );
}
function processValue(val: unknown) {
  if (isBook(val)) {
    val;  // 타입이 Book
  }
}
```

unknown 타입의 범위를 좁히기 위해서는 상당히 많은 노력이 필요합니다. in 연산자에서 오류를 피하기 위해 먼저 val이 객체임을 확인해야 하고, typeof null === 'object'이므로 별도로 val이 null 아님을 확인해야 합니다.

가끔 unknown 대신 제너릭 매개변수가 사용되는 경우도 있습니다. 제너릭을 사용하기 위해 다음 코드처럼 safeParseYAML 함수를 선언할 수 있습니다.

```
function safeParseYAML<T>(yaml: string): T {
  return parseYAML(yaml);
}
```

그러나 앞의 코드는 일반적으로 타입스크립트에서 좋지 않은 스타일입니다.

제너릭을 사용한 스타일은 타입 단언문과 달라 보이지만 기능적으로는 동일합니다. 제너릭보다는 unknown을 반환하고 사용자가 직접 단언문을 사용하거나 원하는 대로 타입을 좁히도록 강제하는 것이 좋습니다.

다음으로 단언문과 관련된 unknown을 알아보겠습니다. 이중 단언문에서 any 대신 unknown을 사용할 수도 있습니다.

```
declare const foo: Foo;
let barAny = foo as any as Bar;
let barUnk = foo as unknown as Bar;
```

barAny와 barUnk는 기능적으로 동일하지만, 나중에 두 개의 단언문을 분리하는 리팩터링을 한다면 unknown 형태가 더 안전합니다. any의 경우는 분리되는 순간 그 영향력이 전염병처럼 퍼지게 됩니다. 그러나 unknown의 경우는 분리되는 즉시 오류를 발생하게 되므로 더 안전합니다.

마지막으로 unknown과 유사하지만 조금 다른 타입들도 알아보겠습니다. 이번 아이템에서 unknown에 대해서 설명한 것과 비슷한 방식으로 object 또는 {}를 사용하는 코드들이 존재합니다. object 또는 {}를 사용하는 방법 역시 unknown만큼 범위가 넓은 타입이지만, unknown보다는 범위가 약간 좁습니다.

- {} 타입은 null과 undefined를 제외한 모든 값을 포함합니다.
- object 타입은 모든 비기본형(non-primitive) 타입으로 이루어집니다. 여기에는 true 또는 12 또는 "foo"가 포함되지 않지만 객체와 배열은 포함됩니다.

unknown 타입이 도입되기 전에는 {}가 더 일반적으로 사용되었지만, 최근에는 {}를 사용하는 경우가 꽤 드뭅니다. 정말로 null과 undefined가 불가능하다고 판단되는 경우만 unknown 대신 {}를 사용하면 됩니다.

## 요약

- unknown은 any 대신 사용할 수 있는 안전한 타입입니다. 어떠한 값이 있지만 그 타입을 알지 못하는 경우라면 unknown을 사용하면 됩니다.

- 사용자가 타입 단언문이나 타입 체크를 사용하도록 강제하려면 unknown을 사용하면 됩니다.
- {}, object, unknown의 차이점을 이해해야 합니다.

## 아이템 43 몽키 패치보다는 안전한 타입을 사용하기

자바스크립트의 가장 유명한 특징 중 하나는, 객체와 클래스에 임의의 속성을 추가할 수 있을 만큼 유연하다는 것입니다. 객체에 속성을 추가할 수 있는 기능은 종종 웹 페이지에서 window나 document에 값을 할당하여 전역 변수를 만드는 데 사용됩니다.

```
window.monkey = 'Tamarin';
document.monkey = 'Howler';
```

또는 DOM 엘리먼트에 데이터를 추가하기 위해서도 사용됩니다.

```
const el = document.getElementById('colobus');
el.home = 'tree';
```

객체에 속성을 추가하는 코드 스타일은 특히 제이쿼리(jQuery)를 사용하는 코드에서 흔히 볼 수 있습니다.

심지어 내장 기능의 프로토타입에도 속성을 추가할 수 있습니다. 그런데 이상한 결과를 보일 때가 있습니다.

```
> RegExp.prototype.monkey = 'Capuchin'
"Capuchin"
> /123/.monkey
"Capuchin"
```

정규식(/123/)에 monkey라는 속성을 추가한 적이 없는데 "Capuchin"이라는 값이 들어 있습니다. 사실 객체에 임의의 속성을 추가하는 것은 일반적으로 좋은 설계가 아닙니다. 예를 들어 window 또는 DOM 노드에 데이터를 추가한다고 가정해 보겠습니다. 그러면 그 데이터는 기본적으로 전역 변수가 됩니다. 전역 변수를 사용하면 은연중에 프로그램 내에서 서로 멀리 떨어진 부분들 간에 의존성을 만들게 됩니다. 그러면 함수를 호출할 때마다 부작용(side effect)을 고려해야만 합니다.

타입스크립트까지 더하면 또 다른 문제가 발생합니다. 타입 체커는 Document와 HTMLElement의 내장 속성에 대해서는 알고 있지만, 임의로 추가한 속성에 대해서는 알지 못합니다.

```
document.monkey = 'Tamarin';
        // ~~~~~ 'Document' 유형에 'monkey' 속성이 없습니다.
```

이 오류를 해결하는 가장 간단한 방법은 any 단언문을 사용하는 것입니다.

```
(document as any).monkey = 'Tamarin';  // 정상
```

타입 체커는 통과하지만 단점이 있습니다. any를 사용함으로써 타입 안전성을 상실하고, 언어 서비스를 사용할 수 없게 된다는 것입니다.

```
(document as any).monky = 'Tamarin';   // 정상, 오타
(document as any).monkey = /Tamarin/;  // 정상, 잘못된 타입
```

최선의 해결책은 document 또는 DOM으로부터 데이터를 분리하는 것입니다. 분리할 수 없는 경우(객체와 데이터가 붙어 있어야만 하는 라이브러리를 사용 중이거나 자바스크립트 애플리케이션을 마이그레이션하는 과정 중이라면), 두 가지 차선책이 존재합니다.

첫 번째, interface의 특수 기능 중 하나인 보강(augmentation)을 사용하는 것입니다(아이템 13).

```
interface Document {
  /** 몽키 패치의 속(genus) 또는 종(species) */
  monkey: string;
}

document.monkey = 'Tamarin';  // 정상
```

보강을 사용한 방법이 any보다 나은 점은 다음과 같습니다.

• 타입이 더 안전합니다. 타입 체커는 오타나 잘못된 타입의 할당을 오류로

표시합니다.

- 속성에 주석을 붙일 수 있습니다(아이템 48).
- 속성에 자동완성을 사용할 수 있습니다.
- 몽키 패치가 어떤 부분에 적용되었는지 정확한 기록이 남습니다.

그리고 모듈의 관점에서(타입스크립트 파일이 import / export를 사용하는 경우), 제대로 동작하게 하려면 global 선언을 추가해야 합니다.

```typescript
export {};
declare global {
  interface Document {
    /** 몽키 패치의 속(genus) 또는 종(species) */
    monkey: string;
  }
}
document.monkey = 'Tamarin';  // 정상
```

보강을 사용할 때 주의해야 할 점은 모듈 영역(scope)과 관련이 있습니다. 보강은 전역적으로 적용되기 때문에, 코드의 다른 부분이나 라이브러리로부터 분리할 수 없습니다. 그리고 애플리케이션이 실행되는 동안 속성을 할당하면 실행 시점에서 보강을 적용할 방법이 없습니다. 특히 웹 페이지 내의 HTML 엘리먼트를 조작할 때, 어떤 엘리먼트는 속성이 있고 어떤 엘리먼트는 속성이 없는 경우 문제가 됩니다. 이러한 이유로 속성을 string|undefined로 선언할 수도 있습니다. 이렇게 선언하면 더 정확할 수 있지만 다루기에는 더 불편해집니다.

두 번째, 더 구체적인 타입 단언문을 사용하는 것입니다.

```typescript
interface MonkeyDocument extends Document {
  /** 몽키 패치의 속(genus) 또는 종(species) */
  monkey: string;
}
(document as MonkeyDocument).monkey = 'Macaque';
```

MonkeyDocument는 Document를 확장하기 때문에(아이템 9) 타입 단언문은 정상이며 할당문의 타입은 안전합니다. 또한 Document 타입을 건드리지 않고 별도

로 확장하는 새로운 타입을 도입했기 때문에 모듈 영역 문제도 해결할 수 있습니다(import하는 곳의 영역에만 해당됨). 따라서 몽키 패치된 속성을 참조하는 경우에만 단언문을 사용하거나 새로운 변수를 도입하면 됩니다. 그러나 몽키 패치를 남용해서는 안 되며 궁극적으로 더 잘 설계된 구조로 리팩터링하는 것이 좋습니다.

## 요약

- 전역 변수나 DOM에 데이터를 저장하지 말고, 데이터를 분리하여 사용해야 합니다.
- 내장 타입에 데이터를 저장해야 하는 경우, 안전한 타입 접근법 중 하나(보강이나 사용자 정의 인터페이스로 단언)를 사용해야 합니다.
- 보강의 모듈 영역 문제를 이해해야 합니다.

# 아이템 44 타입 커버리지를 추적하여 타입 안전성 유지하기

noImplicitAny를 설정하고 모든 암시적 any 대신 명시적 타입 구문을 추가해도 any 타입과 관련된 문제들로부터 안전하다고 할 수 없습니다. any 타입이 여전히 프로그램 내에 존재할 수 있는 두 가지 경우가 있습니다.

- 명시적 any 타입
  아이템 38과 아이템 39의 내용에 따라 any 타입의 범위를 좁히고 구체적으로 만들어도 여전히 any 타입입니다. 특히 any[]와 {[key : string] : any} 같은 타입은 인덱스를 생성하면 단순 any가 되고 코드 전반에 영향을 미칩니다.

- 서드파티 타입 선언
  이 경우는 @types 선언 파일로부터 any 타입이 전파되기 때문에 특별히 조심해야 합니다. noImplicitAny를 설정하고 절대 any를 사용하지 않았다 하더라도 여전히 any 타입은 코드 전반에 영향을 미칩니다.

any 타입은 타입 안전성과 생산성에 부정적 영향을 미칠 수 있으므로(아이템

5), 프로젝트에서 any의 개수를 추적하는 것이 좋습니다. npm의 type-cover-age 패키지를 활용하여 any를 추적할 수 있는 몇 가지 방법이 있습니다.

```
$ npx type-coverage
9985 / 10117 98.69%
```

결과를 통해 이 프로젝트의 10,117개 심벌 중 9,985개(98.69%)가 any가 아니거나 any의 별칭이 아닌 타입을 가지고 있음을 알 수 있습니다. 실수로 any 타입이 추가된다면, 백분율(percentage)이 감소하게 됩니다.

앞 결과의 백분율은 5장의 다른 아이템들에서 소개한 조언들을 얼마나 잘 따랐는지에 대한 점수라고 할 수 있습니다. 그러므로 점수를 추적함으로써 시간이 지남에 따라 코드의 품질을 높일 수 있습니다.

타입 커버리지 정보를 수집해 보는 것도 유용할 수 있습니다. type-coverage를 실행할 때 --detail 플래그를 붙이면, any 타입이 있는 곳을 모두 출력해 줍니다.

```
$ npx type-coverage --detail
path/to/code.ts:1:10 getColumnInfo
path/to/module.ts:7:1 pt2
...
```

이것을 조사해 보면 미처 발견하지 못한 any의 근원지를 찾을 수도 있습니다.

코드에 any가 남아 있는 이유는 다양합니다. 오류를 간단히 해결하기 위해 종종 명시적으로 any를 선언했을 수 있습니다. 타입 오류가 발생했지만 해결하는 데 시간을 쏟고 싶지 않았을 수도 있습니다. 또는 아직까지 타입을 제대로 작성하지 못했을 수도 있습니다. 아니면 급하게 작업하느라 any인 채로 놔두었을 수도 있습니다.

any가 등장하는 몇 가지 문제와 그 해결책을 살펴보겠습니다.

표 형태의 데이터에서 어떤 종류의 열(column) 정보를 만들어 내는 함수를 만든다고 가정해 봅시다.

```
function getColumnInfo(name: string): any {
  return utils.buildColumnInfo(appState.dataSchema, name);  // any를 반환합니다.
}
```

utils.buildColumnInfo 호출은 any를 반환합니다. 그래서 getColumnInfo 함수의 반환에는 주석과 함께 명시적으로 : any 구문을 추가했습니다.

이후에 타입 정보를 추가하기 위해 ColumnInfo 타입을 정의하고 utils. buildColumnInfo가 any 대신 ColumnInfo를 반환하도록 개선해도 getColumn Info 함수의 반환문에 있는 any 타입이 모든 타입 정보를 날려 버리게 됩니다. getColumnInfo에 남아 있는 any까지 제거해야 문제가 해결됩니다.

서드파티 라이브러리로부터 비롯되는 any 타입은 몇 가지 형태로 등장할 수 있지만 가장 극단적인 예는 전체 모듈에 any 타입을 부여하는 것입니다.

```
declare module 'my-module';
```

앞의 선언으로 인해 my-module에서 어떤 것이든 오류 없이 임포트할 수 있습니다. 임포트한 모든 심벌은 any 타입이고, 임포트한 값이 사용되는 곳마다 any 타입을 양산하게 됩니다.

```
import {someMethod, someSymbol} from 'my-module';  // 정상

const pt1 = {
  x: 1,
  y: 2,
};                                      // 타입이 {x: number, y: number}
const pt2 = someMethod(pt1, someSymbol); // 정상, pt2의 타입이 any
```

일반적인 모듈의 사용법과 동일하기 때문에, 타입 정보가 모두 제거됐다는 것을 간과할 수 있습니다. 또는 동료가 모든 타입 정보를 날려 버렸지만, 알아채지 못하는 경우일 수도 있습니다. 그렇기 때문에 가끔 해당 모듈을 점검해야 합니다. 어느 순간 모듈에 대한 공식 타입 선언이 릴리스되었을지도 모릅니다. 또는 모듈을 충분히 이해한 후에 직접 타입 선언을 작성해서 커뮤니티에 공개할 수도 있습니다.

서드파티 라이브러리로부터 비롯되는 any의 또 다른 형태는 타입에 버그가 있는 경우입니다. 예를 들어 아이템 29의 조언(값을 생성할 때는 엄격하게 타입을 적용)을 무시한 채로, 함수가 유니온 타입을 반환하도록 선언하고 실제로는 유니온 타입보다 훨씬 더 특정된 값을 반환하는 경우입니다. 선언된 타입과

실제 반환된 타입이 맞지 않는다면 어쩔 수 없이 any 단언문을 사용해야 합니다. 그러나 나중에 라이브러리가 업데이트되어 함수의 선언문이 제대로 수정된다면 any를 제거해야 합니다. 또는 직접 라이브러리의 선언문을 수정하고 커뮤니티에 공개할 수도 있습니다.

any 타입이 사용되는 코드가 실제로는 더 이상 실행되지 않는 코드일 수 있습니다. 또는 어쩔 수 없이 any를 사용했던 부분이 개선되어 제대로 된 타입으로 바뀌었다면 any가 더 이상 필요 없을 수도 있습니다. 버그가 있는 타입 선언문이 업데이트되어 제대로 타입 정보를 가질 수도 있습니다. 타입 커버리지를 추적하면 이러한 부분들을 쉽게 발견할 수 있기 때문에 코드를 꾸준히 점검할 수 있게 해 줍니다.

**요약**

- noImplicitAny가 설정되어 있어도, 명시적 any 또는 서드파티 타입 선언 (@types)을 통해 any 타입은 코드 내에 여전히 존재할 수 있다는 점을 주의해야 합니다.
- 작성한 프로그램의 타입이 얼마나 잘 선언되었는지 추적해야 합니다. 추적함으로써 any의 사용을 줄여 나갈 수 있고 타입 안전성을 꾸준히 높일 수 있습니다.

# 6장

# 타입 선언과 @types

타입스크립트를 포함한 모든 언어들에서 라이브러리 의존성 관리는 어려운 일입니다. 6장에서는 타입스크립트에서 의존성이 어떻게 동작하는지 설명하여 의존성에 대한 개념을 잡을 수 있게 합니다. 또한 의존성 관리를 하다가 맞닥 뜨릴 수 있는 몇 가지 문제를 보여 주고 해결하는 방법을 찾아봅니다. 이런 것들이 프로젝트를 공개하기 전에 타입 선언 파일을 작성하는 데 도움이 될 겁니다. 제대로 된 타입 선언문을 작성하여 공개하는 것은 프로젝트뿐만 아니라 타입스크립트 전체 커뮤니티에 기여하는 일이기도 합니다.

## 아이템 45 devDependencies에 typescript와 @types 추가하기

npm(node package manager)은 자바스크립트 세상에서 필수적입니다. npm은 자바스크립트 라이브러리 저장소(npm 레지스트리)와, 프로젝트가 의존하고 있는 라이브러리들의 버전을 지정하는 방법(*package.json*)을 제공합니다.

npm은 세 가지 종류의 의존성을 구분해서 관리하며, 각각의 의존성은 *package.json* 파일 내의 별도 영역에 들어 있습니다.

* dependencies

  현재 프로젝트를 실행하는 데 필수적인 라이브러리들이 포함됩니다. 프로젝트의 런타임에 lodash가 사용된다면 dependencies에 포함되어야 합니다. 프로젝트를 npm에 공개하여 다른 사용자가 해당 프로젝트를 설치한다면, dependencies에 들어 있는 라이브러리도 함께 설치될 것입니다. 이러한 현상을 전이(transitive) 의존성이라고 합니다.

- devDependencies

  현재 프로젝트를 개발하고 테스트하는 데 사용되지만, 런타임에는 필요 없는 라이브러리들이 포함됩니다. 예를 들어, 프로젝트에서 사용 중인 테스트 프레임워크가 devDependencies에 포함될 수 있는 라이브러리입니다. 프로젝트를 npm에 공개하여 다른 사용자가 해당 프로젝트를 설치한다면, devDependencies에 포함된 라이브러리들은 제외된다는 것이 dependencies와 다른 점입니다.

- peerDependencies

  런타임에 필요하긴 하지만, 의존성을 직접 관리하지 않는 라이브러리들이 포함됩니다. 단적인 예로 플러그인을 들 수 있습니다. 제이쿼리의 플러그인은 다양한 버전의 제이쿼리와 호환되므로 제이쿼리의 버전을 플러그인에서 직접 선택하지 않고, 플러그인이 사용되는 실제 프로젝트에서 선택하도록 만들 때 사용합니다.

이 세 가지 의존성 중에서는 dependencies와 devDependencies가 일반적으로 사용됩니다. 타입스크립트 개발자라면 라이브러리를 추가할 때 어떤 종류의 의존성을 사용해야 하는지 알고 있어야 합니다. 타입스크립트는 개발 도구일 뿐이고 타입 정보는 런타임에 존재하지 않기 때문에(아이템 3), 타입스크립트와 관련된 라이브러리는 일반적으로 devDependencies에 속합니다.

모든 타입스크립트 프로젝트에서 공통적으로 고려해야 할 의존성 두 가지를 살펴보겠습니다.

첫 번째, 타입스크립트 자체 의존성을 고려해야 합니다. 타입스크립트를 시스템 레벨로 설치할 수도 있지만, 다음 두 가지 이유 때문에 추천하지는 않습니다.

- 팀원들 모두가 항상 동일한 버전을 설치한다는 보장이 없습니다.
- 프로젝트를 셋업할 때 별도의 단계가 추가됩니다.

따라서 타입스크립트를 시스템 레벨로 설치하기보다는 devDependencies에 넣는 것이 좋습니다. devDependencies에 포함되어 있다면, npm install을 실행할 때 팀원들 모두 항상 정확한 버전의 타입스크립트를 설치할 수 있습니다. 그리고 타입스크립트 버전 업데이트는 다른 라이브러리의 업데이트와 같은 방법을 사용하게 됩니다.

대부분의 타입스크립트 IDE와 빌드 도구는 devDependencies를 통해 설치된 타입스크립트의 버전을 인식할 수 있도록 되어 있습니다. 또한 커맨드 라인에서 npx를 사용해서 devDependencies를 통해 설치된 타입스크립트 컴파일러를 실행할 수 있습니다.

```
$ npx tsc
```

두 번째, 타입 의존성(@types)을 고려해야 합니다. 사용하려는 라이브러리에 타입 선언이 포함되어 있지 않더라도, DefinitelyTyped(타입스크립트 커뮤니티에서 유지보수하고 있는 자바스크립트 라이브러리의 타입을 정의한 모음)에서 타입 정보를 얻을 수 있습니다. DefinitelyTyped의 타입 정의들은 npm 레지스트리의 @types 스코프에 공개됩니다. 즉, @types/jquery에는 제이쿼리의 타입 정의가 있고, @types/lodash에는 로대시의 타입 정의가 있습니다. @types 라이브러리는 타입 정보만 포함하고 있으며 구현체는 포함하지 않습니다.

원본 라이브러리 자체가 dependencies에 있더라도 @types 의존성은 devDependencies에 있어야 합니다. 예를 들어, 리액트의 타입 선언과 리액트를 의존성에 추가하려면 다음처럼 실행합니다.

```
$ npm install react
```

```
$ npm install --save-dev @types/react
```

그러면 다음과 같은 *package.json* 파일이 생성됩니다.

```
{
  "devDependencies": {
    "@types/react": "^16.8.19",
    "typescript": "^3.5.3"
  },
  "dependencies": {
    "react": "^16.8.6"
  }
}
```

이 예제의 의도는 런타임에 @types/react와 typescript에 의존하지 않겠다는 것입니다. 그러나 타입 의존성을 devDependencies에 넣는 방식이 항상 유효한 것은 아니며 @types 의존성과 관련된 몇 가지 문제점이 있습니다. @types 의존성과 관련된 문제는 아이템 46에서 자세히 다룹니다.

### 요약

- 타입스크립트를 시스템 레벨로 설치하면 안 됩니다. 타입스크립트를 프로젝트의 devDependencies에 포함시키고 팀원 모두가 동일한 버전을 사용하도록 해야 합니다.
- @types 의존성은 dependencies가 아니라 devDependencies에 포함시켜야 합니다. 런타임에 @types가 필요한 경우라면 별도의 작업이 필요할 수 있습니다.

## 아이템 46 타입 선언과 관련된 세 가지 버전 이해하기

의존성 관리는 개발자에게 매우 힘든 일입니다. 그래서 여러분은 아마 단순히 라이브러리를 프로젝트에 추가해서 사용할 뿐이지 라이브러리의 전이적(transitive) 의존성이 호환되는지 깊게 생각하지 않았을 겁니다.

그런데 실제로 타입스크립트는 알아서 의존성 문제를 해결해 주기는커녕, 의존성 관리를 오히려 더 복잡하게 만듭니다. 왜냐하면 타입스크립트를 사용하면 다음 세 가지 사항을 추가로 고려해야 하기 때문입니다.

- 라이브러리의 버전
- 타입 선언(@types)의 버전
- 타입스크립트의 버전

세 가지 버전 중 하나라도 맞지 않으면, 의존성과 상관없어 보이는 곳에서 엉뚱한 오류가 발생할 수 있습니다. 이렇게 발생한 오류의 원인을 파악하고 고치기 위해서는 타입스크립트 라이브러리 관리의 복잡한 메커니즘을 모두 이해해야 합니다. 라이브러리 관리의 메커니즘을 이해하게 된다면 프로젝트 내에서 작성한 타입 선언을 외부에 공개해야 하는 시점이 되었을 때, 버전과 관련해서 제대로 된 결정을 내릴 수 있습니다.

타입스크립트에서 일반적으로 의존성을 사용하는 방식은 다음과 같습니다. 특정 라이브러리를 dependencies로 설치하고, 타입 정보는 devDependencies로 설치합니다(아이템 45).

```
$ npm install react
+ react@16.8.6

$ npm install --save-dev @types/react
+ @types/react@16.8.19
```

메이저 버전과 마이너 버전(16.8)이 일치하지만 패치 버전(.6과 .19)은 일치하지 않는다는 점에 주목하길 바랍니다. @types/react의 16.8.19는 타입 선언들이 리액트 16.8 버전의 API를 나타낸다는 것을 의미합니다. 만약 리액트 모듈이 시맨틱(semantic) 버전 규칙[1]을 제대로 지킨다고 가정하면 패치 버전들(16.8.1, 16.8.2, ...)은 공개 API의 사양을 변경하지 않습니다. 따라서 타입 선언을 업데이트할 필요가 없습니다. 그러나 타입 선언 자체에도 버그나 누락이 존재할 수 있으며 @types 모듈의 패치 버전은 버그나 누락으로 인한 수정과 추가에 따른 것입니다. 앞선 예제의 경우 라이브러리 자체보다 타입 선언에 더 많은 업데이트가 있었습니다(19 대 6).

그러나 실제 라이브러리와 타입 정보의 버전이 별도로 관리되는 방식은 다

---

1  (옮긴이) *https://semver.org/lang/ko/*

음 네 가지 문제점이 있습니다.

첫 번째, 라이브러리를 업데이트했지만 실수로 타입 선언은 업데이트하지 않는 경우입니다. 이런 경우 라이브러리 업데이트와 관련된 새로운 기능을 사용하려 할 때마다 타입 오류가 발생하게 됩니다. 특히 하위 호환성이 깨지는 변경이 있었다면, 코드가 타입 체커를 통과하더라도 런타임에 오류가 발생할 수 있습니다.

일반적인 해결책은 타입 선언도 업데이트하여 라이브러리와 버전을 맞추는 것입니다. 그러나 업데이트해야 할 타입 선언의 버전이 아직 준비되지 않은 경우라면 두 가지 선택지가 있습니다. 보강(augmentation) 기법을 활용하여, 사용하려는 새 함수와 메서드의 타입 정보를 프로젝트 자체에 추가하는 것입니다. 또는 타입 선언의 업데이트를 직접 작성하고 공개하여 커뮤니티에 기여하는 방법도 있습니다.

두 번째, 라이브러리보다 타입 선언의 버전이 최신인 경우입니다. 이런 경우는 타입 정보 없이 라이브러리를 사용해 오다가(아마도 declare module을 사용해서 any 타입으로 사용했을 겁니다) 타입 선언을 설치하려고 할 때 뒤늦게 발생합니다. 그 사이에 라이브러리와 타입 선언의 새 버전이 릴리스되었다면 라이브러리와 타입 선언의 버전 정보는 어긋나게 될 것입니다. 첫 번째 문제와 상황이 비슷하지만 버전의 대소 관계가 반대입니다. 타입 체커는 최신 API를 기준으로 코드를 검사하게 되지만 런타임에 실제로 쓰이는 것은 과거 버전입니다. 해결책은 라이브러리와 타입 선언의 버전이 맞도록 라이브러리 버전을 올리거나 타입 선언의 버전을 내리는 것입니다.

세 번째, 프로젝트에서 사용하는 타입스크립트 버전보다 라이브러리에서 필요로 하는 타입스크립트 버전이 최신인 경우입니다. 일반적으로 로대시(Lodash), 리액트(React), 람다(Ramda) 같은 유명 자바스크립트 라이브러리의 타입 정보를 더 정확하게 표현하기 위해서 타입스크립트에서 타입 시스템이 개선되고 버전이 올라가게 됩니다. 그러므로 이러한 라이브러리들의 최신 타입 정보를 얻기 위해서라면 당연히 타입스크립트의 최신 버전을 사용해야 합니다.

현재 프로젝트보다 라이브러리에게 필요한 타입스크립트 버전이 높은 상황이라면, @types 선언 자체에서 타입 오류가 발생하게 됩니다. 이 오류를 해결하려면 프로젝트의 타입스크립트 버전을 올리거나, 라이브러리 타입 선언의 버전을 원래대로 내리거나, declare module 선언으로 라이브러리의 타입 정보를 없애 버리면 됩니다. 라이브러리에서 typesVersions를 통해 타입스크립트 버전별로 다른 타입 선언을 제공하는 방법도 있지만 실제로는 매우 드뭅니다. 최근까지도 DefinitelyTyped의 라이브러리들 중 1% 미만에서만 typesVersions을 제공합니다.

타입스크립트의 특정 버전에 대한 타입 정보를 설치하려면 다음처럼 실행하면 됩니다.

```
$ npm install --save-dev @types/lodash@ts3.1
```

라이브러리와 타입 선언의 버전을 일치시키는 것이 최선이겠지만, 상황에 따라 해당 버전의 타입 정보가 없을 수도 있습니다. 그러나 유명한 라이브러리일수록 버전별로 타입 선언이 존재할 가능성이 높습니다.

네 번째, @types 의존성이 중복될 수도 있습니다. @types/foo와 @types/bar에 의존하는 경우를 가정해 봅시다. 만약 @types/bar가 현재 프로젝트와 호환되지 않는 버전의 @types/foo에 의존한다면 npm은 중첩된 폴더에 별도로 해당 버전을 설치하여 문제를 해결하려고 합니다.

```
node_modules/
  @types/
    foo/
      index.d.ts @1.2.3
    bar/
      index.d.ts
      node_modules/
        @types/
          foo/
            index.d.ts @2.3.4
```

런타임에 사용되는 모듈이라면 괜찮을 수 있지만, 전역 네임스페이스(namespace)에 있는 타입 선언 모듈이라면 대부분 문제가 발생합니다. 전역 네임스페이스에 타입 선언이 존재하면 중복된 선언, 또는 선언이 병합될 수 없다는 오류로 나타나게 됩니다. 이런 상황이라면 npm ls @types/foo를 실행하여 어디서 타입 선언 중복이 발생했는지 추적할 수 있습니다. 해결책은 보통 @types/foo를 업데이트하거나 @types/bar를 업데이트해서 서로 버전이 호환되게 하는 것입니다. 그러나 @types이 전이(transitive) 의존성을 가지도록 만드는 것은 종종 문제를 일으키기도 합니다. 만약 타입 선언을 작성하고 공개하려고 한다면, 아이템 51을 참고하여 이러한 문제를 피하기 바랍니다.

일부 라이브러리, 특히 타입스크립트로 작성된 라이브러리들은 자체적으로 타입 선언을 포함(번들링, bundling)하게 됩니다. 자체적인 타입 선언은 보통 *package.json*의 "types" 필드에서 *.d.ts* 파일을 가리키도록 되어 있습니다.

```
{
  "name": "left-pad",
  "version": "1.3.0",
  "description": "String left pad",
  "main": "index.js",
  "types": "index.d.ts",
  // ...
}
```

"types": "index.d.ts"를 추가하면 모든 문제가 해결될까요?

번들링하여 타입 선언을 포함하는 경우, 특히 라이브러리가 타입스크립트로 작성되고 컴파일러를 통해 타입 선언이 생성된 경우라면 버전 불일치 문제를 해결하기는 합니다. 그러나 번들링 방식은 부수적인 네 가지 문제점을 가지고 있습니다.

첫 번째, 번들된 타입 선언에 보강 기법으로 해결할 수 없는 오류가 있는 경우, 또는 공개 시점에는 잘 동작했지만 타입스크립트 버전이 올라가면서 오류가 발생하는 경우에 문제가 됩니다. @types을 별도로 사용하는 경우라면 라이브러리 자체의 버전에 맞추어 선택할 수 있습니다. 그러나 번들된 타입에서는 @types의 버전 선택이 불가능합니다. 단 하나의 잘못된 타입 선언으로 인해 타입스크립트의 버전을 올리지 못하는 불상사가 생길 수 있는 것입니다. 번들된 타입과 DefinitelyTyped이 비교되는 부분입니다. 마이크로소프트는 타입스크립트 버전이 올라감에 따라 DefinitelyTyped의 모든 타입 선언을 점검하며, 문제가 발견된 곳은 빠른 시간 내에 해결하고 있습니다.

두 번째, 프로젝트 내의 타입 선언이 다른 라이브러리의 타입 선언에 의존한다면 문제가 됩니다. 보통은 의존성이 devDependencies에 들어갑니다(아이템 45). 그러나 프로젝트를 공개하여 다른 사용자가 설치하게 되면 devDependencies가 설치되지 않을 것이고 타입 오류가 발생하게 됩니다. 반면 자바스크립트 사용자 입장에서는 @types를 설치할 이유가 없기 때문에 dependencies에 포함하고 싶지 않을 겁니다. 아이템 51에서는 이러한 상황에 대한 표준 해결책을 다룹니다. 한편 DefinitelyTyped에 타입 선언을 공개하는 경우라면 첫 번째 상황은 전혀 문제가 되지 않습니다. 타입 선언은 @types에 있을 것이고 타입스크립트 사용자만이 타입 정보를 사용하게 됩니다.

세 번째, 프로젝트의 과거 버전에 있는 타입 선언에 문제가 있는 경우에는 과거 버전으로 돌아가서 패치 업데이트를 해야 합니다. 번들링된 타입 선언에서는 어려운 일이지만, DefinitelyTyped는 동일 라이브러리의 여러 버전의 타입 선언을 동시에 유지보수할 수 있는 메커니즘을 가지고 있습니다.

네 번째, 타입 선언의 패치 업데이트를 자주 하기 어렵다는 문제가 있습니다. 이번 아이템의 처음에 있었던 react와 @types/react 버전의 사례를 떠올려 봅시다. 라이브러리 자체보다 타입 선언에 대한 패치 업데이트가 무려 세 배나 더 많았습니다. DefinitelyTyped는 커뮤니티에서 관리되기 때문에 이러한 작업량을 감당할 수 있습니다. 만약 어떤 라이브러리의 유지보수 담당자가 5일 이내에 패치를 적용하지 않는 것으로 보인다면, 전체 유지보수 담당자가 패치를 하게 됩니다. 그러나 개별 프로젝트에서는 비슷한 처리 시간을 보장하기 어렵습니다.

타입스크립트에서 의존성을 관리한다는 것은 쉽지 않은 일이지만, 잘 관리한다면 그에 따른 보상이 함께 존재합니다. 잘 작성된 타입 선언은 라이브러리를 올바르게 사용하는 방법을 배우는 데 도움이 되며 생산성 역시 크게 향상시킬 수 있습니다. 만약 의존성 관리에 문제가 생긴다면 이번 아이템의 처음에 언급했던 세 가지 버전을 기억해야 합니다.

라이브러리를 공개하려는 경우, 타입 선언을 자체적으로 포함하는 것과 타입 정보만 분리하여 DefinitelyTyped에 공개하는 것의 장단점을 비교해 봐야 합니다. 공식적인 권장사항은 라이브러리가 타입스크립트로 작성된 경우만 타입 선언을 라이브러리에 포함하는 것입니다. 실제로 타입스크립트 컴파일러가 타입 선언을 대신 생성해 주기 때문에, 타입스크립트로 작성된 라이브러리에 타입 선언을 포함하는 방식은 잘 동작합니다(declaration 컴파일러 옵션을 사용). 자바스크립트로 작성된 라이브러리라면 손수 작성한 타입 선언은 오류가 있을 가능성이 높고 잦은 업데이트가 필요하게 됩니다. 자바스크립트로 작성된 라이브러리는 타입 선언을 DefinitelyTyped에 공개하여 커뮤니티에서 관리하고 유지보수하도록 맡기는 것이 좋습니다.

### 요약

- @types 의존성과 관련된 세 가지 버전이 있습니다. 라이브러리 버전, @types 버전, 타입스크립트 버전입니다.
- 라이브러리를 업데이트하는 경우, 해당 @types 역시 업데이트해야 합니다.
- 타입 선언을 라이브러리에 포함하는 것과 DefinitelyTyped에 공개하는 것 사이의 장단점을 이해해야 합니다. 타입스크립트로 작성된 라이브러리라면 타입 선언을 자체적으로 포함하고, 자바스크립트로 작성된 라이브러리라면 타입 선언을 DefinitelyTyped에 공개하는 것이 좋습니다.

## 아이템 47 공개 API에 등장하는 모든 타입을 익스포트하기

타입스크립트를 사용하다 보면, 언젠가는 서드파티의 모듈에서 익스포트되지 않은 타입 정보가 필요한 경우가 생깁니다. 다행히 타입 간의 매핑을 해 주는 도구가 많이 있으며, 웬만하면 필요한 타입을 참조하는 방법을 찾을 수 있습니다. 다른 관점으로 생각해 보면, 라이브러리 제작자는 프로젝트 초기에 타입 익스포트부터 작성해야 한다는 의미입니다. 만약 함수의 선언에 이미 타입 정보가 있다면 제대로 익스포트되고 있는 것이며, 타입 정보가 없다면 타입을 명시적으로 작성해야 합니다.

만약 어떤 타입을 숨기고 싶어서 익스포트하지 않았다고 가정해 보겠습니다.

```
interface SecretName {
  first: string;
  last: string;
}

interface SecretSanta {
  name: SecretName;
  gift: string;
}

export function getGift(name: SecretName, gift: string): SecretSanta {
  // ...
}
```

해당 라이브러리 사용자는 SecretName 또는 SecretSanta를 직접 임포트할 수 없고, getGift만 임포트 가능합니다. 그러나 타입들은 익스포트된 함수 시그니처에 등장하기 때문에 추출해 낼 수 있습니다. 추출하는 한 가지 방법은 Parameters와 ReturnType 제너릭 타입을 사용하는 것입니다.

```
type MySanta = ReturnType<typeof getGift>;     // SecretSanta
type MyName = Parameters<typeof getGift>[0];  // SecretName
```

만약 프로젝트의 융통성을 위해 타입들을 일부러 익스포트하지 않았던 것이라면, 쓸데없는 작업을 한 셈입니다. 공개 API 매개변수에 놓이는 순간 타입은 노출되기 때문입니다. 그러므로 굳이 숨기려 하지 말고 라이브러리 사용자를 위해 명시적으로 익스포트하는 것이 좋습니다.

**요약**

* 공개 메서드에 등장한 어떤 형태의 타입이든 익스포트합시다. 어차피 라이브러리 사용자가 추출할 수 있으므로, 익스포트하기 쉽게 만드는 것이 좋습니다.

## 아이템 48 API 주석에 TSDoc 사용하기

다음 코드는 인사말을 생성하는 타입스크립트 함수입니다.

```
// 인사말을 생성합니다. 결과는 보기 좋게 꾸며집니다.
function greet(name: string, title: string) {
  return `Hello ${title} ${name}`;
}
```

함수의 앞부분에 주석이 있어서 함수가 어떤 기능을 하는지 쉽게 알 수는 있습니다. 그러나 사용자를 위한 문서라면 JSDoc 스타일의 주석으로 만드는 것이 좋습니다.

```
/** 인사말을 생성합니다. 결과는 보기 좋게 꾸며집니다. */
function greetJSDoc(name: string, title: string) {
  return `Hello ${title} ${name}`;
}
```

왜냐하면 대부분의 편집기는 함수가 호출되는 곳에서 함수에 붙어 있는 JSDoc 스타일의 주석을 툴팁으로 표시해 주기 때문입니다.

```
(alias) greetJSDoc(name: string, title: string): string
import greetJSDoc

Generate a greeting. Result is formatted for display.
greetJSDoc('John Doe', 'Sir');
```

그림 6-1 JSDoc 스타일 주석은 일반적으로 편집기의 툴팁 설명에 표시됩니다.

그러나 인라인(inline) 주석은 편집기가 표시해 주지 않습니다.

```
(alias) greet(name: string, title: string): string
import greet
greet('John Doe', 'Sir');
```

그림 6-2 인라인 주석은 일반적으로 툴팁 설명에 표시되지 않습니다.

타입스크립트 언어 서비스가 JSDoc 스타일을 지원하기 때문에 적극적으로 활용하는 것이 좋습니다. 만약 공개 API에 주석을 붙인다면 JSDoc 형태로 작성해야 합니다. JSDoc에는 @param과 @returns 같은 일반적 규칙을 사용할 수 있습니다. 한편 타입스크립트 관점에서는 TSDoc이라고 부르기도 합니다.

```
/**
 * 인사말을 생성합니다.
 * @param name 인사할 사람의 이름
 * @param title 그 사람의 칭호
 * @returns 사람이 보기 좋은 형태의 인사말
 */
function greetFullTSDoc(name: string, title: string) {
  return `Hello ${title} ${name}`;
}
```

@param과 @returns를 추가하면 함수를 호출하는 부분에서 각 매개변수와 관련된 설명을 보여 줍니다(그림 6-3).

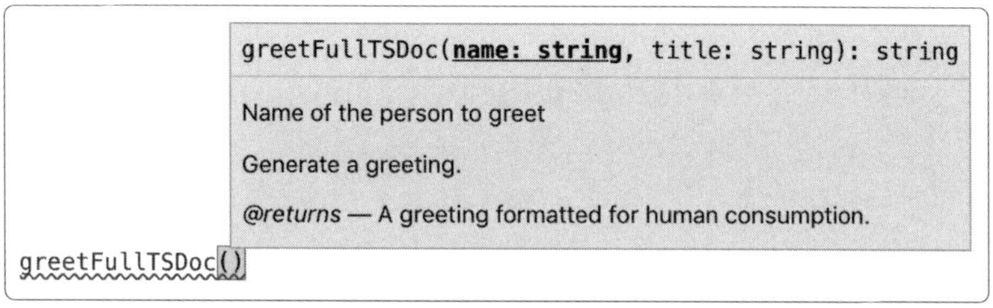

그림 6-3 @param 구문을 사용하면 매개변수에 대한 설명을 편집기에서 표시하게 합니다.

타입 정의에 TSDoc을 사용할 수도 있습니다.

```
/** 특정 시간과 장소에서 수행된 측정 */
interface Measurement {
  /** 어디에서 측정되었나? */
  position: Vector3D;
  /** 언제 측정되었나? epoch에서부터 초 단위로 */
  time: number;
  /** 측정된 운동량 */
  momentum: Vector3D;
}
```

Measurement 객체의 각 필드에 마우스를 올려 보면 필드별로 설명을 볼 수 있습니다.

```
const m: Measurement = {
    ┌─────────────────────────────────────────────────┐
    │ (property) Measurement.time: number             │
    │                                                 │
    │ When was the measurement made? In seconds since epoch. │
    └─────────────────────────────────────────────────┘
    time: (new Date().getTime()) / 1000,
    position: {x: 0, y: 0, z: 0},
    momentum: {x: 1, y: 2, z: 3},
};
```

그림 6-4 편집기에서 해당 필드 위에 마우스를 올리면 TSDoc이 표시됩니다.

TSDoc 주석은 마크다운(markdown) 형식으로 꾸며지므로 굵은 글씨, 기울임 글씨, 글머리기호 목록을 사용할 수 있습니다(그림 6-5).

```
/**
 * 이 _interface_는 **세 가지** 속성을 가집니다.
 * 1. x
 * 2. y
 * 3. z
 */
interface Vector3D {
  x: number;
  y: number;
  z: number;
}
```

```
/**
 * This _interfac
 * 1. x
 * 2. y
 * 3. z
 */
export interface Vector3D {
  x: number;
  y: number;
  z: number;
}
```

┌─────────────────────────────────┐
│ interface Vector3D              │
│                                 │
│ This *interface* has **three** properties: │
│                                 │
│   1. x                          │
│   2. y                          │
│   3. z                          │
└─────────────────────────────────┘

그림 6-5 TSDoc 주석

주석을 수필처럼 장황하게 쓰지 않도록 주의해야 합니다. 훌륭한 주석은 간단히 요점만 언급합니다.

JSDoc에는 타입 정보를 명시하는 규칙(@param {string} name ...)이 있지만, 타입스크립트에서는 타입 정보가 코드에 있기 때문에 TSDoc에서는 타입 정보를 명시하면 안 됩니다(아이템 30).

**요약**

- 익스포트된 함수, 클래스, 타입에 주석을 달 때는 JSDoc/TSDoc 형태를 사용합시다. JSDoc/TSDoc 형태의 주석을 달면 편집기가 주석 정보를 표시해 줍니다.
- @param, @returns 구문과 문서 서식을 위해 마크다운을 사용할 수 있습니다.
- 주석에 타입 정보를 포함하면 안 됩니다(아이템 30).

## 아이템 49 콜백에서 this에 대한 타입 제공하기

자바스크립트에서 this 키워드는 매우 혼란스러운 기능입니다. let이나 const 로 선언된 변수가 렉시컬 스코프(lexical scope)[2]인 반면, this는 다이나믹 스코프(dynamic scope)입니다. 다이나믹 스코프의 값은 '정의된' 방식이 아니라 '호출된' 방식에 따라 달라집니다.

this는 전형적으로 객체의 현재 인스턴스를 참조하는 클래스에서 가장 많이 쓰입니다.

```
class C {
  vals = [1, 2, 3];
  logSquares() {
    for (const val of this.vals) {
      console.log(val * val);
    }
  }
}

const c = new C();
c.logSquares();
```

---

2　(옮긴이) 이 책에서 자바스크립트 언어 기초를 다루지 않지만, 기초 서적이나 검색을 통해 배울 수 있습니다. 변수 스코프 관련된 특징은 반드시 숙지하길 바랍니다.

코드를 실행하면 다음처럼 출력됩니다.

```
1
4
9
```

이제 logSquares를 외부 변수에 넣고 호출하면 어떻게 되는지 보겠습니다.

```
const c = new C();
const method = c.logSquares;
method();
```

이 코드는 런타임에 다음과 같은 오류가 발생합니다.

Uncaught TypeError: undefined의 'vals' 속성을 읽을 수 없습니다.

c.logSquares()가 실제로는 두 가지 작업을 수행하기 때문에 문제가 발생합니다. C.prototype.logSquares를 호출하고, 또한 this의 값을 c로 바인딩합니다. 앞의 코드에서는 logSquares의 참조 변수를 사용함으로써 두 가지 작업을 분리했고, this의 값은 undefined로 설정됩니다.

  자바스크립트에는 this 바인딩을 온전히 제어할 수 있는 방법이 있습니다. call을 사용하면 명시적으로 this를 바인딩하여 문제를 해결할 수 있습니다.

```
const c = new C();
const method = c.logSquares;
method.call(c);  // 제곱을 출력합니다.
```

this가 반드시 C의 인스턴스에 바인딩되어야 하는 것은 아니며, 어떤 것이든 바인딩할 수 있습니다. 그러므로 라이브러리들은 API의 일부에서 this의 값을 사용할 수 있게 합니다. 심지어 DOM에서도 this를 바인딩할 수 있습니다. 이벤트 핸들러를 예로 들 수 있습니다.

```
document.querySelector('input')!.addEventListener('change', function(e) {
  console.log(this);  // 이벤트가 발생한 input 엘리먼트를 출력합니다.
});
```

this 바인딩은 종종 콜백 함수에서 쓰입니다. 예를 들어, 클래스 내에 onClick

핸들러를 정의한다면 다음처럼 할 수 있습니다.

```
class ResetButton {
  render() {
    return makeButton({text: 'Reset', onClick: this.onClick});
  }
  onClick() {
    alert(`Reset ${this}`);
  }
}
```

그러나 ResetButton에서 onClick을 호출하면, this 바인딩 문제로 인해 "Reset 이 정의되지 않았습니다"라는 경고가 뜹니다. 일반적인 해결책은 생성자에서 메서드에 this를 바인딩시키는 것입니다.

```
class ResetButton {
  constructor() {
    this.onClick = this.onClick.bind(this);
  }
  render() {
    return makeButton({text: 'Reset', onClick: this.onClick});
  }
  onClick() {
    alert(`Reset ${this}`);
  }
}
```

onClick() { ... }은 ResetButton.prototype[3]의 속성을 정의합니다. 그러므로 ResetButton의 모든 인스턴스에서 공유됩니다. 그러나 생성자에서 this. onClick = ...으로 바인딩하면, onClick 속성에 this가 바인딩되어 해당 인스턴스에 생성됩니다. 속성 탐색 순서(lookup sequence)에서 onClick 인스턴스 속성은 onClick 프로토타입(prototype) 속성보다 앞에 놓이므로, render() 메서드의 this.onClick은 바인딩된 함수를 참조하게 됩니다.

　조금 더 간단한 방법으로 바인딩을 해결할 수도 있습니다.

---

3　(옮긴이) 자바스크립트가 프로토타입 기반 언어라는 것을 잊으면 안 됩니다. 또한 전형적인 객체 지향 언어들의 클래스와 다르게 자바스크립트의 클래스는 단지 간편 문법(syntactic sugar)에 해당한다는 것도 주의해야 합니다.

```
class ResetButton {
  render() {
    return makeButton({text: 'Reset', onClick: this.onClick});
  }
  onClick = () => {
    alert(`Reset ${this}`);   // "this"가 항상 인스턴스를 참조합니다.
  }
}
```

onClick을 화살표 함수로 바꿨습니다. 화살표 함수로 바꾸면, ResetButton이 생성될 때마다 제대로 바인딩된 this를 가지는 새 함수를 생성하게 됩니다. 이해를 돕기 위해 자바스크립트가 실제로 생성한 코드를 살펴보겠습니다.

```
class ResetButton {
  constructor() {
    var _this = this;
    this.onClick = function () {
      alert("Reset " + _this);
    };
  }
  render() {
    return makeButton({ text: 'Reset', onClick: this.onClick });
  }
}
```

this 바인딩은 자바스크립트의 동작이기 때문에, 타입스크립트 역시 this 바인딩을 그대로 모델링하게 됩니다. 만약 작성 중인 라이브러리에 this를 사용하는 콜백 함수가 있다면, this 바인딩 문제를 고려해야 합니다.

이 문제는 콜백 함수의 매개변수에 this를 추가하고, 콜백 함수를 call로 호출해서 해결할 수 있습니다.

```
function addKeyListener(
  el: HTMLElement,
  fn: (this: HTMLElement, e: KeyboardEvent) => void
) {
  el.addEventListener('keydown', e => {
    fn.call(el, e);
  });
}
```

콜백 함수의 첫 번째 매개변수에 있는 this는 특별하게 처리됩니다. 다음 예제처럼 call을 제거하고 fn을 두 개의 매개변수로 호출해 보면 알 수 있습니다.

```
function addKeyListener(
  el: HTMLElement,
  fn: (this: HTMLElement, e: KeyboardEvent) => void
) {
  el.addEventListener('keydown', e => {
    fn(el, e);
        // ~ 1개의 인수가 필요한데 2개를 가져왔습니다.
  });
}
```

콜백 함수의 매개변수에 this를 추가하면 this 바인딩이 체크되기 때문에 실수를 방지할 수 있습니다.

```
function addKeyListener(
  el: HTMLElement,
  fn: (this: HTMLElement, e: KeyboardEvent) => void
) {
  el.addEventListener('keydown', e => {
    fn(e);
 // ~~~~~ 'void' 형식의 'this' 컨텍스트를
 //        메서드의 'HTMLElement' 형식 'this'에 할당할 수 없습니다.
  });
}
```

또한 라이브러리 사용자의 콜백 함수에서 this를 참조할 수 있고 완전한 타입 안전성도 얻을 수 있습니다.

```
declare let el: HTMLElement;
addKeyListener(el, function(e) {
  this.innerHTML;  // 정상, "this"는 HTMLElement 타입
});
```

만약 라이브러리 사용자가 콜백을 화살표 함수로 작성하고 this를 참조하려고 하면 타입스크립트가 문제를 잡아냅니다.

```
class Foo {
  registerHandler(el: HTMLElement) {
    addKeyListener(el, e => {
```

```
    this.innerHTML;
      // ~~~~~~~~ 'Foo' 유형에 'innerHTML' 속성이 없습니다.
   });
  }
}
```

this의 사용법을 반드시 기억해야 합니다. 콜백 함수에서 this 값을 사용해야 한다면 this는 API의 일부가 되는 것이기 때문에 반드시 타입 선언에 포함해야 합니다.

### 요약

- this 바인딩이 동작하는 원리를 이해해야 합니다.
- 콜백 함수에서 this를 사용해야 한다면, 타입 정보를 명시해야 합니다.

## 아이템 50 오버로딩 타입보다는 조건부 타입을 사용하기

다음 예제의 double 함수에 타입 정보를 추가해 보겠습니다.

```
function double(x) {
  return x + x;
}
```

double 함수에는 string 또는 number 타입의 매개변수가 들어올 수 있습니다. 그러므로 유니온 타입을 추가했습니다. (참고로 다음 예제는 타입스크립트의 함수 오버로딩 개념을 사용했습니다. 기억나지 않는다면 아이템 3을 다시 살펴보길 바랍니다.)

```
function double(x: number|string): number|string;
function double(x: any) { return x + x; }
```

선언이 틀린 것은 아니지만, 모호한 부분이 있습니다. 예를 들어 보겠습니다.

```
const num = double(12);   // string | number
const str = double('x');  // string | number
```

double에 number 타입을 매개변수로 넣으면 number 타입을 반환합니다. 그리고

string 타입을 매개변수로 넣으면 string 타입을 반환합니다. 그러나 선언문에는 number 타입을 매개변수로 넣고 string 타입을 반환하는 경우도 포함되어 있습니다.

제너릭을 사용하면 이러한 동작을 모델링할 수 있습니다.

```
function double<T extends number|string>(x: T): T;
function double(x: any) { return x + x; }

const num = double(12);    // 타입이 12
const str = double('x');  // 타입이 "x"
```

타입을 구체적으로 만들어 보려는 시도는 좋았지만 너무 과했습니다. 이제는 타입이 너무 과하게 구체적입니다. string 타입을 매개변수로 넘기면 string 타입이 반환되어야 합니다. 그러나 리터럴 문자열 'x'를 매개변수로 넘긴다고 해서 동일한 리터럴 문자열 'x' 타입이 반환되어야 하는 것은 아닙니다. 'x'의 두 배는 'x'가 아니라 'xx'입니다.

또 다른 방법은 여러 가지 타입 선언으로 분리하는 것입니다. 타입스크립트에서 함수의 구현체는 하나지만, 타입 선언은 몇 개든지 만들 수 있습니다. 이를 활용하여 double의 타입을 개선할 수 있습니다.

```
function double(x: number): number;
function double(x: string): string;
function double(x: any) { return x + x; }

const num = double(12);    // 타입이 number
const str = double('x');  // 타입이 string
```

함수 타입이 조금 명확해졌지만 여전히 버그는 남아 있습니다. string이나 number 타입의 값으로는 잘 동작하지만, 유니온 타입 관련해서 문제가 발생합니다.

```
function f(x: number|string) {
  return double(x);
          // ~ 'string | number' 형식의 인수는
          //    'string' 형식의 매개변수에 할당될 수 없습니다.
}
```

이 예제에서 double 함수의 호출은 정상적이며 string|number 타입이 반환되기를 기대합니다. 한편 타입스크립트는 오버로딩 타입 중에서 일치하는 타입을 찾을 때까지 순차적으로 검색합니다. 그래서 오버로딩 타입의 마지막 선언(string 버전)까지 검색했을 때, string|number 타입은 string에 할당할 수 없기 때문에 오류가 발생합니다.

세 번째 오버로딩(string|number 타입)을 추가하여 문제를 해결할 수도 있지만, 가장 좋은 해결책은 조건부 타입(conditional type)을 사용하는 것입니다. 조건부 타입은 타입 공간의 if 구문과 같습니다.

```
function double<T extends number | string>(
  x: T
): T extends string ? string : number;
function double(x: any) { return x + x; }
```

이 코드는 제너릭을 사용했던 예제와 유사하지만, 반환 타입이 더 정교합니다. 조건부 타입은 자바스크립트의 삼항 연산자(?:)처럼 사용하면 됩니다.

- T가 string의 부분 집합이면(string, 또는 문자열 리터럴, 또는 문자열 리터럴의 유니온), 반환 타입이 string입니다.
- 그 외의 경우는 반환 타입이 number입니다.

조건부 타입이라면 앞선 모든 예제가 동작합니다.

```
const num = double(12);    // number
const str = double('x');   // string

// function f(x: string | number): string | number
function f(x: number|string) {
  return double(x);
}
```

유니온에 조건부 타입을 적용하면, 조건부 타입의 유니온으로 분리되기 때문에 number|string의 경우에도 동작합니다. 예를 들어 T가 number|string이라면, 타입스크립트는 조건부 타입을 다음 단계로 해석합니다.

```
  (number|string) extends string ? string : number
-> (number extends string ? string : number) |
  (string extends string ? string : number)
-> number | string
```

오버로딩 타입이 작성하기는 쉽지만, 조건부 타입은 개별 타입의 유니온으로 일반화하기 때문에 타입이 더 정확해집니다. 타입 오버로딩이 필요한 경우에 가끔 조건부 타입이 필요한 상황이 발생합니다. 각각의 오버로딩 타입이 독립적으로 처리되는 반면, 조건부 타입은 타입 체커가 단일 표현식으로 받아들이기 때문에 유니온 문제를 해결할 수 있습니다. 오버로딩 타입을 작성 중이라면 조건부 타입을 사용해서 개선할 수 있을지 검토해 보는 것이 좋습니다.

### 요약

- 오버로딩 타입보다 조건부 타입을 사용하는 것이 좋습니다. 조건부 타입은 추가적인 오버로딩 없이 유니온 타입을 지원할 수 있습니다.

## 아이템 51 의존성 분리를 위해 미러 타입 사용하기

CSV 파일을 파싱하는 라이브러리를 작성한다고 가정해 보겠습니다. parseCSV API는 간단합니다. CSV 파일의 내용을 매개변수로 받고, 열 이름을 값으로 매핑하는 객체들을 생성하여 배열로 반환합니다. 그리고 NodeJS 사용자를 위해 매개변수에 Buffer 타입을 허용합니다.

```
function parseCSV(contents: string | Buffer): {[column: string]: string}[] {
  if (typeof contents === 'object') {
    // 버퍼인 경우
    return parseCSV(contents.toString('utf8'));
  }
  // ...
}
```

Buffer의 타입 정의는 NodeJS 타입 선언을 설치해서 얻을 수 있습니다.

```
$ npm install --save-dev @types/node
```

앞에서 작성한 CSV 파싱 라이브러리를 공개하면 타입 선언도 포함하게 됩니다. 그리고 타입 선언이 @types/node에 의존하기 때문에 @types/node는 devDependencies로 포함해야 합니다(아이템 45). 그러나 @types/node를 devDependencies로 포함하면 다음 두 그룹의 라이브러리 사용자들에게 문제가 생깁니다.

- @types와 무관한 자바스크립트 개발자
- NodeJS와 무관한 타입스크립트 웹 개발자

두 그룹의 사용자들은 각자가 사용하지 않는 모듈이 포함되어 있기 때문에 혼란스러울 겁니다. Buffer는 NodeJS 개발자만 필요합니다. 그리고 @types/node는 NodeJS와 타입스크립트를 동시에 사용하는 개발자만 관련됩니다.

각자가 필요한 모듈만 사용할 수 있도록 구조적 타이핑(아이템 4)을 적용할 수 있습니다. @types/node에 있는 Buffer 선언을 사용하지 않고, 필요한 메서드와 속성만 별도로 작성할 수 있습니다. 앞선 예제의 경우에는 인코딩 정보를 매개변수로 받는 toString 메서드를 가지는 인터페이스를 별도로 만들어 사용하면 됩니다.

```
interface CsvBuffer {
  toString(encoding: string): string;
}
function parseCSV(contents: string | CsvBuffer): {[column: string]: string}[] {
  // ...
}
```

CsvBuffer는 Buffer 인터페이스보다 훨씬 짧으면서도 실제로 필요한 부분만을 떼어 내어 명시했습니다. 또한 해당 타입이 Buffer와 호환되기 때문에 NodeJS 프로젝트에서는 실제 Buffer 인스턴스로 parseCSV를 호출하는 것이 가능합니다.

```
parseCSV(new Buffer("column1,column2\nval1,val2", "utf-8"));  // 정상
```

만약 작성 중인 라이브러리가 의존하는 라이브러리의 구현과 무관하게 타입에만 의존한다면, 필요한 선언부만 추출하여 작성 중인 라이브러리에 넣는 것(미

러링, mirroring)을 고려해 보는 것도 좋습니다. NodeJS 기반 타입스크립트 사용자에게는 변화가 없지만, 웹 기반이나 자바스크립트 등 다른 모든 사용자에게는 더 나은 사양을 제공할 수 있습니다.

다른 라이브러리의 타입이 아닌 구현에 의존하는 경우에도 동일한 기법을 적용할 수 있고 타입 의존성을 피할 수 있습니다. 그러나 프로젝트의 의존성이 다양해지고 필수 의존성이 추가됨에 따라 미러링 기법을 적용하기가 어려워집니다. 다른 라이브러리의 타입 선언의 대부분을 추출해야 한다면, 차라리 명시적으로 @types 의존성을 추가하는 게 낫습니다.

미러링 기법은 유닛 테스트와 상용 시스템 간의 의존성을 분리하는 데도 유용합니다. 자세한 내용은 아이템 4의 getAuthors 예제를 참고하시길 바랍니다.

**요약**

- 필수가 아닌 의존성을 분리할 때는 구조적 타이핑을 사용하면 됩니다.
- 공개한 라이브러리를 사용하는 자바스크립트 사용자가 @types 의존성을 가지지 않게 해야 합니다. 그리고 웹 개발자가 NodeJS 관련된 의존성을 가지지 않게 해야 합니다.

## 아이템 52 테스팅 타입의 함정에 주의하기

프로젝트를 공개하려면 테스트 코드를 작성하는 것은 필수이며, 타입 선언도 테스트를 거쳐야 합니다. 그러나 타입 선언을 테스트하기는 매우 어렵습니다. 그래서 타입 선언에 대한 테스트 코드를 작성할 때 타입스크립트가 제공하는 도구를 사용하여 단언문으로 때우기 십상이지만, 이런 방법에는 몇 가지 문제가 있습니다. 궁극적으로는 dtslint 또는 타입 시스템 외부에서 타입을 검사하는 유사한 도구를 사용하는 것이 더 안전하고 간단합니다.

유틸리티 라이브러리에서 제공하는 map 함수의 타입 선언을 작성한다고 가정해 보겠습니다(매우 유명한 유틸리티 라이브러리인 로대시와 언더스코어는 map 함수를 제공합니다).

```
declare function map<U, V>(array: U[], fn: (u: U) => V): V[];
```

타입 선언이 예상한 타입으로 결과를 내는지 체크할 수 있는 한 가지 방법은 함수를 호출하는 테스트 파일을 작성하는 것입니다(구현체를 위한 별도의 테스트는 있다고 가정).

```
map(['2017', '2018', '2019'], v => Number(v));
```

이 코드는 오류 체크를 수행하지만 허점이 존재합니다. 예를 들어 map의 첫 번째 매개변수에 배열이 아닌 단일 값이 있었다면 매개변수의 타입에 대한 오류는 잡을 수 있습니다. 그러나 반환값에 대한 체크가 누락되어 있기 때문에 완전한 테스트라고 할 수 없습니다. 이해를 돕기 위해 다른 예를 들어 보겠습니다.

앞의 코드와 동일한 스타일로 square라는 함수의 런타임 동작을 테스트한다면 다음과 같은 테스트 코드가 됩니다.

```
test('square a number', () => {
  square(1);
  square(2);
});
```

이 테스트 코드는 square 함수의 '실행'에서 오류가 발생하지 않는지만 체크합니다. 그런데 반환값에 대해서는 체크하지 않기 때문에, 실제로는 실행의 결과에 대한 테스트는 하지 않은 게 됩니다. 따라서 square의 구현이 잘못되어 있더라도 이 테스트를 통과하게 됩니다.

타입 선언 파일을 테스팅할 때는 이 테스트 코드처럼 단순히 함수를 실행만 하는 방식을 일반적으로 적용하게 되는데, 그 이유는 라이브러리 구현체의 기존 테스트 코드를 복사하면 간단히 만들 수 있기 때문입니다. 함수를 실행만 하는 테스트 코드가 의미 없는 것은 아니지만, 실제로 반환 타입을 체크하는 것이 훨씬 좋은 테스트 코드입니다.

반환값을 특정 타입의 변수에 할당하여 간단히 반환 타입을 체크할 수 있는 방법을 알아봅시다.

```
const lengths: number[] = map(['john', 'paul'], name => name.length);
```

이 코드는 일반적으로 불필요한 타입 선언(아이템 19)에 해당합니다. 그러나 테스트 코드 관점에서는 중요한 역할을 하고 있습니다. number[] 타입 선언은 map 함수의 반환 타입이 number[]임을 보장합니다. 실제로 DefinitelyTyped를 살펴보면, 테스팅을 위해 정확히 동일한 방식을 사용한 수많은 타입 선언을 볼 수 있습니다. 그러나 테스팅을 위해 할당을 사용하는 방법에는 두 가지 근본적인 문제가 있습니다.

첫 번째, 불필요한 변수를 만들어야 합니다. 반환값을 할당하는 변수는 샘플 코드처럼 쓰일 수도 있지만, 일부 린팅 규칙(미사용 변수 경고)을 비활성해야 합니다.

일반적인 해결책은 변수를 도입하는 대신 헬퍼 함수를 정의하는 것입니다.

```
function assertType<T>(x: T) {}

assertType<number[]>(map(['john', 'paul'], name => name.length));
```

이 코드는 불필요한 변수 문제를 해결하지만, 또 다른 문제점이 남아 있습니다.

두 번째, 두 타입이 동일한지 체크하는 것이 아니라 할당 가능성을 체크하고 있습니다. 다음 예제처럼 잘 동작하는 경우도 있습니다.

```
const n = 12;
assertType<number>(n);  // 정상
```

n 심벌을 조사해 보면, 타입이 실제로 숫자 리터럴 타입인 12임을 볼 수 있습니다. 12는 number의 서브타입이고 할당 가능성 체크를 통과합니다.

그러나 객체의 타입을 체크하는 경우를 살펴보면 문제를 발견하게 될 겁니다.

```
const beatles = ['john', 'paul', 'george', 'ringo'];
assertType<{name: string}[]>(
  map(beatles, name => ({
    name,
    inYellowSubmarine: name === 'ringo'
  })));  // 정상
```

map은 {name: string, inYellowSubmarine: boolean} 객체의 배열을 반환합니다. 반환된 배열은 {name: string}[]에 할당 가능하지만, inYellowSubmarine 속성에 대한 부분이 체크되지 않았습니다. 상황에 따라 타입이 정확한지 체크할 수도 있고, 할당이 가능한지 체크할 수도 있습니다.

게다가 assertType에 함수를 넣어 보면, 이상한 결과가 나타납니다.

```
const add = (a: number, b: number) => a + b;
assertType<(a: number, b: number) => number>(add);    // 정상

const double = (x: number) => 2 * x;
assertType<(a: number, b: number) => number>(double);  // 정상!?
```

double 함수의 체크가 성공하는 이유는, 타입스크립트의 함수는 매개변수가 더 적은 함수 타입에 할당 가능하기 때문입니다. 이해를 돕기 위해 또 다른 예를 들어 보겠습니다.

```
const g: (x: string) => any = () => 12;  // 정상
```

앞의 코드는 선언된 것보다 적은 매개변수를 가진 함수를 할당하는 것이 아무런 문제가 없다는 것을 보여 줍니다. 이러한 사례는 콜백 함수에서 흔히 볼 수 있기 때문에, 타입스크립트에서는 이러한(선언보다 많은 수의 매개변수) 동작을 모델링하도록 설계되어 있습니다. 예를 들어, 로대시의 map 함수의 콜백은 세 가지 매개변수를 받습니다.

```
map(array, (name, index, array) => { /* ... */ });
```

콜백 함수는 세 가지 매개변수 name, index, array 중에서 한두 개만 보통 사용합니다. 매개변수 세 개를 모두 사용하는 경우는 매우 드뭅니다. 만약 매개변수의 개수가 맞지 않는 경우를 타입 체크에서 허용하지·않으면, 매우 많은 곳의 자바스크립트 코드에서 콜백 함수의 타입과 관련된 오류들이 발생하게 될 겁니다.

다시 assertType 문제로 돌아와 보겠습니다. 제대로 된 assertType 사용 방법은 무엇일까요? 다음 코드처럼 Parameters와 ReturnType 제너릭 타입을 이

용해 함수의 매개변수 타입과 반환 타입만 분리하여 테스트할 수 있습니다.

```
const double = (x: number) => 2 * x;
let p: Parameters<typeof double> = null!;
assertType<[number, number]>(p);
//                          ~ '[number]' 형식의 인수는 '[number, number]'
//                            형식의 매개변수에 할당될 수 없습니다.
let r: ReturnType<typeof double> = null!;
assertType<number>(r);  // 정상
```

한편, this가 등장하는 콜백 함수의 경우는 또 다른 문제가 있습니다. map은 콜백 함수에서 this의 값을 사용할 때가 있으며 타입스크립트는 이러한 동작을 모델링할 수 있으므로(아이템 49), 타입 선언에 반영해야 하며 테스트도 해야 합니다.

앞서 아이템 52에 등장했던 map에 대한 테스트는 모두 블랙박스 스타일이었습니다. map의 매개변수로 배열을 넣어 함수를 실행하고 반환 타입을 테스트했지만, 중간 단계의 세부 사항은 테스트하지 않았습니다. 세부 사항을 테스트하기 위해서 콜백 함수 내부에서 매개변수들의 타입과 this를 직접 체크해 보겠습니다.

```
const beatles = ['john', 'paul', 'george', 'ringo'];
assertType<number[]>(map(
  beatles,
  function(name, i, array) {
// ~~~~~~~~ '(name: any, i: any, array: any) => any' 형식의 인수는
//          '(u: string) => any' 형식의 매개변수에 할당될 수 없습니다.
    assertType<string>(name);
    assertType<number>(i);
    assertType<string[]>(array);
    assertType<string[]>(this);
                      // ~~~~ 'this'에는 암시적으로 'any' 형식이 포함됩니다.
    return name.length;
  }
));
```

이 코드는 map의 콜백 함수에서 몇 가지 문제가 발생했습니다. 한편 이번 예제의 콜백 함수는 화살표 함수가 아니기 때문에 this의 타입을 테스트할 수 있음을 주의하기 바랍니다.

다음 코드의 선언을 사용하면 타입 체크를 통과합니다.

```
declare function map<U, V>(
  array: U[],
  fn: (this: U[], u: U, i: number, array: U[]) => V
): V[];
```

그러나 여전히 중요한 마지막 문제가 남아 있습니다. 다음 모듈 선언은 까다로운 테스트를 통과할 수 있는 완전한 타입 선언 파일이지만, 결과적으로 좋지 않은 설계가 됩니다.

```
declare module 'overbar';
```

이 선언은 전체 모듈에 any 타입을 할당합니다. 따라서 테스트는 전부 통과하겠지만, 모든 타입 안전성을 포기하게 됩니다. 더 나쁜 점은, 해당 모듈에 속하는 모든 함수의 호출마다 암시적으로 any 타입을 반환하기 때문에 코드 전반에 걸쳐 타입 안전성을 지속적으로 무너뜨리게 된다는 것입니다. noImplicitAny를 설정하더라도 타입 선언을 통해 여전히 any 타입이 생겨나게 됩니다.

타입 시스템 내에서 암시적 any 타입을 발견해 내는 것은 매우 어렵습니다. 이러한 어려움 때문에 타입 체커와 독립적으로 동작하는 도구를 사용해서 타입 선언을 테스트하는 방법이 권장됩니다.

DefinitelyTyped의 타입 선언을 위한 도구는 dtslint입니다. dtslint는 특별한 형태의 주석을 통해 동작합니다. dtslint를 사용하면 beatles 관련 예제의 테스트를 다음처럼 작성할 수 있습니다.

```
const beatles = ['john', 'paul', 'george', 'ringo'];
map(beatles, function(
  name,  // $ExpectType string
  i,     // $ExpectType number
  array  // $ExpectType string[]
) {
  this   // $ExpectType string[]
  return name.length;
});      // $ExpectType number[]
```

dtslint는 할당 가능성을 체크하는 대신 각 심벌의 타입을 추출하여 글자 자

체가 같은지 비교합니다. 이 비교 과정은 편집기에서 타입 선언을 눈으로 보고 확인하는 것과 같은데, dtslint는 이러한 과정을 자동화합니다. 그러나 글자 자체가 같은지 비교하는 방식에는 단점이 있습니다. number|string과 string|number는 같은 타입이지만 글자 자체로 보면 다르기 때문에 다른 타입으로 인식됩니다. string과 any를 비교할 때도 마찬가지인데, 두 타입은 서로 간에 할당이 가능하지만 글자 자체는 다르기 때문에 다른 타입으로 인식됩니다.

타입 선언을 테스트한다는 것은 어렵지만 반드시 해야 하는 작업입니다. 앞에서 소개한 몇 가지 일반적인 기법의 문제점을 인지하고, 문제점을 방지하기 위해 dtslint 같은 도구를 사용하도록 합시다.

**요약**

- 타입을 테스트할 때는 특히 함수 타입의 동일성(equality)과 할당 가능성(assignability)의 차이점을 알고 있어야 합니다.
- 콜백이 있는 함수를 테스트할 때, 콜백 매개변수의 추론된 타입을 체크해야 합니다. 또한 this가 API의 일부분이라면 역시 테스트해야 합니다.
- 타입 관련된 테스트에서 any를 주의해야 합니다. 더 엄격한 테스트를 위해 dtslint 같은 도구를 사용하는 것이 좋습니다.

# 7장

E f f e c t i v e   T y p e S c r i p t

# 코드를 작성하고 실행하기

7장에서는 타입과 관계는 없지만 코드를 작성하고 실행하면서 실제로 겪을 수 있는 문제들을 다룹니다.

## 아이템 53 타입스크립트 기능보다는 ECMAScript 기능을 사용하기

타입스크립트가 태동하던 2010년경, 자바스크립트는 결함이 많고 개선해야 할 부분이 많은 언어였습니다. 그리고 클래스, 데코레이터, 모듈 시스템 같은 기능이 없어서 프레임워크나 트랜스파일러로 보완하는 것이 일반적인 모습이었습니다. 그렇기 때문에 타입스크립트도 초기 버전에는 독립적으로 개발한 클래스, 열거형(enum), 모듈 시스템을 포함시킬 수밖에 없었습니다.

시간이 흐르며 TC39(자바스크립트를 관장하는 표준 기구)는 부족했던 점들을 대부분 내장 기능으로 추가했습니다. 그러나 자바스크립트에 새로 추가된 기능은 타입스크립트 초기 버전에서 독립적으로 개발했던 기능과 호환성 문제를 발생시켰습니다. 그렇기에 타입스크립트 진영에서는 다음 전략 중 하나를 선택해야 했습니다. 한 가지 전략은 타입스크립트 초기 버전의 형태를 유지하기 위해 자바스크립트 신규 기능을 변형해서 끼워 맞추는 것입니다. 또 다른 전략은 자바스크립트의 신규 기능을 그대로 채택하고 타입스크립트 초기 버전과 호환성을 포기하는 것입니다.

타입스크립트 팀은 대부분 두 번째 전략을 선택했습니다. 결국 TC39는 런타임 기능을 발전시키고, 타입스크립트 팀은 타입 기능만 발전시킨다는 명확한 원칙을 세우고 현재까지 지켜오고 있습니다.

그런데 이 원칙이 세워지기 전에, 이미 사용되고 있던 몇 가지 기능이 있습니다. 이 기능들은 타입 공간(타입스크립트)과 값 공간(자바스크립트)의 경계를 혼란스럽게 만들기 때문에 사용하지 않는 것이 좋습니다. 여기서는 피해야 하는 기능을 몇 가지 살펴봅니다. 그리고 불가피하게 이 기능을 사용하게 될 경우 어떤 점에 유의해야 호환성 문제를 일으키지 않는지 알아봅니다.

### 열거형(enum)

많은 언어에서 몇몇 값의 모음을 나타내기 위해 열거형을 사용합니다. 타입스크립트에서도 열거형을 사용할 수 있습니다.

```
enum Flavor {
  VANILLA = 0,
  CHOCOLATE = 1,
  STRAWBERRY = 2,
}

let flavor = Flavor.CHOCOLATE;  // 타입이 Flavor

Flavor        // 자동완성 추천: VANILLA, CHOCOLATE, STRAWBERRY
Flavor[0]   // 값이 "VANILLA"
```

단순히 값을 나열하는 것보다 실수가 적고 명확하기 때문에 일반적으로 열거형을 사용하는 것이 좋습니다. 그러나 타입스크립트의 열거형은 몇 가지 문제가 있습니다. 타입스크립트의 열거형은 다음 목록처럼 상황에 따라 다르게 동작합니다.

- 숫자 열거형(앞 예제의 Flavor)에 0, 1, 2 외의 다른 숫자가 할당되면 매우 위험합니다. (이 방법은 원래 비트 플래그 구조를 표현하기 위해 설계되었습니다.)
- 상수 열거형은 보통의 열거형과 달리 런타임에 완전히 제거됩니다. 앞의 예

제를 const enum Flavor로 바꾸면, 컴파일러는 Flavor.CHOCOLATE을 0으로 바꿔 버립니다. 이런 결과는 기대하지 않은 것이며, 문자열 열거형과 숫자 열거형과 전혀 다른 동작입니다.

- preserveConstEnums 플래그를 설정한 상태의 상수 열거형은 보통의 열거형 처럼 런타임 코드에 상수 열거형 정보를 유지합니다.
- 문자열 열거형은 런타임의 타입 안전성과 투명성을 제공합니다. 그러나 타입스크립트의 다른 타입과 달리 구조적 타이핑이 아닌 명목적 타이핑을 사용합니다(바로 이어서 설명합니다).

타입스크립트의 일반적인 타입들이 할당 가능성을 체크하기 위해서 구조적 타이핑(아이템 4)을 사용하는 반면, 문자열 열거형은 명목적 타이핑(nominally typing)[1]을 사용합니다.

```
enum Flavor {
  VANILLA = 'vanilla',
  CHOCOLATE = 'chocolate',
  STRAWBERRY = 'strawberry',
}

let flavor = Flavor.CHOCOLATE;  // 타입이 Flavor
    flavor = 'strawberry';
 // ~~~~~~ '"strawberry"' 형식은 'Flavor' 형식에 할당될 수 없습니다.
```

명목적 타이핑은 라이브러리를 공개할 때 필요합니다. Flavor를 매개변수로 받는 함수를 가정해 봅시다.

```
function scoop(flavor: Flavor) { /* ... */ }
```

Flavor는 런타임 시점에는 문자열이기 때문에, 자바스크립트에서 다음처럼 호출할 수 있습니다.

```
scoop('vanilla');  // 자바스크립트에서 정상
```

---

1 (옮긴이) 구조적 타이핑은 구조가 같으면 할당이 허용되는 반면, 명목적 타이핑은 타입의 이름이 같아야 할당이 허용됩니다.

그러나 타입스크립트에서는 열거형을 임포트하고 문자열 대신 사용해야 합니다.

```
scoop('vanilla');
    // ~~~~~~~~~ '"vanilla"' 형식은 'Flavor' 형식의 매개변수에 할당될 수 없습니다.

import {Flavor} from 'ice-cream';
scoop(Flavor.VANILLA);  // 정상
```

이처럼 자바스크립트와 타입스크립트에서 동작이 다르기 때문에 문자열 열거형은 사용하지 않는 것이 좋습니다. 열거형 대신 리터럴 타입의 유니온을 사용하면 됩니다.

```
type Flavor = 'vanilla' | 'chocolate' | 'strawberry';

let flavor: Flavor = 'chocolate';  // 정상
    flavor = 'mint chip';
 // ~~~~~ '"mint chip"' 유형은 'Flavor' 유형에 할당될 수 없습니다.
```

리터럴 타입의 유니온은 열거형만큼 안전하며 자바스크립트와 호환되는 장점이 있습니다. 그리고 편집기에서 열거형처럼 자동완성 기능을 사용할 수 있습니다.

```
function scoop(flavor: Flavor) {
if (flavor === 'v
                // 자동완성이 'vanilla'를 추천합니다.
}
```

자세한 내용은 아이템 33에서 다루었습니다.

## 매개변수 속성

일반적으로 클래스를 초기화할 때 속성을 할당하기 위해 생성자의 매개변수를 사용합니다.

```
class Person {
  name: string;
  constructor(name: string) {
```

```
    this.name = name;
  }
}
```

타입스크립트는 더 간결한 문법을 제공합니다.

```
class Person {
  constructor(public name: string) {}
}
```

예제의 public name은 '매개변수 속성'이라고 불리며, 멤버 변수로 name을 선언한 이전 예제와 동일하게 동작합니다. 그러나 매개변수 속성과 관련된 몇 가지 문제점이 존재합니다.

- 일반적으로 타입스크립트 컴파일은 타입 제거가 이루어지므로 코드가 줄어들지만, 매개변수 속성은 코드가 늘어나는 문법입니다.
- 매개변수 속성이 런타임에는 실제로 사용되지만, 타입스크립트 관점에서는 사용되지 않는 것처럼 보입니다.
- 매개변수 속성과 일반 속성을 섞어서 사용하면 클래스의 설계가 혼란스러워집니다.

문제점들에 대한 예를 들어 보겠습니다.

```
class Person {
  first: string;
  last: string;
  constructor(public name: string) {
    [this.first, this.last] = name.split(' ');
  }
}
```

Person 클래스에는 세 가지 속성(first, last, name)이 있지만, first와 last만 속성에 나열되어 있고 name은 매개변수 속성에 있어서 일관성이 없습니다.

클래스에 매개변수 속성만 존재한다면 클래스 대신 인터페이스로 만들고 객체 리터럴을 사용하는 것이 좋습니다. 구조적 타이핑 특성 때문에 다음 예제처럼 할당할 수 있다는 것을 주의해야 합니다(아이템 4).

```
class Person {
  constructor(public name: string) {}
}
const p: Person = {name: 'Jed Bartlet'};  // 정상
```

매개변수 속성을 사용하는 것이 좋은지에 대해서는 찬반 논란이 있습니다. 저는 매개변수 속성을 선호하지 않지만, 어떤 이들은 코드양이 줄어 들어서 좋아하기도 합니다. 매개변수 속성은 타입스크립트의 다른 패턴들과 이질적이고, 초급자에게 생소한 문법이라는 것을 기억해야 합니다. 또한 매개변수 속성과 일반 속성을 같이 사용하면 설계가 혼란스러워지기 때문에 한 가지만 사용하는 것이 좋습니다.

## 네임스페이스와 트리플 슬래시 임포트

ECMAScript 2015 이전에는 자바스크립트에 공식적인 모듈 시스템이 없었습니다. 그래서 각 환경마다 자신만의 방식으로 모듈 시스템을 마련했습니다. Node.js는 require와 module.exports를 사용한 반면, AMD는 define 함수와 콜백을 사용했습니다.

타입스크립트 역시 자체적으로 모듈 시스템을 구축했고, module 키워드와 '트리플 슬래시' 임포트를 사용했습니다. ECMAScript 2015가 공식적으로 모듈 시스템을 도입한 이후, 타입스크립트는 충돌을 피하기 위해 module과 같은 기능을 하는 namespace 키워드를 추가했습니다.

```
namespace foo {
  function bar() {}
}
```

```
/// <reference path="other.ts"/>
foo.bar();
```

트리플 슬래시 임포트와 module 키워드는 호환성을 위해 남아 있을 뿐이며, 이제는 ECMAScript 2015 스타일의 모듈(import와 export)을 사용해야 합니다. 아이템 58을 참고하시길 바랍니다.

## 데코레이터

데코레이터는 클래스, 메서드, 속성에 애너테이션(annotation)을 붙이거나 기능을 추가하는 데 사용할 수 있습니다. 예를 들어, 클래스의 메서드가 호출될 때마다 로그를 남기려면 logged 애너테이션을 정의할 수 있습니다.

```
class Greeter {
  greeting: string;
  constructor(message: string) {
    this.greeting = message;
  }
  @logged
  greet() {
    return "Hello, " + this.greeting;
  }
}

function logged(target: any, name: string, descriptor: PropertyDescriptor) {
  const fn = target[name];
  descriptor.value = function() {
    console.log(`Calling ${name}`);
    return fn.apply(this, arguments);
  };
}

console.log(new Greeter('Dave').greet());
// 출력:
// Calling greet
// Hello, Dave
```

데코레이터는 처음에 앵귤러 프레임워크를 지원하기 위해 추가되었으며 *tsconfig.json*에 experimentalDecorators 속성을 설정하고 사용해야 합니다. 현재까지도 표준화가 완료되지 않았기 때문에, 사용 중인 데코레이터가 비표준으로 바뀌거나 호환성이 깨질 가능성이 있습니다. 앵귤러를 사용하거나 애너테이션이 필요한 프레임워크를 사용하고 있는 게 아니라면, 데코레이터가 표준이 되기 전에는 타입스크립트에서 데코레이터를 사용하지 않는 게 좋습니다.

**요약**

- 일반적으로 타입스크립트 코드에서 모든 타입 정보를 제거하면 자바스크립트가 되지만, 열거형, 매개변수 속성, 트리플 슬래시 임포트, 데코레이터는 타입 정보를 제거한다고 자바스크립트가 되지는 않습니다.
- 타입스크립트의 역할을 명확하게 하려면, 열거형, 매개변수 속성, 트리플 슬래시 임포트, 데코레이터는 사용하지 않는 것이 좋습니다.

## 아이템 54 객체를 순회하는 노하우

다음 예제는 정상적으로 실행되지만, 편집기에서는 오류가 발생합니다. 오류의 원인은 무엇일까요?

```
const obj = {
  one: 'uno',
  two: 'dos',
  three: 'tres',
};
for (const k in obj) {
  const v = obj[k];
          // ~~~~~ obj에 인덱스 시그니처가 없기 때문에
          //       엘리먼트는 암시적으로 'any' 타입입니다.
}
```

코드를 수정해 가며 원인을 찾다 보면 obj 객체를 순회하는 루프 내의 상수 k와 관련된 오류라는 것을 알 수 있습니다.

```
const obj = { /* ... */ };
// const obj: {
//     one: string;
//     two: string;
//     three: string;
// }
for (const k in obj) {  // const k: string
  // ...
}
```

k의 타입은 string인 반면, obj 객체에는 'one', 'two', 'three' 세 개의 키만 존

재합니다. k와 obj 객체의 키 타입이 서로 다르게 추론되어 오류가 발생한 것입니다.

k의 타입을 더욱 구체적으로 명시해 주면 오류는 사라집니다.

```
let k: keyof typeof obj;   // "one" | "two" | "three" 타입
for (k in obj) {
  const v = obj[k];        // 정상
}
```

아이템 54의 첫 번째 문장의 질문(오류의 원인은 무엇일까요?)을 좀 더 구체적으로 바꿔 보겠습니다. 첫 번째 예제의 k 타입이 "one" | "two" | "three"가 아닌 string으로 추론된 원인은 무엇일까요?

이해를 돕기 위해, 인터페이스와 함수가 가미된 다른 예제를 보겠습니다.

```
interface ABC {
  a: string;
  b: string;
  c: number;
}

function foo(abc: ABC) {
  for (const k in abc) {  // const k: string
    const v = abc[k];
            // ~~~~~~ 'ABC' 타입에 인덱스 시그니처가 없기 때문에
            //        엘리먼트는 암시적으로 'any'가 됩니다.
  }
}
```

첫 번째 예제와 동일한 오류입니다. 그러므로 (let k: keyof ABC) 같은 선언으로 오류를 제거할 수 있습니다. 오류의 내용이 잘못된 것처럼 보이지만, 실제 오류가 맞고 또한 타입스크립트가 정확히 오류를 표시했습니다. 제대로 된 오류인 이유를 예로 들어 설명하겠습니다.

```
const x = {a: 'a', b: 'b', c: 2, d: new Date()};
foo(x);  // 정상
```

foo 함수는 a, b, c 속성 외에 d를 가지는 x 객체로 호출이 가능합니다. foo 함수는 ABC 타입에 '할당 가능한' 어떠한 값이든 매개변수로 허용하기 때문입니다

(아이템 4). 즉, ABC 타입에 할당 가능한 객체에는 a, b, c 외에 다른 속성이 존재할 수 있기 때문에, 타입스크립트는 ABC 타입의 키를 string 타입으로 선택해야 합니다.

또한 keyof 키워드를 사용한 방법은 또 다른 문제점을 내포하고 있습니다.

```
function foo(abc: ABC) {
  let k: keyof ABC;
  for (k in abc) {        // let k: "a" | "b" | "c"
    const v = abc[k];  // string | number 타입
  }
}
```

k가 "a" | "b" | "c" 타입으로 한정되어 문제가 된 것처럼, v도 string | number 타입으로 한정되어 범위가 너무 좁아 문제가 됩니다. d: new Date()가 있는 이전 예제처럼, d 속성은 Date 타입뿐만 아니라 어떠한 타입이든 될 수 있기 때문에 v가 string | number 타입으로 추론된 것은 잘못이며 런타임의 동작을 예상하기 어렵습니다.

골치 아픈 타입 문제 없이, 단지 객체의 키와 값을 순회하고 싶다면 어떻게 해야 할까요? Object.entries[2]를 사용하면 됩니다.

```
function foo(abc: ABC) {
  for (const [k, v] of Object.entries(abc)) {
    k  // string 타입
    v  // any 타입
  }
}
```

Object.entries를 사용한 루프가 직관적이지는 않지만, 복잡한 기교 없이 사용할 수 있습니다.

한편, 객체를 다룰 때에는 항상 '프로토타입 오염'의 가능성을 염두에 두어야 합니다. for-in 구문을 사용하면, 객체의 정의에 없는 속성이 갑자기 등장할 수 있습니다.

---

2  (옮긴이) Object.entries는 타입스크립트 3.8 기준으로 표준 함수가 아니며, tsconfig.json에 ES2017(ES8) 설정을 추가하여 사용할 수 있습니다.

```
> Object.prototype.z = 3;  // 제발 이렇게 하지 맙시다!
> const obj = {x: 1, y: 2};
> for (const k in obj) { console.log(k); }
x
y
z
```

실제 작업에서는 Object.prototype에 순회 가능한 속성을 절대로 추가하면 안 됩니다. for-in 루프에서 k가 string 키를 가지게 된다면 프로토타입 오염의 가능성을 의심해 봐야 합니다.

객체를 순회하며 키와 값을 얻으려면, (let k: keyof T) 같은 keyof 선언이나 Object.entries를 사용하면 됩니다. keyof 선언은 상수이거나 추가적인 키 없이 정확한 타입을 원하는 경우에 적절합니다. Object.entries는 더욱 일반적으로 쓰이지만, 키와 값의 타입을 다루기 까다롭습니다.

### 요약

- 객체를 순회할 때, 키가 어떤 타입인지 정확히 파악하고 있다면 let k: keyof T와 for-in 루프를 사용합시다. 함수의 매개변수로 쓰이는 객체에는 추가적인 키가 존재할 수 있다는 점을 명심합시다.
- 객체를 순회하며 키와 값을 얻는 가장 일반적인 방법은 Object.entries를 사용하는 것입니다.

## 아이템 55 DOM 계층 구조 이해하기

이 책의 내용은 대부분 타입스크립트의 실행 환경(웹브라우저, 서버, 모바일)과 무관하지만, 여기서 다룰 내용은 브라우저와 관련되어 있습니다. 브라우저에서 동작하는 프로젝트를 다룰 게 아니라면 이번 아이템은 건너뛰어도 됩니다.

DOM 계층은 웹브라우저에서 자바스크립트를 실행할 때 어디에서나 존재합니다. 엘리먼트를 얻기 위해 document.getElementById를 사용할 때나 엘리먼트를 생성하기 위해 document.createElement를 사용할 때, 두 개의 차이가 무엇인지 모르더라도 결과가 어떠한 엘리먼트라는 것은 분명합니다. 그리고 많은 부분에서 엘리먼트의 DOM과 관련된 메서드를 사용하고 엘리먼트의 속성을 사용하게 됩니다.

타입스크립트에서는 DOM 엘리먼트의 계층 구조를 파악하기 용이합니다. Element와 EventTarget에 달려 있는 Node의 구체적인 타입을 안다면 타입 오류를 디버깅할 수 있고, 언제 타입 단언을 사용해야 할지 알 수 있습니다. 그리고 대다수의 브라우저 API가 DOM을 기반으로 하기 때문에, 리액트나 d3 같은 프레임워크도 DOM이 관련되어 있습니다.

<div>의 경계를 넘어서 마우스를 움직이는 경우를 추적하고 싶다고 가정해 보겠습니다. 다음 예제는 언뜻 보기에 문제가 없는 자바스크립트 코드입니다.

```
function handleDrag(eDown: Event) {
  const targetEl = eDown.currentTarget;
  targetEl.classList.add('dragging');
  const dragStart = [eDown.clientX, eDown.clientY];
  const handleUp = (eUp: Event) => {
    targetEl.classList.remove('dragging');
    targetEl.removeEventListener('mouseup', handleUp);
    const dragEnd = [eUp.clientX, eUp.clientY];
    console.log('dx, dy = ', [0, 1].map(i => dragEnd[i] - dragStart[i]));
  }
  targetEl.addEventListener('mouseup', handleUp);
}
const div = document.getElementById('surface');
div.addEventListener('mousedown', handleDrag);
```

그러나 타입스크립트에서는 수많은 오류가 표시됩니다.

```
 function handleDrag(eDown: Event) {
   const targetEl = eDown.currentTarget;
   targetEl.classList.add('dragging');
// ~~~~~~~~            개체가 'null'인 것 같습니다.
//          ~~~~~~~~~ 'EventTarget' 형식에 'classList' 속성이 없습니다.
   const dragStart = [
     eDown.clientX, eDown.clientY];
      // ~~~~~~~                  'Event' 형식에 'clientX' 속성이 없습니다.
      //            ~~~~~~~ 'Event' 형식에 'clientY' 속성이 없습니다.
```

```
  const handleUp = (eUp: Event) => {
    targetEl.classList.remove('dragging');
//   ~~~~~~~            개체가 'null'인 것 같습니다.
//           ~~~~~~~~~ 'EventTarget' 형식에 'classList' 속성이 없습니다.
    targetEl.removeEventListener('mouseup', handleUp);
//  ~~~~~~~ 개체가 'null'인 것 같습니다.
    const dragEnd = [
      eUp.clientX, eUp.clientY];
      //  ~~~~~~~                 'Event' 형식에 'clientX' 속성이 없습니다.
      //           ~~~~~~~        'Event' 형식에 'clientY' 속성이 없습니다.
    console.log('dx, dy = ', [0, 1].map(i => dragEnd[i] - dragStart[i]));
  }
  targetEl.addEventListener('mouseup', handleUp);
// ~~~~~~~ 개체가 'null'인 것 같습니다.
 }

  const div = document.getElementById('surface');
  div.addEventListener('mousedown', handleDrag);
// ~~~ 개체가 'null'인 것 같습니다.
```

먼저 EventTarget 타입 관련된 오류를 살펴보겠습니다.

EventTarget 오류를 이해하려면 DOM 계층 구조를 자세히 살펴봐야 합니다. 다음 HTML 코드를 보겠습니다.

```
<p id="quote">and <i>yet</i> it moves</p>
```

브라우저에서 자바스크립트 콘솔을 열고 p 엘리먼트의 참조를 얻어 보면, HTML ParagraphElement 타입이라는 것을 알 수 있습니다.

```
const p = document.getElementsByTagName('p')[0];
p instanceof HTMLParagraphElement
// 참(true)
```

HTMLParagraphElement는 HTMLElement의 서브타입이고, HTMLElement는 Element 의 서브타입입니다. 또한 Element는 Node의 서브타입이고, Node는 EventTarget 의 서브타입입니다. 다음은 계층 구조에 따른 타입의 몇 가지 예시입니다.

| 타입 | 예시 |
|------|------|
| EventTarget | window, XMLHttpRequest |
| Node | document, Text, Comment |
| Element | HTMLElement, SVGElement 포함 |
| HTMLElement | `<i>`, `<b>` |
| HTMLButtonElement | `<button>` |

표 7-1 DOM 계층의 타입들

계층 구조별로 타입을 좀 더 자세히 알아보겠습니다.

첫 번째, EventTarget은 DOM 타입 중 가장 추상화된 타입입니다. 이벤트 리스너를 추가하거나 제거하고, 이벤트를 보내는 것밖에 할 수 없습니다. 오류가 발생한 부분을 다시 살펴보겠습니다.

```
function handleDrag(eDown: Event) {
  const targetEl = eDown.currentTarget;
  targetEl.classList.add('dragging');
//  ~~~~~~~~~           개체가 'null'인 것 같습니다.
//          ~~~~~~~~~ 'EventTarget' 형식에 'classList' 속성이 없습니다.
  // ...
}
```

Event의 currentTarget 속성의 타입은 EventTarget | null입니다. 그렇기 때문에 null 가능성이 오류로 표시되었고, 또한 EventTarget 타입에 classList 속성이 없기 때문에 오류가 되었습니다. 한편, eDown.currentTarget은 실제로 HTMLElement 타입이지만, 타입 관점에서는 window나 XMLHttpRequest가 될 수도 있다는 것을 주의하기 바랍니다.

두 번째, Node 타입을 알아보겠습니다. Element가 아닌 Node인 경우를 몇 가지 예로 들어 보면 텍스트 조각과 주석이 있습니다. 예를 들어, 다음 HTML 코드를 보겠습니다.

```
<p>
  And <i>yet</i> it moves
  <!-- quote from Galileo -->
</p>
```

가장 바깥쪽의 엘리먼트는 HTMLParagraphElement입니다. 그리고 children과 childNodes 속성을 가지고 있습니다.

```
> p.children
HTMLCollection [i]
> p.childNodes
NodeList(5) [text, i, text, comment, text]
```

children은 자식 엘리먼트(<i>yet</i>)를 포함하는 배열과 유사한 구조인 HTMLCollection입니다. 반면 childNodes는 배열과 유사한 Node의 컬렉션인 NodeList입니다. childNodes는 엘리먼트(<i>yet</i>)뿐만 아니라 텍스트 조각 ("And", "it moves")과 주석("quote from Galileo")까지도 포함하고 있습니다.

세 번째, Element와 HTMLElement를 알아보겠습니다. SVG 태그의 전체 계층 구조를 포함하면서 HTML이 아닌 엘리먼트가 존재하는데, 바로 Element의 또 다른 종류인 SVGElement입니다. 예를 들어, <html>은 HTMLHtmlElement이고 <svg>는 SVGSvgElement입니다.

마지막으로 HTMLxxxElement를 알아보겠습니다. HTMLxxxElement 형태의 특정 엘리먼트들은 자신만의 고유한 속성을 가지고 있습니다. 예를 들어, HTMLImageElement에는 src 속성이 있고, HTMLInputElement에는 value 속성이 있습니다. 이런 속성에 접근하려면, 타입 정보 역시 실제 엘리먼트 타입이어야 하므로 상당히 구체적으로 타입을 지정해야 합니다.

보통은 HTML 태그 값에 해당하는 'button' 같은 리터럴 값을 사용하여 DOM에 대한 정확한 타입을 얻을 수 있습니다. 예를 들자면 다음과 같습니다.

```
document.getElementsByTagName('p')[0];   // HTMLParagraphElement
document.createElement('button');        // HTMLButtonElement
document.querySelector('div');           // HTMLDivElement
```

그러나 항상 정확한 타입을 얻을 수 있는 것은 아닙니다. 특히 document.getElementById에서 문제가 발생하게 됩니다.

```
document.getElementById('my-div');  // HTMLElement
```

일반적으로 타입 단언문은 지양해야 하지만(아이템 9), DOM 관련해서는 타입스크립트보다 우리가 더 정확히 알고 있는 경우이므로 단언문을 사용해도 좋습니다. #my-div가 div 태그라는 것을 알고 있으므로 문제가 되지 않습니다.

```
document.getElementById('my-div') as HTMLDivElement;
```

strictNullChecks가 설정된 상태라면, document.getElementById가 null인 경우를 체크해야 합니다. 실제 코드에서 document.getElementById가 null일 가능성이 있다면 if 분기문을 추가해야 합니다.

```
const div = document.getElementById('my-div')!;
```

이 아이템의 두 번째 예제로 다시 돌아가 봅시다. EventTarget 이후에는 다음 오류가 발생했습니다. 다음 코드에서 clientX와 clientY에 발생한 오류의 원인을 따져 보겠습니다.

```
function handleDrag(eDown: Event) {
  // ...
  const dragStart = [
    eDown.clientX, eDown.clientY];
      // ~~~~~~                   'Event'에 'clientX' 속성이 없습니다.
      //            ~~~~~~ 'Event'에 'clientY' 속성이 없습니다.
  // ...
}
```

표 7-1에서 살펴봤던 EventTarget 타입의 계층 구조뿐 아니라, Event 타입에도 별도의 계층 구조가 있습니다. Mozilla 문서에는 52개 이상의 Event 종류가 나열되어 있습니다.

　Event는 가장 추상화된 이벤트입니다. 더 구체적인 타입들은 다음과 같습니다.

- UIEvent: 모든 종류의 사용자 인터페이스 이벤트
- MouseEvent: 클릭처럼 마우스로부터 발생되는 이벤트
- TouchEvent: 모바일 기기의 터치 이벤트
- WheelEvent: 스크롤 휠을 돌려서 발생되는 이벤트
- KeyboardEvent: 키 누름 이벤트

clientX와 clientY에서 발생한 오류의 원인은, handleDrag 함수의 매개변수는 Event로 선언된 반면 clientX와 clientY는 보다 구체적인 MouseEvent 타입에 있기 때문입니다.

그렇다면 오류를 어떻게 고칠 수 있을까요? DOM에 대한 타입 추론은 문맥 정보를 폭넓게 활용합니다(아이템 26). 'mousedown' 이벤트 핸들러를 인라인 함수로 만들면 타입스크립트는 더 많은 문맥 정보를 사용하게 되고, 대부분의 오류를 제거할 수 있습니다. 또한 매개변수 타입을 Event 대신 MouseEvent로 선언할 수 있습니다. 다음 예제는 방금 언급한 인라인 함수와 이벤트 타입 변경을 적용해서 오류를 제거한 코드입니다.

```
function addDragHandler(el: HTMLElement) {
  el.addEventListener('mousedown', eDown => {
    const dragStart = [eDown.clientX, eDown.clientY];
    const handleUp = (eUp: MouseEvent) => {
      el.classList.remove('dragging');
      el.removeEventListener('mouseup', handleUp);
      const dragEnd = [eUp.clientX, eUp.clientY];
      console.log('dx, dy = ', [0, 1].map(i => dragEnd[i] - dragStart[i]));
    }
    el.addEventListener('mouseup', handleUp);
  });
}

const div = document.getElementById('surface');
if (div) {
  addDragHandler(div);
}
```

코드 마지막의 if 구문은 #surface 엘리먼트가 없는 경우를 체크합니다. 만약 해당 엘리먼트가 반드시 존재한다는 것을 알고 있다면, if 구문 대신 단언문을 사용할 수도 있습니다(addDragHandler(div!)).

## 요약

• 자바스크립트를 사용할 때는 신경 쓰지 않았겠지만, DOM에는 타입 계층 구조가 있습니다. DOM 타입은 타입스크립트에서 중요한 정보이며, 브라우저 관련 프로젝트에서 타입스크립트를 사용할 때 유용합니다.

- Node, Element, HTMLElement, EventTarget 간의 차이점, 그리고 Event와 Mouse Event의 차이점을 알아야 합니다.
- DOM 엘리먼트와 이벤트에는 충분히 구체적인 타입 정보를 사용하거나, 타입스크립트가 추론할 수 있도록 문맥 정보를 활용해야 합니다.

## 아이템 56 정보를 감추는 목적으로 private 사용하지 않기

자바스크립트는 클래스에 비공개 속성을 만들 수 없습니다. 많은 이가 비공개 속성임을 나타내기 위해 언더스코어(_)를 접두사로 붙이던 것이 관례로 인정될 뿐이었습니다.

```
class Foo {
  _private = 'secret123';
}
```

그러나 속성에 언더스코어를 붙이는 것은 단순히 비공개라고 표시한 것뿐입니다. 따라서 일반적인 속성과 동일하게 클래스 외부로 공개되어 있다는 점을 주의해야 합니다.

```
const f = new Foo();
f._private;  // 'secret123'
```

타입스크립트에는 public, protected, private 접근 제어자를 사용해서 공개 규칙을 강제할 수 있는 것으로 오해할 수 있습니다.

```
class Diary {
  private secret = 'cheated on my English test';
}

const diary = new Diary();
diary.secret
   // ~~~~~~ 'secret' 속성은 private이며
   //        'Diary' 클래스 내에서만 접근할 수 있습니다.
```

그러나 public, protected, private 같은 접근 제어자는 타입스크립트 키워드이기 때문에 컴파일 후에는 제거됩니다(아이템 3). 이 타입스크립트 코드를 컴

파일하게 되면 다음 예제의 자바스크립트 코드로 변환됩니다(target=ES2017이
설정된 상태).

```
class Diary {
  constructor() {
    this.secret = 'cheated on my English test';
  }
}
const diary = new Diary();
diary.secret;
```

private 키워드는 사라졌고 secret은 일반적인 속성이므로 접근할 수 있습니
다. 타입스크립트의 접근 제어자들은 단지 컴파일 시점에만 오류를 표시해 줄
뿐이며, 언더스코어 관례와 마찬가지로 런타임에는 아무런 효력이 없습니다.
심지어 단언문을 사용하면 타입스크립트 상태에서도 private 속성에 접근할
수 있습니다.

```
class Diary {
  private secret = 'cheated on my English test';
}

const diary = new Diary();
(diary as any).secret  // 정상
```

즉, 정보를 감추기 위해 private을 사용하면 안 됩니다.

자바스크립트에서 정보를 숨기기 위해 가장 효과적인 방법은 클로저(clo-
sure)를 사용하는 것입니다. 다음 코드처럼 생성자에서 클로저를 만들어 넣 수
있습니다.

```
declare function hash(text: string): number;

class PasswordChecker {
  checkPassword: (password: string) => boolean;
  constructor(passwordHash: number) {
    this.checkPassword = (password: string) => {
      return hash(password) === passwordHash;
    }
  }
}
```

```
const checker = new PasswordChecker(hash('s3cret'));
checker.checkPassword('s3cret');  // 결과는 true
```

앞의 코드를 살펴보면 PasswordChecker의 생성자 외부에서 passwordHash 변수에 접근할 수 없기 때문에 정보를 숨기는 목적을 달성했습니다. 그런데 몇 가지 주의사항이 있습니다. passwordHash를 생성자 외부에서 접근할 수 없기 때문에, passwordHash에 접근해야 하는 메서드 역시 생성자 내부에 정의되어야 합니다. 그리고 메서드 정의가 생성자 내부에 존재하게 되면, 인스턴스를 생성할 때마다 각 메서드의 복사본이 생성되기 때문에 메모리를 낭비하게 된다는 것을 기억해야 합니다. 또한 동일한 클래스로부터 생성된 인스턴스라고 하더라도 서로의 비공개 데이터에 접근하는 것이 불가능하기 때문에 철저하게 비공개이면서 동시에 불편함이 따릅니다.[3]

또 하나의 선택지로, 현재 표준화가 진행 중인 비공개 필드 기능을 사용할 수도 있습니다. 비공개 필드 기능은 접두사로 #를 붙여서 타입 체크와 런타임 모두에서 비공개로 만드는 역할을 합니다.

```
class PasswordChecker {
  #passwordHash: number;

  constructor(passwordHash: number) {
    this.#passwordHash = passwordHash;
  }

  checkPassword(password: string) {
    return hash(password) === this.#passwordHash;
  }
}

const checker = new PasswordChecker(hash('s3cret'));
checker.checkPassword('secret');  // 결과는 false
checker.checkPassword('s3cret');  // 결과는 true
```

#passwordHash 속성은 클래스 외부에서 접근할 수 없습니다. 그러나 클로저 기

---

3 (옮긴이) 일반적인 객체지향 언어에서는 동일 클래스의 개별 인스턴스끼리 private 속성 접근이 가능합니다(클래스 단위 비공개). 그러나 클로저 방식은 동일 클래스의 개별 인스턴스 간에 속성 접근이 불가능(인스턴스 단위 비공개)하기 때문에 불편하다는 의미입니다.

법과 다르게 클래스 메서드나 동일한 클래스의 개별 인스턴스끼리는 접근이 가능합니다. 비공개 필드를 지원하지 않는 자바스크립트 버전으로 컴파일하게 되면, `WeapMap`을 사용한 구현으로 대체됩니다. 어쨌든 구현 방식과 무관하게 데이터는 동일하게 비공개입니다. 2021년 기준으로 비공개 필드는 자바스크립트 표준화 3단계이고, 타입스크립트에서 사용 가능합니다.[4]

만약 설계 관점의 캡슐화가 아닌 '보안'에 대해 걱정하고 있다면, 내장된 프로토타입과 함수에 대한 변조 같은 문제를 알고 있어야 합니다.

### 요약

- `public`, `protected`, `private` 접근 제어자는 타입 시스템에서만 강제될 뿐입니다. 런타임에는 소용이 없으며 단언문을 통해 우회할 수 있습니다. 접근 제어자로 데이터를 감추려고 해서는 안 됩니다.
- 확실히 데이터를 감추고 싶다면 클로저를 사용해야 합니다.

## 아이템 57 소스맵을 사용하여 타입스크립트 디버깅하기

타입스크립트 코드를 실행한다는 것은, 엄밀히 말하자면 타입스크립트 컴파일러가 생성한 자바스크립트 코드를 실행한다는 것입니다. 사실 컴파일러뿐 아니라 압축기(minifier)나 전처리기(preprocessor)처럼, 기존 코드를 다른 형태의 코드로 변환하는 도구들에도 모두 해당됩니다. 이러한 변환 과정들이 투명하고 직관적이라면 이상적일 것입니다. 자바스크립트 코드를 살펴볼 필요 없이 마치 타입스크립트 코드가 직접 실행되는 것처럼 느껴진다면 말입니다. 하지만 현실은 그렇지 못합니다.

여러분은 디버깅이 필요한 시점에 비로소 타입스크립트가 직접 실행되는 것이 아니라는 사실을 깨닫게 될 겁니다. 디버거는 런타임에 동작하며, 현재 동작하는 코드가 어떤 과정을 거쳐서 만들어진 것인지 알지 못합니다. 디버깅을 하면 보게 되는 코드는 전처리기, 컴파일러, 압축기를 거친 자바스크립트 코드

---

4 (옮긴이) 비공개 필드는 2020년 2월 20일에 릴리스된 타입스크립트 3.8부터 지원됩니다.

일 겁니다. 이렇게 변환된 자바스크립트 코드는 복잡해 디버깅하기 매우 어렵습니다.

디버깅 문제를 해결하기 위해 브라우저 제조사들은 서로 협력하여 소스맵 (source map)이라는 해결책을 내놓았습니다. 소스맵은 변환된 코드의 위치와 심벌들을 원본 코드의 원래 위치와 심벌들로 매핑합니다. 대부분의 브라우저와 많은 IDE가 소스맵을 지원합니다.

클릭할 때마다 숫자를 증가시키는 버튼을 HTML 페이지에 추가하는 간단한 스크립트를 작성한다고 가정해 보겠습니다.

```typescript
function addCounter(el: HTMLElement) {
  let clickCount = 0;
  const button = document.createElement('button');
  button.textContent = 'Click me';
  button.addEventListener('click', () => {
    clickCount++;
    button.textContent = `Click me (${clickCount})`;
  });
  el.appendChild(button);
}

addCounter(document.body);
```

이 코드를 브라우저에서 로드하고 디버거를 열면, 그림 7-1처럼 자바스크립트로 변환된 코드를 볼 수 있습니다. 변환된 코드는 원본 코드와 거의 비슷하기 때문에 디버깅은 크게 어렵지 않습니다.

*numbersapi.com*으로부터 각 숫자에 대한 흥미로운 설명들을 로드한 후 페이지를 더 재미있게 꾸며 보겠습니다.

```typescript
function addCounter(el: HTMLElement) {
  let clickCount = 0;
  const triviaEl = document.createElement('p');
  const button = document.createElement('button');
  button.textContent = 'Click me';
  button.addEventListener('click', async () => {
    clickCount++;
    const response = await fetch(`http://numbersapi.com/${clickCount}`);
    const trivia = await response.text();
    triviaEl.textContent = trivia;
```

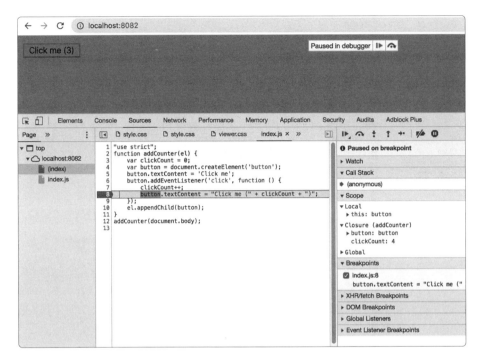

그림 7-1 크롬의 개발자 도구를 사용해서 변환된 자바스크립트를 디버깅합니다.
이 예제에서는 변환된 자바스크립트와 원래의 타입스크립트 코드가 매우 비슷합니다.

```
    button.textContent = `Click me (${clickCount})`;
  });
  el.appendChild(triviaEl);
  el.appendChild(button);
}
```

이제 브라우저의 디버거를 열어 보면, 변환된 코드가 엄청나게 복잡해진 것을 확인할 수 있습니다(그림 7-2).

오래된 브라우저에서 async와 await를 지원하기 위해, 타입스크립트는 이벤트 핸들러를 상태 머신(state machine)으로 재작성합니다. 재작성된 코드는 원본 코드와 동일하게 동작하지만, 코드의 형태는 매우 다른 모습을 띠게 됩니다.

코드가 복잡하게 변환된다면 소스맵이 필요합니다. 타입스크립트가 소스맵을 생성할 수 있도록 *tsconfig.json*에서 sourceMap 옵션을 설정해 보겠습니다.

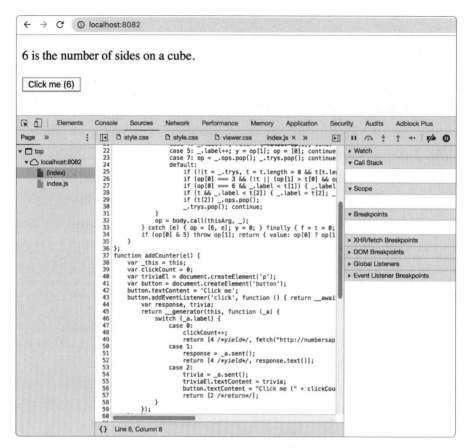

그림 7-2 이번에 타입스크립트 컴파일러는 원본과 매우 다른 형태의 자바스크립트를 생성했습니다.
이런 경우는 디버깅이 매우 어렵습니다.

```
{
  "compilerOptions": {
    "sourceMap": true
  }
}
```

이제 컴파일을 실행하면 각 .ts파일에 대해서 .js와 .js.map 두 개의 파일을 생성
합니다. .js.map 파일이 바로 소스맵입니다.

소스맵이 .js 파일과 같이 있으면, 브라우저의 디버거에서 새로운 index.ts 파
일이 나타납니다. 이제 원하는 대로 브레이크포인트를 설정할 수 있고 변수를
조사할 수 있습니다(그림 7-3).

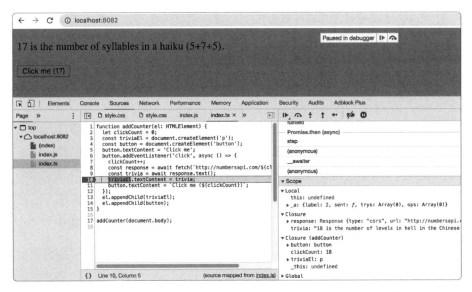

그림 7-3 소스맵이 있으면 디버거에서 생성된 자바스크립트 대신 원본 타입스크립트 소스를 사용할 수 있습니다.

디버거 좌측의 파일 목록에서 *index.ts*가 기울임(이탤릭) 글꼴로 나오는 것을 확인할 수 있습니다. 기울임 글꼴은 웹 페이지에 포함된 '실제' 파일이 아니라는 것을 뜻합니다. 실제로는 소스맵을 통해 타입스크립트처럼 보이는 것뿐입니다. 그리고 *index.js.map* 파일이 *index.ts* 파일의 참조를 포함(브라우저가 네트워크를 통해 로드)하거나, 파일의 내용을 인라인으로 포함(별도 요청이 불필요)하도록 설정할 수 있습니다.

소스맵에 대해 알아야 할 몇 가지 사항을 알아보고 이 아이템을 마무리하겠습니다.

- 타입스크립트와 함께 번들러(bundler)나 압축기(minifier)를 사용하고 있다면, 번들러나 압축기가 각자의 소스맵을 생성하게 됩니다. 이상적인 디버깅 환경이 되려면 생성된 자바스크립트가 아닌 원본 타입스크립트 소스로 매핑되도록 해야 합니다. 번들러가 기본적으로 타입스크립트를 지원한다면 별도 설정 없이 잘 동작해야 합니다. 그렇지 않다면 번들러가 소스맵을 인식할 수 있도록 추가적인 설정이 필요합니다.

- 상용 환경에 소스맵이 유출되고 있는지 확인해야 합니다. 디버거를 열지 않

는 이상은 소스맵이 로드되지 않으므로, 실제 사용자에게 성능 저하는 발생하지 않습니다. 그러나 소스맵에 원본 코드의 인라인 복사본이 포함되어 있다면 공개해서는 안 될 내용이 들어 있을 수 있습니다. 저질 주석이나 내부 버그 추적을 위한 URL을 공개할 필요는 없습니다.

NodeJS 프로그램의 디버깅에도 소스맵을 사용할 수 있습니다. 보통 편집기가 자동 인식하거나 NodeJS 프로세스를 브라우저 디버거와 연결하면 됩니다. 자세한 내용은 NodeJS 문서를 참고하길 바랍니다.

타입 체커가 코드를 실행하기 전에 많은 오류를 잡을 수 있지만, 디버거를 대체할 수는 없습니다. 소스맵을 사용해서 제대로 된 타입스크립트 디버깅 환경을 구축하길 바랍니다.

## 요약

- 원본 코드가 아닌 변환된 자바스크립트 코드를 디버깅하지 맙시다. 소스맵을 사용해서 런타임에 타입스크립트 코드를 디버깅합시다.
- 소스맵이 최종적으로 변환된 코드에 완전히 매핑되었는지 확인합시다.
- 소스맵에 원본 코드가 그대로 포함되도록 설정되어 있을 수도 있습니다. 공개되지 않도록 설정을 확인합시다.

# 8장

# 타입스크립트로
# 마이그레이션하기

타입스크립트는 자바스크립트보다 개선된 언어입니다. 그러므로 프로젝트를 새로 시작한다면 처음부터 타입스크립트를 사용하면 됩니다. 그런데 규모가 크고 오래된 자바스크립트 프로젝트가 이미 존재한다면, 그 프로젝트를 타입스크립트로 전환하기에 시간이 많이 듭니다. 그렇다고 그대로 자바스크립트로 유지보수하는 것도 매우 고통스러울 겁니다.

8장에서는 덩치 크고 낡은 자바스크립트 프로젝트라고 할지라도, 꾸준하게 타입스크립트로 마이그레이션할 수 있게 해 주는 몇 가지 방법을 소개합니다.

큰 프로젝트를 타입스크립트로 마이그레이션하는 작업은 어렵지만, 프로젝트 품질을 크게 개선할 수 있는 가능성을 열어 줍니다. 2017년의 한 조사에 따르면 깃헙(GitHub)에 있는 자바스크립트 프로젝트에서 발견된 버그의 15%는, 타입스크립트를 사용했다면 컴파일 시점에서 미리 방지했을 수 있었을 거라고 합니다.[1] 또한 에어비앤비(AirBnB)에서 진행된 프로젝트들의 사후 분석(post-mortem) 6개월치를 조사해 보니, 발견된 버그의 38%가 역시 타입스크립트에서는 방지할 수 있었던 것들이라고 합니다.[2] 팀 단위 프로젝트에 타입스크립트를 도입한다면 깃헙과 에어비앤비의 사례를 들어 팀원들을 설득할 수 있을 겁

---

[1]  Z. Gao, C. Bird, and E. T. Barr, "To Type or Not to Type: Quantifying Detectable Bugs in JavaScript," ICSE 2017, *http://earlbarr.com/publications/typestudy.pdf*

[2]  Brie Bunge, "Adopting TypeScript at Scale," JSConf Hawaii 2019, *https://youtu.be/P-J9Eg7hJwE*

니다. 프로젝트에 타입스크립트를 사용하기로 결정했다면, 본격적인 작업에 앞서 점진적 마이그레이션을 실험해 보고 테스트해야 합니다. 아이템 59에서 타입스크립트로 실험하는 방법을 설명합니다.

한꺼번에 많은 코드를 타입스크립트로 전환할 수 없기 때문에, 대규모 프로젝트를 마이그레이션할 때는 점진적으로 전환해야 합니다. 아이템 60에서 이러한 점진적 마이그레이션을 다룹니다.

마이그레이션 작업은 오랜 시간이 필요하기 때문에, 진행 상황을 모니터링하고 추적해서 중복된 작업을 방지할 수 있어야 합니다. 마이그레이션이 얼마나 진행되었고 현재 상황이 어떤지 수치화하여 눈으로 볼 수 있게 하면 팀원들에게 동기 부여도 될 겁니다. 아이템 61에서 마이그레이션 진행 상황을 수치화하는 방법을 다룹니다.

참고로 8장은 대부분의 예제가 순수 자바스크립트여서 타입스크립트 컴파일러에서는 오류가 발생할 수 있습니다. 타입 체크 설정을 해제(예를 들어, noImplicitAny를 off로)하여 타입 체크가 동작하지 않도록 하기 바랍니다.

## 아이템 58 모던 자바스크립트로 작성하기

타입스크립트는 타입 체크 기능 외에, 타입스크립트 코드를 특정 버전의 자바스크립트로 컴파일하는 기능도 가지고 있습니다. 심지어 1999년에 나온 ES3 버전의 자바스크립트 코드로 컴파일할 수도 있습니다. 즉, 타입스크립트 컴파일러를 자바스크립트 '트랜스파일러(transpiler)'로 사용할 수 있습니다. 타입스크립트는 자바스크립트의 상위집합이기 때문에, 최신 버전의 자바스크립트 코드를 옛날 버전의 자바스크립트 코드로 변환할 수 있습니다.

옛날 버전의 자바스크립트 코드를 타입스크립트 컴파일러에서 동작하게 만들면 이후로는 최신 버전의 자바스크립트 기능을 코드에 추가해도 문제가 없습니다. 옛날 버전의 자바스크립트 코드를 최신 버전의 자바스크립트로 바꾸는 작업은 타입스크립트로 전환하는 작업의 일부로 볼 수 있습니다. 따라서 마이그레이션을 어디서부터 시작해야 할지 몰라 막막하다면 옛날 버전의 자바스크립트 코드를 최신 버전의 자바스크립트로 바꾸는 작업부터 시작해 보기 바랍니다. 타입스크립트는 자바스크립트의 상위집합이기 때문에, 코드를 최신 버전으로 바꾸다 보면 타입스크립트의 일부를 저절로 익힐 수 있게 됩니다.

아이템 58은 모던 자바스크립트[3]의 주요 기능 몇 가지를 간략히 다룹니다. 아이템 58에서 소개하는 기능들은 모두 ES2015(일명 ES6) 버전부터 도입된 것이며, 다른 책들과 인터넷에서 매우 자세히 다루고 있기 때문에 잘 모르는 부분이 있다면 쉽게 찾아볼 수 있을 겁니다. 아이템 58에서 다루는 것은 자바스크립트지만, 타입스크립트 컴파일러를 사용하면 async/await 같은 새로운 기능을 배울 때 매우 유용합니다. 최신 자바스크립트 기능도 모두 체크되기 때문에 코드 작성 시에 도움을 받을 수 있고 제대로 된 사용법을 배울 수 있습니다.

모던 자바스크립트의 새로운 기능들은 모두 배울 만한 가치가 있지만, 타입스크립트를 도입할 때 가장 중요한 기능은 ECMAScript 모듈과 ES2015 클래스입니다.

## ECMAScript 모듈 사용하기

ES2015 이전에는 코드를 개별 모듈로 분할하는 표준 방법이 없었지만, 지금은 개별 모듈로 분할하는 방법이 많아졌습니다. 여러 개의 <script> 태그를 사용하기, 직접 갖다 붙이기(manual concatenation), Makefile 기법, NodeJS 스타일의 require 구문, AMD 스타일의 define 콜백까지 매우 다양합니다. 심지어 타입스크립트에도 자체적인 모듈 시스템(아이템 53)이 있었습니다.

ES2015부터는 임포트(import)와 익스포트(export)를 사용하는 ECMAScript 모듈(또는 ES 모듈)이 표준이 되었습니다. 만약 마이그레이션 대상인 자바스크립트 코드가 단일 파일이거나 비표준 모듈 시스템을 사용 중이라면 ES 모듈로 전환하는 것이 좋습니다. 그리고 ES 모듈 시스템을 사용하기 위해서 프로젝트 종류에 따라 웹팩(webpack)이나 ts-node 같은 도구가 필요한 경우도 있습니다. ES 모듈 시스템은 타입스크립트에서도 잘 동작하며, 모듈 단위로 전환할 수 있게 해 주기 때문에 점진적 마이그레이션이 원활해집니다(아이템 61).

---

3 (옮긴이) 모던 자바스크립트는 최신 버전의 자바스크립트를 의미합니다. 2021년 기준으로 ES2015(ES6) 버전부터 모던 자바스크립트라고 부르고 있습니다. 시간이 흘러 5년, 10년 후에는 모던 자바스크립트의 기준이 달라질 수 있습니다.

CommonJS 모듈 시스템을 사용한 전형적인 예제는 다음과 같습니다.

```
// CommonJS
// a.js
const b = require('./b');
console.log(b.name);

// b.js
const name = 'Module B';
module.exports = {name};
```

동일한 기능을 하는 코드를 ES 모듈로 표현하면 다음과 같습니다.

```
// ECMAScript module
// a.ts
import * as b from './b';
console.log(b.name);

// b.ts
export const name = 'Module B';
```

## 프로토타입 대신 클래스 사용하기

과거에는 자바스크립트에서 프로토타입 기반의 객체 모델을 사용했습니다. 그러나 많은 개발자가 사용하기 애매한 프로토타입 모델보다는 견고하게 설계된 클래스 기반 모델을 선호했기 때문에, 결국 ES2015에 class 키워드를 사용하는 클래스 기반 모델이 도입되었습니다.

마이그레이션하려는 코드에서 단순한 객체를 다룰 때 프로토타입을 사용하고 있었다면 클래스로 바꾸는 것이 좋습니다. 다음은 단순 객체를 프로토타입으로 구현한 예제입니다.

```
function Person(first, last) {
  this.first = first;
  this.last = last;
}

Person.prototype.getName = function() {
  return this.first + ' ' + this.last;
}
```

```
const marie = new Person('Marie', 'Curie');
const personName = marie.getName();
```

프로토타입 기반 객체를 클래스 기반 객체로 바꾸면 다음과 같습니다.

```
class Person {
  first: string;
  last: string;

  constructor(first: string, last: string) {
    this.first = first;
    this.last = last;
  }

  getName() {
    return this.first + ' ' + this.last;
  }
}

const marie = new Person('Marie', 'Curie');
const personName = marie.getName();
```

프로토타입으로 구현한 Person 객체보다 클래스로 구현한 Person 객체가 문법
이 간결하고 직관적입니다. 클래스 문법에 익숙하지 않더라도 타입스크립트
언어 서비스를 활용하면 클래스를 간단히 작성할 수 있습니다.

편집기에서 프로토타입 객체에 마우스를 올려, 타입스크립트 언어 서비스인
'함수를 ES2015 클래스로 변환(Convert function to an ES2015 class)'을 선택하
면 간단히 클래스 객체로 변환할 수 있습니다(그림 8-1).

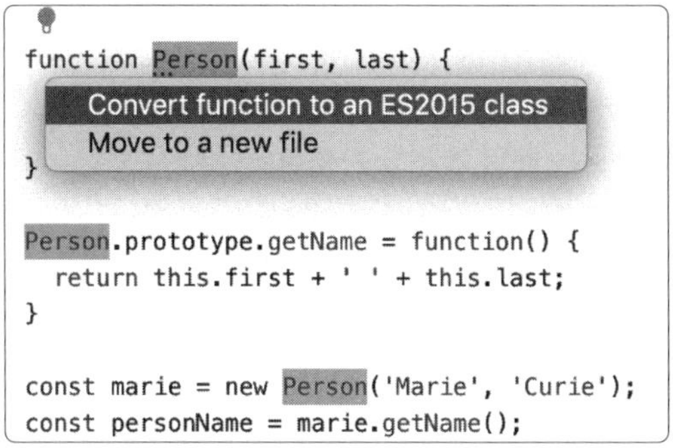

그림 8-1 타입스크립트 언어 서비스를 사용하면 프로토타입 객체를 ES2015 클래스로 변환할 수 있습니다.

## var 대신 let/const 사용하기

자바스크립트 var 키워드의 스코프(scope) 규칙에 문제가 있다는 것은 널리 알려진 사실입니다. 스코프 문제를 자세히 알고 싶다면 《이펙티브 자바스크립트》(인사이트) 책을 참고하시길 바랍니다. 스코프 문제를 자세히 알지 못하더라도 var 대신 let과 const를 사용하면 스코프 문제를 피할 수 있습니다. let과 const는 제대로 된 블록 스코프 규칙을 가지며, 개발자들이 일반적으로 기대하는 방식으로 동작합니다.

만약 var 키워드를 let이나 const로 변경하면, 일부 코드에서 타입스크립트가 오류를 표시할 수도 있습니다. 오류가 발생한 부분은 잠재적으로 스코프 문제가 존재하는 코드이기 때문에 수정해야 합니다.

중첩된 함수 구문에도 var의 경우와 비슷한 스코프 문제가 존재합니다. 예를 들어 보겠습니다.

```
function foo() {
  bar();
  function bar() {
    console.log('hello');
  }
}
```

foo 함수를 호출하면 bar 함수의 정의가 호이스팅(hoisting)되어 가장 먼저 수행되기 때문에 bar 함수가 문제없이 호출되고 hello가 출력됩니다. 호이스팅은 실행 순서를 예상하기 어렵게 만들고 직관적이지 않습니다. 대신 함수 표현식(const bar = () => { ... })을 사용하여 호이스팅 문제를 피하는 것이 좋습니다.

## for(;;) 대신 for-of 또는 배열 메서드 사용하기

과거에는 자바스크립트에서 배열을 순회할 때 C 스타일의 for 루프를 사용했습니다.

```
for (var i = 0; i < array.length; i++) {
  const el = array[i];
  // ...
}
```

모던 자바스크립트에는 for-of 루프가 존재합니다.

```
for (const el of array) {
  // ...
}
```

for-of 루프는 코드가 짧고 인덱스 변수를 사용하지도 않기 때문에 실수를 줄일 수 있습니다. 인덱스 변수가 필요한 경우엔 forEach 메서드를 사용하면 됩니다.

```
array.forEach((el, i) => {
  // ...
});
```

for-in 문법도 존재하지만 몇 가지 문제점이 있기 때문에 사용하지 않는 것이 좋습니다. 자세한 내용은 아이템 16에서 다룹니다.

## 함수 표현식보다 화살표 함수 사용하기

this 키워드는 일반적인 변수들과는 다른 스코프 규칙을 가지기 때문에, 자바스크립트에서 가장 어려운 개념 중 하나입니다. 일반적으로는 this가 클래스 인스턴스를 참조하는 것을 기대하지만 다음 예제처럼 예상치 못한 결과가 나오는 경우도 있습니다.

```
class Foo {
  method() {
    console.log(this);
    [1, 2].forEach(function(i) {
      console.log(this);
    });
  }
}
const f = new Foo();
f.method();
// strict 모드에서 Foo, undefined, undefined를 출력합니다.
// non-strict 모드에서 Foo, window, window (!)를 출력합니다.
```

대신 화살표 함수를 사용하면 상위 스코프의 this를 유지할 수 있습니다.

```
class Foo {
  method() {
    console.log(this);
    [1, 2].forEach(i => {
      console.log(this);
    });
  }
}
const f = new Foo();
f.method();
// 항상 Foo, Foo, Foo을 출력합니다.
```

인라인(또는 콜백)에서는 일반 함수보다 화살표 함수가 더 직관적이며 코드도 간결해지기 때문에 가급적 화살표 함수를 사용하는 것이 좋습니다. 그리고 컴파일러 옵션에 noImplicitThis(또는 strict)를 설정하면, 타입스크립트가 this 바인딩 관련된 오류를 표시해 주므로 설정하는 것이 좋습니다. this 바인딩에 대한 자세한 내용은 아이템 49에서 다룹니다.

### 단축 객체 표현과 구조 분해 할당 사용하기

pt 객체를 생성하는 다음 코드를 보겠습니다.

```
const x = 1, y = 2, z = 3;
const pt = {
  x: x,
  y: y,
  z: z
};
```

변수와 객체 속성의 이름이 같다면, 간단하게 다음 코드처럼 작성할 수 있습니다.

```
const x = 1, y = 2, z = 3;
const pt = { x, y, z };
```

앞의 두 예제 중 후자의 코드가 더 간결하고 중복된 이름을 생략하기 때문에 가독성이 좋고 실수가 적습니다(아이템 36).

화살표 함수 내에서 객체를 반환할 때는 소괄호로 감싸야 합니다. 함수의 구현부에는 블록이나 단일 표현식이 필요하기 때문에 소괄호로 감싸서 표현식으로 만들어 준 것입니다.

```
['A', 'B', 'C'].map((char, idx) => ({char, idx}));
// [ { char: 'A', idx: 0 },  { char: 'B', idx: 1 },  { char: 'C', idx: 2 } ]
```

객체의 속성 중 함수를 축약해서 표현하는 방법은 다음과 같습니다.

```
const obj = {
  onClickLong: function(e) {
    // ...
  },
  onClickCompact(e) {
    // ...
  }
};
```

단축 객체 표현(compact object literal)의 반대는 객체 구조 분해(object de-structuring)입니다. 다음 코드를 보겠습니다.

```
const props = obj.props;
const a = props.a;
const b = props.b;
```

다음처럼 줄여서 작성할 수 있습니다.

```
const {props} = obj;
const {a, b} = props;
```

극단적으로는 다음처럼 줄일 수도 있습니다.

```
const {props: {a, b}} = obj;
```

참고로 a와 b는 변수로 선언되었지만 props는 변수 선언이 아니라는 것을 주의해야 합니다.

구조 분해 문법에서는 기본값을 지정할 수도 있습니다. 다음은 단순한 방식으로 if 구문을 사용해 기본값을 지정하는 코드입니다.

```
let {a} = obj.props;
if (a === undefined) a = 'default';
```

대신 다음처럼 구조 분해 문법 내에서 기본값을 지정할 수도 있습니다.

```
const {a = 'default'} = obj.props;
```

배열에도 구조 분해 문법을 사용할 수 있습니다. 튜플처럼 사용하는 배열에서 특히 유용합니다.

```
const point = [1, 2, 3];
const [x, y, z] = point;
const [, a, b] = point;  // 첫 번째 요소 무시
```

함수 매개변수에도 구조 분해 문법을 사용할 수 있습니다.

```
const points = [
  [1, 2, 3],
  [4, 5, 6],
];
points.forEach(([x, y, z]) => console.log(x + y + z));
// 6, 15을 출력합니다.
```

단축 객체 표현과 마찬가지로, 객체 구조 분해를 사용하면 문법이 간결해지고 변수를 사용할 때 실수를 줄일 수 있기 때문에 적극적으로 사용하는 것이 좋습니다.

### 함수 매개변수 기본값 사용하기

자바스크립트에서 함수의 모든 매개변수는 선택적(생략 가능)이며, 매개변수를 지정하지 않으면 undefined로 간주됩니다.

```
function log2(a, b) {
  console.log(a, b);
}
log2();
```

앞의 코드를 실행하면 다음처럼 출력됩니다.

undefined undefined

옛날 자바스크립트에서는 매개변수의 기본값을 지정하고 싶을 때, 다음 코드 처럼 구현하곤 했습니다.

```
function parseNum(str, base) {
  base = base || 10;
  return parseInt(str, base);
}
```

모던 자바스크립트에서는 매개변수에 기본값을 직접 지정할 수 있습니다.

```
function parseNum(str, base=10) {
  return parseInt(str, base);
}
```

매개변수에 기본값을 지정하면 코드가 간결해질 뿐만 아니라 base가 선택적 매개변수라는 것을 명확히 나타내는 효과도 줄 수 있습니다. 그리고 기본값을 기반으로 타입 추론이 가능하기 때문에, 타입스크립트로 마이그레이션할 때 매개변수에 타입 구문을 쓰지 않아도 됩니다(아이템 19).

### 저수준 프로미스나 콜백 대신 async/await 사용하기

아이템 25에서 콜백과 프로미스보다 async와 await가 권장되는 이유를 자세히 설명했습니다. 요점은 async와 await를 사용하면 코드가 간결해져서 버그나 실수를 방지할 수 있고, 비동기 코드에 타입 정보가 전달되어 타입 추론을 가능하게 한다는 것입니다.

다음 코드를 보겠습니다.

```
function getJSON(url: string) {
  return fetch(url).then(response => response.json());
}
function getJSONCallback(url: string, cb: (result: unknown) => void) {
  // ...
}
```

콜백과 프로미스를 사용한 코드보다는 다음처럼 async와 await로 작성한 코드가 훨씬 깔끔하고 직관적입니다.

```
async function getJSON(url: string) {
  const response = await fetch(url);
  return response.json();
}
```

## 연관 배열에 객체 대신 Map과 Set 사용하기

아이템 15에서 객체의 인덱스 시그니처를 사용하는 방법을 다루었습니다. 인
덱스 시그니처는 편리하지만, 몇 가지 문제점이 있습니다. 문자열 내의 단어
개수를 세는 함수를 예로 들어 보겠습니다.

```
function countWords(text: string) {
  const counts: {[word: string]: number} = {};
  for (const word of text.split(/[\s,.]+/)) {
    counts[word] = 1 + (counts[word] || 0);
  }
  return counts;
}
```

별다른 문제가 없어 보이는 코드지만, constructor라는 특정 문자열이 주어지
면 문제가 발생합니다.

```
console.log(countWords('Objects have a constructor'));
```

실행 결과는 다음과 같습니다.

```
{
  Objects: 1,
  have: 1,
  a: 1,
  constructor: "1function Object() { [native code] }"
}
```

constructor의 초깃값은 undefined가 아니라 Object.prototype에 있는 생성자
함수입니다. 원치 않는 값일 뿐만 아니라, 타입도 number가 아닌 string입니다.
이런 문제를 방지하려면 Map을 사용하는 것이 좋습니다.

```
function countWordsMap(text: string) {
  const counts = new Map<string, number>();
  for (const word of text.split(/[\s,.]+/)) {
    counts.set(word, 1 + (counts.get(word) || 0));
  }
  return counts;
}
```

## 타입스크립트에 use strict 넣지 않기

ES5에서는 버그가 될 수 있는 코드 패턴에 오류를 표시해 주는 '엄격 모드(strict mode)'가 도입되었습니다. 다음 예제처럼 코드의 제일 처음에 'use strict'를 넣으면 엄격 모드가 활성화됩니다.

```
'use strict';
function foo() {
  x = 10;  // strict 모드에서는 오류, non-strict 모드에서는 전역 선언
}
```

엄격 모드를 사용해 본 적이 없다면, 한번 시도해 보기 바랍니다. 오류로 표시된 부분은 타입스크립트에서도 오류일 가능성이 높습니다.

그러나 타입스크립트에서 수행되는 안전성 검사(sanity check)가 엄격 모드보다 훨씬 더 엄격한 체크를 하기 때문에, 타입스크립트 코드에서 'use strict'는 무의미합니다.

실제로는 타입스크립트 컴파일러가 생성하는 자바스크립트 코드에서 'use strict'가 추가됩니다. alwaysStrict 또는 strict 컴파일러 옵션을 설정하면, 타입스크립트는 엄격 모드로 코드를 파싱하고 생성되는 자바스크립트에 'use strict'를 추가합니다. 즉, 타입스크립트 코드에 'use strict'를 쓰지 않고, 대신 alwaysStrict 설정을 사용해야 합니다.

아이템 58에 나열된 기능들 외에도 모던 자바스크립트에는 수많은 기능이 존재하며, 타입스크립트에서도 사용 가능합니다. 자바스크립트 표준 단체 TC39는 매년 새로운 기능들을 발표하고 있습니다. 한편 타입스크립트 개발팀은 자바스크립트 표준화 4단계 중 3단계 이상의 기능들을 타입스크립트 내에 구현하고 있습니다. 그러므로 표준화 완성 여부에 상관없이 자바스크립트 표

준화 3단계 이상의 기능들은 타입스크립트 내에서 사용할 수 있습니다. TC39 의 깃헙 저장소[4]에서 표준화 관련된 최신 정보를 확인할 수 있습니다. 특히 파이프라인과 데코레이터 기능은 아직 3단계에 이르지 못했지만 큰 잠재력을 지니고 있으므로 조만간 타입스크립트에도 추가될 가능성이 큽니다.

**요약**

* 타입스크립트 개발 환경은 모던 자바스크립트도 실행할 수 있으므로 모던 자바스크립트의 최신 기능들을 적극적으로 사용하길 바랍니다. 코드 품질을 향상시킬 수 있고, 타입스크립트의 타입 추론도 더 나아집니다.
* 타입스크립트 개발 환경에서는 컴파일러와 언어 서비스를 통해 클래스, 구조 분해, async/await 같은 기능을 쉽게 배울 수 있습니다.
* 'use strict'는 타입스크립트 컴파일러 수준에서 사용되므로 코드에서 제거해야 합니다.
* TC39의 깃헙 저장소와 타입스크립트의 릴리스 노트를 통해 최신 기능을 확인할 수 있습니다.

## 아이템 59 타입스크립트 도입 전에 @ts-check와 JSDoc으로 시험해 보기

본격적으로 타입스크립트로 전환하기에(아이템 60) 앞서, @ts-check 지시자를 사용하면 타입스크립트 전환시에 어떤 문제가 발생하는지 미리 시험해 볼 수 있습니다. @ts-check 지시자를 사용하여 타입 체커가 파일을 분석하고, 발견된 오류를 보고하도록 지시합니다. 그러나 @ts-check 지시자는 매우 느슨한 수준으로 타입 체크를 수행하는데, 심지어 noImplicitAny 설정을 해제한 것보다 헐거운 체크를 수행한다는 점을 주의해야 합니다(아이템 2).

@ts-check 지시자 사용법은 다음과 같습니다.

```
// @ts-check
const person = {first: 'Grace', last: 'Hopper'};
```

---

4  *https://github.com/tc39/proposals*

```
2 * person.first
 // ~~~~~~~~~~~~ 산술 연산 오른쪽은 'any', 'number', 'bigint'
 //              또는 열거형 형식이어야 합니다.
```

person.first의 타입은 string으로 추론되었고, 2 * person.first는 타입 불일치 오류가 되었습니다. @ts-check 지시자 덕분에 자바스크립트임에도 불구하고 타입 체크가 동작한 것입니다.

 @ts-check 지시자를 사용하면 타입 불일치나 함수의 매개변수 개수 불일치 같은 간단한 오류 외에도, 다음에 소개하는 몇 가지 의미 있는 오류들을 찾아낼 수 있습니다.

### 선언되지 않은 전역 변수

변수를 선언할 때 보통 let이나 const를 사용합니다. 그러나 어딘가에 '숨어 있는' 변수(예를 들어, HTML 파일 내의 <script> 태그)라면, 변수를 제대로 인식할 수 있게 별도로 타입 선언 파일을 만들어야 합니다.

 예를 들어, 다음과 같은 자바스크립트 코드가 있습니다.

```
// @ts-check
console.log(user.firstName);
            // ~~~~ 'user' 이름을 찾을 수 없습니다.
```

user 선언을 위해 *types.d.ts* 파일을 만들어 보겠습니다.

```
interface UserData {
  firstName: string;
  lastName: string;
}
declare let user: UserData;
```

타입 선언 파일을 만들면 오류가 해결됩니다. 선언 파일을 찾지 못하는 경우는 '트리플 슬래시' 참조를 사용하여 명시적으로 임포트할 수 있습니다.

```
// @ts-check
/// <reference path="./types.d.ts" />
console.log(user.firstName);  // 정상
```

앞에서 작성한 *types.d.ts* 파일은 프로젝트 타입 선언의 초석이 되는 중요한 파일입니다.

## 알 수 없는 라이브러리

서드파티 라이브러리를 사용하는 경우, 서드파티 라이브러리의 타입 정보를 알아야 합니다. 예를 들어, 제이쿼리를 사용하여 HTML 엘리먼트의 크기를 설정하는 코드에서 @ts-check 지시자를 사용하면 제이쿼리를 사용한 부분에서 오류가 발생합니다.

```
// @ts-check
  $('#graph').style({'width': '100px', 'height': '100px'});
// ~ '$' 이름을 찾을 수 없습니다.
```

제이쿼리 타입 선언을 설치하면 제이쿼리의 사양 정보를 참조하게 됩니다.

```
$ npm install --save-dev @types/jquery
```

이제 오류가 제이쿼리의 사양과 관련된 내용으로 바뀝니다.

```
// @ts-check
$('#graph').style({'width': '100px', 'height': '100px'});
         // ~~~~~ 'JQuery<HTMLElement>' 형식에 'style' 속성이 없습니다.
```

마지막으로 .style 메서를 .css로 바꾸면 오류가 사라집니다.

앞의 제이쿼리 예제처럼 @ts-check를 사용하면 타입스크립트로 마이그레이션하기 전에 서드파티 라이브러리들의 타입 선언을 활용하여 타입 체크를 시험해 볼 수 있습니다.

## DOM 문제

웹브라우저에서 동작하는 코드라면, 타입스크립트는 DOM 엘리먼트 관련된 부분에 수많은 오류를 표시하게 될 겁니다.

```
// @ts-check
const ageEl = document.getElementById('age');
```

```
ageEl.value = '12';
    // ~~~~ 'HTMLElement' 유형에 'value' 속성이 없습니다.
```

HTMLInputElement 타입에는 value 속성이 있지만, document.getElementById
는 더 상위 개념인 HTMLElement 타입을 반환하는 것이 오류의 원인입니다(아이
템 55). 만약 #age 엘리먼트가 확실히 input 엘리먼트라는 것을 알고 있다면 타
입 단언문을 사용해야 합니다(아이템 9). 그러나 앞의 코드는 자바스크립트 파
일이므로 타입스크립트 단언문 as HTMLInputElement를 쓸 수 없습니다. 대신
JSDoc을 사용하여 타입 단언을 대체할 수 있습니다.

```
// @ts-check
const ageEl = /** @type {HTMLInputElement} */(document.
getElementById('age'));
ageEl.value = '12';  // 정상
```

편집기에서 ageEl에 마우스를 올리면, 이제 HTMLInputElement 타입으로 인식
하는 것을 볼 수 있습니다. JSDoc의 @type 구문을 사용할 때는 타입을 감싸는
중괄호가 필요하다는 것을 주의하기 바랍니다.

한편 @ts-check를 활성화하면 이미 존재하던 JSDoc에서 부작용이 발생하기
도 합니다. 바로 이어서 다루게 될 '부정확한 JSDoc'입니다.

## 부정확한 JSDoc

프로젝트에 이미 JSDoc 스타일의 주석을 사용 중이었다면, @ts-check 지시자
를 설정하는 순간부터 기존 주석에 타입 체크가 동작하게 되고 갑자기 수많은
오류가 발생하게 될 겁니다. 이때는 당황하지 말고 타입 정보를 차근차근 추가
해 나가면 됩니다.

다음 예제에서는 @ts-check 지시자를 설정하는 순간 두 개의 오류가 발생합
니다.

```
// @ts-check
/**
 * 엘리먼트의 크기(픽셀 단위)를 가져 옵니다.
 * @param {Node} el 해당 엘리먼트
```

```
 * @return {{w: number, h: number}} 크기
 */
function getSize(el) {
  const bounds = el.getBoundingClientRect();
                 // ~~~~~~~~~~~~~~~~~~~ 'Node' 형식에
                 //                       'getBoundingClientRect' 속성이
                 //                       없습니다.
  return {width: bounds.width, height: bounds.height};
        // ~~~~~~~~~~~~~~~~~~~ '{ width: any; height: any; }' 형식은
        //                       '{ w: number; h: number; }'에 할당할 수 없습니다.
}
```

첫 번째 오류는 DOM 타입 불일치로 발생했습니다. getBoundingClientRect()
는 Node가 아니라 Element에 정의되어 있기 때문에 @param 태그를 Node에서
Element로 수정해야 합니다. 두 번째 오류는 @return 태그에 명시된 타입과 실
제 반환 타입이 맞지 않아서 발생했습니다. 코드만 봐서는 @return 태그와 반
환 타입 중 어디가 잘못된 것인지 확신할 수 없지만, 프로젝트 전체를 예상해
보면 width와 height가 일반적으로 사용되는 이름이기 때문에 @return 태그를
수정하는 것이 올바른 방향일 것입니다.

JSDoc 관련된 오류를 모두 수정했다면, 다음 차례로 JSDoc을 활용하여 타입
정보를 점진적으로 추가할 수 있습니다. 타입스크립트 언어 서비스는 타입을
추론해서 JSDoc을 자동으로 생성해 줍니다. 다음 코드와 그림 8-2의 예시에서
확인할 수 있습니다.

```
// @ts-check

function double(val) {
  return 2 *  (parameter) val: any

             Parameter 'val' implicitly has an 'any' type, but a better type
             may be inferred from usage. ts(7044)

             Quick Fix...

             Infer parameter types from usage
```

그림 8-2 타입스크립트 언어 서비스는 타입을 추론하여 타입 정보를 자동으로 생성해 줍니다.

```
function double(val) {
  return 2 * val;
}
```

빠른 수정을 실행하면 다음처럼 타입 정보가 JSDoc 주석으로 생성됩니다.

```
// @ts-check
/**
 * @param {number} val
 */
function double(val) {
  return 2 * val;
}
```

자동 생성 기능은 타입 정보를 빠르게 추가할 수 있기 때문에 유용하지만, 잘 동작하지 않는 경우도 있습니다. 다음 코드를 보겠습니다.

```
function loadData(data) {
  data.files.forEach(async file => {
    // ...
  });
}
```

data 타입 정보를 자동 생성하면 좋지 않은 결과를 얻게 됩니다.

```
/**
 * @param {{
 *   files: { forEach: (arg0: (file: any) => Promise<void>) => void; };
 * }} data
 */
function loadData(data) {
  // ...
}
```

구조적 타이핑이 엉뚱하게 적용되었습니다(아이템 4). files.forEach 메서드를 가지는 어떠한 객체라도 동작이 가능하겠지만, 원래 loadData 함수가 의도한 시그니처는 {files : string []}였을 겁니다.

자바스크립트 환경에서도 @ts-check 지시자와 JSDoc 주석이라면 타입스크립트와 비슷한 경험으로 작업이 가능합니다. 특별한 작업이 필요 없기 때문에 점진적 마이그레이션 과정 중에 유용하지만, @ts-check 지시자와 JSDoc 주석을 너무 장기간 사용하는 것은 좋지 않습니다. 주석이 코드 분량을 늘려서 로직을 해석하는 데 방해가 될 수 있기 때문입니다. 타입스크립트는 .ts 파일에서 가장 잘 동작하며, 마이그레이션의 궁극적인 목표는 자바스크립트에 JSDoc 주석이 있는 형태가 아니라 모든 코드가 타입스크립트 기반으로 전환되는 것임을 잊지 말아야 합니다. 다만, 이미 JSDoc 주석으로 타입 정보가 많이 담겨 있는 프로젝트라면 @ts-check 지시자만 간단히 추가함으로써 기존 코드에 타입 체커를 실험해 볼 수 있고 초기 오류를 빠르게 잡아낼 수 있다는 점은 기억해야 하겠습니다.

### 요약

- 파일 상단에 // @ts-check를 추가하면 자바스크립트에서도 타입 체크를 수행할 수 있습니다.
- 전역 선언과 서드파티 라이브러리의 타입 선언을 추가하는 방법을 익힙시다.
- JSDoc 주석을 잘 활용하면 자바스크립트 상태에서도 타입 단언과 타입 추론을 할 수 있습니다.
- JSDoc 주석은 중간 단계이기 때문에 너무 공들일 필요는 없습니다. 최종 목표는 .ts로 된 타입스크립트 코드임을 명심합시다.

## 아이템 60 allowJs로 타입스크립트와 자바스크립트 같이 사용하기

소규모 프로젝트는 한꺼번에 타입스크립트로 전환할 수 있습니다. 그러나 대규모 프로젝트는 한꺼번에 작업하는 것이 불가능하므로 점진적으로 전환할 수 있어야 합니다. 그러려면 마이그레이션 기간 중에 자바스크립트와 타입스크립트가 동시에 동작할 수 있도록 해야 합니다.

타입스크립트와 자바스크립트가 공존하는 방법의 핵심은 allowJs 컴파일러 옵션인데, 타입스크립트 파일과 자바스크립트 파일을 서로 임포트할 수 있게 해 줍니다. 자바스크립트 파일은 특별히 건드릴 것이 없습니다. @ts-check(아이템 59) 지시자를 추가하기 전까지는 문법 오류 이외에 다른 오류가 발생하지 않습니다. '타입스크립트는 자바스크립트의 상위집합이다'라는 명제를 떠올려 보시면 쉽게 이해할 수 있습니다.

타입 체크와 관련이 없지만, 기존 빌드 과정에 타입스크립트 컴파일러를 추가하기 위해서 allowJs 옵션이 필요합니다. 또한 모듈 단위로 타입스크립트로 전환(아이템 61)하는 과정에서 테스트를 수행해야 하기 때문에 allowJs 옵션이 필요합니다.

번들러에 타입스크립트가 통합되어 있거나, 플러그인 방식으로 통합이 가능하다면 allowJs를 간단히 적용할 수 있습니다. 예를 들어, npm install --save-dev tsify를 실행하고 browserify를 사용하여 플러그인으로 추가해 보겠습니다.

```
$ browserify index.ts -p [ tsify --allowJs ] > bundle.js
```

대부분의 유닛 테스트 도구에는 동일한 역할을 하는 옵션이 있습니다. 예를 들어, jest를 사용할 때 ts-jest를 설치하고 *jest.config.js*에 전달할 타입스크립트 소스를 지정합니다.

```
module.exports = {
  transform: {
    '^.+\\.tsx?$': 'ts-jest',
  },
};
```

만약, 프레임워크 없이 빌드 체인을 직접 구성했다면 복잡한 작업이 필요할 것입니다. 한 가지 방책으로 outDir 옵션을 사용할 수 있습니다. outDir 옵션을 사용하면 타입스크립트가 outDir에 지정된 디렉터리에 소스 디렉터리와 비슷한 구조로 자바스크립트 코드를 생성하게 되고, outDir로 지정된 디렉터리를 대상으로 기존 빌드 체인을 실행하면 됩니다. 참고로 기존 자바스크립트 코드에 특별한 규칙이 있었다면, 타입스크립트가 생성한 코드가 기존 자바스크립트 코드의 규칙을 따르도록 출력 옵션을 조정해야 할 수도 있습니다(예를 들어 target과 module 옵션).

타입스크립트로 마이그레이션하는 동시에 빌드와 테스트가 동작하게 하는 것이 힘들기는 하지만, 제대로 된 점진적 마이그레이션을 시작하기 위해 반드시 필요합니다.

## 요약

- 점진적 마이그레이션을 위해 자바스크립트와 타입스크립트를 동시에 사용할 수 있게 allowJs 컴파일러 옵션을 사용합시다.
- 대규모 마이그레이션 작업을 시작하기 전에, 테스트와 빌드 체인에 타입스크립트를 적용해야 합니다.

## 아이템 61 의존성 관계에 따라 모듈 단위로 전환하기

아이템 58에서 모던 자바스크립트로 전환하는 방법을 알아보았습니다. 그리고 아이템 60에서 빌드 과정에 타입스크립트를 통합하고 테스트까지 수행하는 방법을 다루었습니다. 이제는 본격적으로 자바스크립트 코드를 타입스크립트로 전환하는 단계를 알아보겠습니다.

점진적 마이그레이션을 할 때는 모듈 단위로 각개격파하는 것이 이상적입니다. 그런데 한 모듈을 골라서 타입 정보를 추가하면, 해당 모듈이 의존(임포트)하는 모듈에서 비롯되는 타입 오류가 발생하게 됩니다. 의존성과 관련된 오류 없이 작업하려면, 다른 모듈에 의존하지 않는 최하단 모듈부터 작업을 시작해서 의존성의 최상단에 있는 모듈을 마지막으로 완성해야 합니다.

프로젝트 내에 존재하는 모듈은 서드파티 라이브러리에 의존하지만 서드파티 라이브러리는 해당 모듈에 의존하지 않기 때문에, 서드파티 라이브러리 타입 정보를 가장 먼저 해결해야 합니다. 일반적으로 @types 모듈을 설치하면 됩니다. 예를 들어, lodash 라이브러리를 사용한다면 npm install --save-dev @types/lodash를 실행합니다. @types/lodash는 lodash의 타입 정보를 담고 있으며, 타입 정보는 lodash 라이브러리를 사용하는 모든 부분에 적용됩니다.

외부 API를 호출하는 경우도 있기 때문에 외부 API의 타입 정보도 추가해야 합니다. 서드파티 라이브러리와 마찬가지로, 프로젝트 내의 모듈은 API에 의존하지만 API는 해당 모듈에 의존하지 않기 때문에 먼저 해결하는 것이 좋습니다. 외부 API의 타입 정보는 특별한 문맥이 없기 때문에 타입스크립트가 추론하기 어렵습니다. 그러므로 API에 대한 사양을 기반으로 타입 정보를 생성해야 합니다(아이템 35).

모듈 단위로 마이그레이션을 시작하기 전에, 모듈 간의 의존성 관계를 시각화해 보면 많은 도움이 됩니다. 예를 들어, 중간 규모인 dygraph라는 프로젝트에 madge라는 도구를 적용해 보면 그림 8-3과 같은 의존성 관계도를 얻게 됩니다.

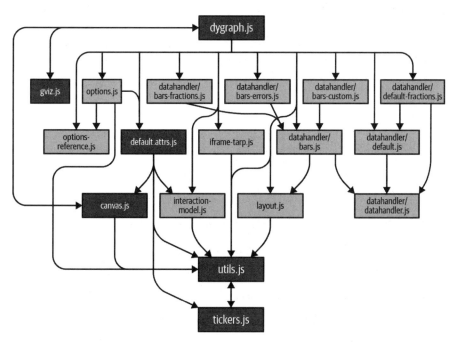

그림 8-3 중간 규모 프로젝트의 의존성 관계도(dependency graph). 화살표는 의존성을 나타냅니다. 짙은 색의 상자는 모듈이 순환 의존성(circular dependency)에 포함되어 있음을 나타냅니다.

의존성 관계도의 가장 아래쪽을 보면 유틸리티 모듈인 *util.js*와 *ticker.js*가 순환(circular) 의존성을 가지고 있습니다. 그리고 많은 모듈이 *util.js*에 의존하고 있음을 알 수 있습니다. 대부분의 프로젝트에서 의존성의 최하단에 유틸리티 종류의 모듈이 위치하는 패턴을 발견할 수 있으며 일반적인 현상입니다.

마이그레이션할 때는 타입 정보 추가만 하고, 리팩터링을 해서는 안 됩니다. 오래된 프로젝트일수록 개선이 필요한 부분을 자주 마주치겠지만, 당장의 목표는 코드 개선이 아니라 타입스크립트로 전환하는 것임을 명심해야 합니다. 개선이 필요한 부분을 찾게 된다면 나중에 리팩터링할 수 있도록 목록을 만들어 두면 됩니다.

아이템 59에서 타입스크립트로 전환하며 발견하게 되는 일반적인 오류들을 다루었습니다. 여기서는 아이템 59에서 미처 다루지 못한 또 다른 오류들을 알아보겠습니다.

### 선언되지 않은 클래스 멤버

자바스크립트는 클래스 멤버 변수를 선언할 필요가 없지만, 타입스크립트에서는 명시적으로 선언해야 합니다. 멤버 변수를 선언하지 않은 클래스가 있는 *.js* 파일을 *.ts*로 바꾸면, 참조하는 속성마다 오류가 발생합니다.

```
class Greeting {
  constructor(name) {
    this.greeting = 'Hello';
      // ~~~~~~~~ 'Greeting' 유형에 'greeting' 속성이 없습니다.
    this.name = name;
      // ~~~~ 'Greeting' 유형에 'name' 속성이 없습니다.
  }
  greet() {
    return this.greeting + ' ' + this.name;
            // ~~~~~~~~            ~~~~ ... 속성이 없습니다.
  }
}
```

그림 8-4처럼 빠른 수정(quick fix) 기능으로 간단히 해결할 수 있습니다.

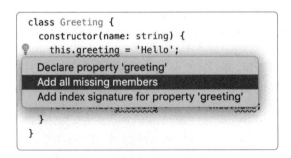

그림 8-4 클래스를 타입스크립트로 전환할 때 누락된 멤버 변수의 선언을 추가하기 위해
빠른 수정 기능을 사용하면 편리합니다.

'누락된 모든 멤버 추가(Add all missing members)'를 선택하면 타입을 추론하여 선언문이 추가됩니다.

```
class Greeting {
  greeting: string;
  name: any;
  constructor(name) {
    this.greeting = 'Hello';
    this.name = name;
  }
  greet() {
    return this.greeting + ' ' + this.name;
  }
}
```

greeting에 대한 타입은 string으로 정확히 추론되었지만, name 타입의 경우는 any로 채워졌습니다. 빠른 수정을 적용한 후에 속성을 훑어보고 any로 추론된 부분을 직접 수정해야 합니다.

타입스크립트로 전환하려는 클래스가 너무 많은 속성을 가지고 있어서 충격받을지도 모릅니다. 그림 8-3에 있는 *dygraph.js*의 메인 클래스에도 적어도 45개 이상의 멤버 변수가 있습니다. 자바스크립트 코드를 타입스크립트로 전환하다 보면, 잘못된 설계를 발견하는 효과가 있습니다. 잘못된 설계를 발견했을 때, 잘못된 설계 그대로 타입스크립트로 전환하는 것은 납득하기 어려운 일입니다. 그러나 다시 한번 언급하지만 리팩터링을 하면 안 됩니다. 개선할 부분을 기록해 두고, 리팩터링은 타입스크립트 전환 작업이 완료된 후에 생각해야 합니다.

### 타입이 바뀌는 값

다음 코드는 자바스크립트일 때는 문제가 없지만, 타입스크립트가 되는 순간 오류가 발생합니다.

```
const state = {};
state.name = 'New York';
  // ~~~ '{}' 유형에 'name' 속성이 없습니다.
state.capital = 'Albany';
  // ~~~~~ '{}' 유형에 'capital' 속성이 없습니다.
```

한꺼번에 객체를 생성하면 간단히 오류를 해결할 수 있습니다. 자세한 내용은 아이템 23에서 다루었습니다.

```
const state = {
  name: 'New York',
  capital: 'Albany',
};  // 정상
```

한꺼번에 생성하기 곤란한 경우에는 임시 방편으로 타입 단언문을 사용할 수도 있습니다.

```
interface State {
  name: string;
  capital: string;
}
const state = {} as State;
state.name = 'New York';    // 정상
state.capital = 'Albany';   // 정상
```

당장은 마이그레이션이 중요하기 때문에 타입 단언문을 사용한 것이며, 마이그레이션이 완료된 후에는 아이템 9를 참고하여 문제를 제대로 해결해야 합니다.

한편, 자바스크립트 상태에서 JSDoc과 @ts-check를 사용해 타입 정보를 추가한 상태라면(아이템 59), 타입스크립트로 전환하는 순간 타입 정보가 '무효화'된다는 것을 주의해야 합니다. 예를 들어, 다음 코드는 자바스크립트 상태에서 제대로 오류를 표시하고 있습니다.

```
// @ts-check
/**
 * @param {number} num
 */
function double(num) {
  return 2 * num;
}

double('trouble');
    // ~~~~~~~~~~ '"trouble"' 형식의 인수는
    //           'number' 형식의 매개변수에 할당될 수 없습니다.
```

그러나 타입스크립트로 전환하게 되면, @ts-check와 JSDoc은 작동하지 않습니다. 즉, double 함수의 매개변수 num의 타입은 any로 추론되고 오류가 사라집니다.

```
/**
 * @param {number} num
 */
function double(num) {
  return 2 * num;
}
double('trouble');  // 정상
```

다행히 JSDoc 타입 정보를 타입스크립트 타입으로 전환해 주는 빠른 수정 기능이 있습니다. 그림 8-5에서 보는 것처럼 사용하면 됩니다.

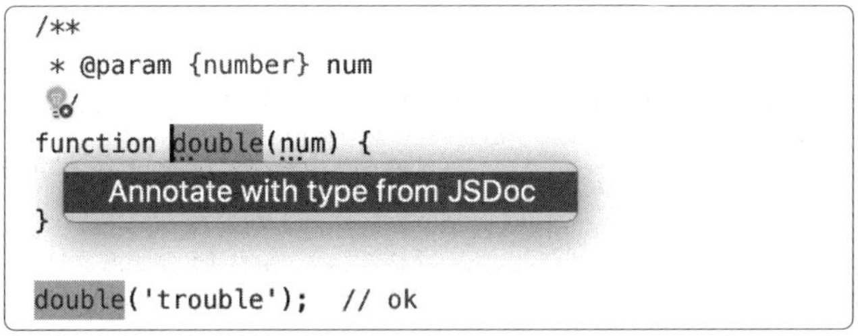

그림 8-5 JSDoc 주석을 타입스크립트 타입 구문으로 생성해 주는 빠른 수정 기능

타입 정보가 생성된 후에는 불필요해진 JSDoc을 제거하면 됩니다(아이템 30).

```
function double(num: number) {
  return 2 * num;
}

double('trouble');
    // ~~~~~~~~~ '"trouble"' 형식의 인수는
    //          'number' 형식의 매개변수에 할당될 수 없습니다.
```

이제 정상적으로 오류가 표시됩니다. 해당 오류는 noImplicitAny 설정을 해서 잡을 수도 있지만, 이미 존재하는 JSDoc의 타입 정보를 활용하는 것이 더 낫습니다.

마지막 단계로, 테스트 코드를 타입스크립트로 전환하면 됩니다. 로직 코드가 테스트 코드에 의존하지 않기 때문에, 테스트 코드는 항상 의존성 관계도의 최상단에 위치하며 마이그레이션의 마지막 단계가 되는 것은 자연스러운 일입니다. 그리고 최하단의 모듈부터 타입스크립트로 전환하는 와중에도 테스트

코드는 변경되지 않았고, 테스트를 수행할 수 있었을 겁니다. 마이그레이션 기간 중에 테스트를 수행할 수 있다는 것은 엄청난 이점입니다.

**요약**

- 마이그레이션의 첫 단계는, 서드파티 모듈과 외부 API 호출에 대한 @types를 추가하는 것입니다.
- 의존성 관계도의 아래에서부터 위로 올라가며 마이그레이션을 하면 됩니다. 첫 번째 모듈은 보통 유틸리티 모듈입니다. 의존성 관계도를 시각화하여 진행 과정을 추적하는 것이 좋습니다.
- 이상한 설계를 발견하더라도 리팩터링을 하면 안됩니다. 마이그레이션 작업은 타입스크립트 전환에 집중해야 하며, 나중의 리팩터링을 위해 목록을 만들어 두는 것이 좋습니다.
- 타입스크립트로 전환하며 발견하게 되는 일반적인 오류들을 놓치지 않아야 합니다. 타입 정보를 유지하기 위해 필요에 따라 JSDoc 주석을 활용해야 할 수도 있습니다.

## 아이템 62 마이그레이션의 완성을 위해 noImplicitAny 설정하기

프로젝트 전체를 .ts로 전환했다면 매우 큰 진척을 이룬 것이지만, 마지막 단계가 남아 있습니다. 바로 noImplicitAny를 설정하는 것입니다(아이템 2). noImplicitAny가 설정되지 않은 상태에서는 타입 선언에서 비롯되는 실제 오류가 숨어 있기 때문에 마이그레이션이 완료되었다고 할 수 없습니다.

예를 들어 보겠습니다. Chart 클래스에 속성 타입 선언을 추가할 때 '누락된 모든 멤버 추가'라는 빠른 수정 기능을 사용했고(아이템 61), 문맥 정보가 부족해서 indices는 any 타입으로 추론되었습니다.

```
class Chart {
  indices: any;

  // ...
}
```

indices는 숫자의 배열인 것처럼 보이므로 number[] 타입으로 수정해 보겠습니다.

```
class Chart {
  indices: number[];

  // ...
}
```

오류는 사라졌고 문제가 없는 것처럼 보이지만, 사실 number[]는 잘못된 타입이었습니다. 다음은 클래스의 다른 부분에 있는 함수입니다.

```
getRanges() {
  for (const r of this.indices) {
    const low = r[0];   // 타입이 any
    const high = r[1];  // 타입이 any
    // ...
  }
}
```

명백히 number[][] 또는 [number, number][]가 정확한 타입입니다. 그러나 현재는 indices가 number[]로 선언되어 있기 때문에 r은 number 타입으로 추론됩니다. r이 number 타입인데 배열 인덱스 접근에 오류가 없다는 것에 주목합시다. 이처럼 noImplicitAny 설정을 하지 않으면, 타입 체크는 매우 허술해집니다.

noImplicitAny를 설정하면 다음과 같은 오류가 발생합니다.

```
getRanges() {
  for (const r of this.indices) {
    const low = r[0];
            // ~~~~ 'Number' 형식에 인덱스 시그니처가 없으므로
            //      요소에 암시적으로 'any' 형식이 있습니다.
    const high = r[1];
             // ~~~~ 'Number' 형식에 인덱스 시그니처가 없으므로
             //      요소에 암시적으로 'any' 형식이 있습니다.
    // ...
  }
}
```

처음에는 noImplicitAny를 로컬에만 설정하고 작업하는 것이 좋습니다. 왜냐하면 원격에서는 설정에 변화가 없기 때문에 빌드가 실패하지 않기 때문입니다. 로컬에서만 오류로 인식되기 때문에, 수정된 부분만 커밋할 수 있어서 점진적 마이그레이션이 가능합니다. 한편, 타입 체커가 발생하는 오류의 개수는 noImplicitAny와 관련된 작업의 진척도를 나타내는 지표로 활용할 수 있습니다.

타입 체크의 강도를 높이는 설정에는 여러 가지가 있습니다. 이번 아이템에서 설명하고 있는 noImplicitAny는 상당히 엄격한 설정이며, strictNullChecks 같은 설정을 적용하지 않더라도 대부분의 타입 체크를 적용한 것으로 볼 수 있습니다. 그리고 최종적으로 가장 강력한 설정은 "strict": true입니다. 타입 체크의 강도는 팀 내의 모든 사람이 타입스크립트에 익숙해진 다음에 조금씩 높이는 것이 좋습니다.

## 요약

* noImplicitAny 설정을 활성화하여 마이그레이션의 마지막 단계를 진행해야 합니다. noImplicitAny 설정이 없다면 타입 선언과 관련된 실제 오류가 드러나지 않습니다.
* noImplicitAny를 전면 적용하기 전에 로컬에서부터 타입 오류를 점진적으로 수정해야 합니다. 엄격한 타입 체크를 적용하기 전에 팀원들이 타입스크립트에 익숙해질 수 있도록 시간을 줍시다.

# 찾아보기